JN144542

平和と人権の砦

日本国憲法

—自民党「憲法改正草案」批判を軸として—

吉田善明　著

敬文堂

平和と人権の砦　日本国憲法

―自民党「憲法改正草案」批判を軸として―

近・現代において『軍事大国』となった日本は、国策を誤り侵略戦争を繰り返し、国家が破滅の道をたどったことを忘れてはならない。日本国憲法において、この戦争を深く反省し、恒久平和を念願し、一切の戦争を放棄し、軍備を保持せず、ひとしく恐怖と欠乏から免かれ、平和のうちに生存する権利を有することを確認した。我々国民は、英知を結集して真の平和を維持していかなければならない。拙速な憲法の改正は、国際世論からも不信をかい、また、将来の子孫から厳しく罰せられることになる。

はじめに

一　安倍首相をはじめ与党である自民党は、マスコミを通して憲法改正草案を政治の舞台に乗せ、現行憲法の改正を主張している。

二〇一二年一二月一八日に行われた衆議院総選挙で自民党は議席の過半数を超え、一三年七月に行われた参議院選でも、昨一四年一二月の衆議院選挙でも圧勝した。安倍首相は、一三年七月の参議院選において、一四年一二月の衆議院選挙において憲法改正を争点の一つに掲げた。自民党は、一九五五年の結党以来、自主憲法の制定を主張し、機会ある度に準備した改憲案を総括し二〇一二年四月の段階で「日本国憲法改正草案」として発表しているだけに、衆・参議院選挙では憲法改正問題が陰に陽にその中心に据えられることはすでに予想されていたことであった。

安倍首相は、まず第一に、自民党の「憲法改正草案」を示し、かつその改正案の個々の内容を十分に論議もせずに、憲法改正手続要件の緩和（「両議院の三分の二の議決を二分一の議決にする」）を憲法改正の一つとして、改正案の内容の検討に先んじて打ち出したことである。憲法は、国の最高規範であり、根本規範であるがゆえに、改正手続規定はその内容との内的関連、同質性を前提にして生まれたものである（硬憲法性）。この主張について、自民党を中心とする改憲論者は、党議決定もあって議員の数に依存し、憲法改正の手掛かりにすることを意図している。その理由については、本書で考察するが、憲法の改正は、最終的には、国民投票の過半数の賛成によって決まる。国会が、憲法改正を発議する機関であるとはいえ、発議権を議員の三分の二から過半数に改正しても憲法上問題はない、としている。この改正は憲法改正を発議する場を放棄したことになるといった批判がなされている。

第二に、憲法の改正についての中心は、第九条・平和条項の改正にある。この規定の改正は、国の方針を示した基本となる内容の変革であり、国家構造の変革に連なるものである。単なる条文の改正で済まされるものではない。自民党は、憲法改正の争点の一つとして、第二章の見出しを「戦争放棄」から「安全保障」に改め、自衛隊を国防軍として、憲法に明記し、内閣総理大臣を最高指揮者として、国際協力、平和維持活動に際しての緊急事態への対応、さらには軍事審判所の設置を含めた改憲案を示している。平和国家から「国防」国家への全面的移行を図ろうとするものである。この方向は、すでに、二〇一四年七月一日に、安倍内閣が、政府解釈として集団的自衛権の行使を容認する閣議決定をし、軍事・「国防」国家への道の土台をつくりをなすものである。第九条の改正は、まさに国家構造の変革である。改憲を促進する起爆剤となることは明確である。

第三に、憲法の改正は現在、国会に設置された衆・参両院の憲法審査会がリードして論議が進められている。各政党が提示した改正案、それに反対するものの内容をまとめて論議を進めている。日本国憲法の内容には、改憲論者のいうように、制定以後六八年の歩みのなかで条文内容を時宜に沿うように改正を必要とする条項が、第九条以外にも数多くあることは言うまでもない。現に、衆・参両院の憲法審査会では、現行憲法全般にわたる内容の問題点が提示されている。確かに、専門家から見ても改正すべき点は本文で取り上げたように存在することも否定できない。したがって、改正の中心が国防軍の設置に向けられるにしても、自民党の「日本国憲法改正草案」にみられるような改正すべき点が多数出てくるはずである。これにはどう対応するかが問われる。その点で、憲法審査会の今後の動きを慎重に見極めることが重要となる。

ヨーロッパ諸国（ドイツ、フランスなど）では、ＥＵ加盟、国防問題など国家の骨格にかかわる問題であれば、その問題自体を個別テーマとして取り上げ、憲法の改正が必要となれば、両者の整合性を図りながら国民投票に付した対応がとられている。憲法の改正数が多いのはこの様な取り上げ方にある。日本の場合のように、憲法改正案を一括して、改正内容はもとより手続きの在り方までも改憲問題として一括して取り組んでいるケースは珍しい。これでは、憲法の制定と変わらない論議となってしまうであろう。改憲論である限りその取り上げ方が重要な問題となる。

二　本書の構成は二部からなる。第一部では、自民党の憲法改正案の内容の検討が中心となっている。自民党はすでに「憲法改正草案」としてまとめているため、その憲法改正草案の改正内容の順序立に従って検討することが、今後の課題を解決するためによいと考えたことにほかならない。それは、改憲論を検討する土台と位置づけることができる。現在提示されている自民党の改憲草案の前提には、第一次安倍内閣のもとですでに憲法改正にむけて準備されていた憲法改正手続の重要な部分を占める「国民投票法」をはじめ防衛庁の防衛省への昇格、さらにはナショナリズム・愛国心教育に向けた教育基本法の改正がすでになされている。そのこともあって、第一部第一章では、自民党『日本国憲法改正草案および衆・参両院憲法調査会報告書の検討』といったタイトルのもとで、第一次安倍内閣時代に成立した諸立法をとりあげ検討し、第二章では、これを受けて、本書の中心ともいうべき自民党の『日本国憲法改正草案』の内容の検討に入っている。憲法の研究者として大学で教壇に立ち、現行憲法を講義してきた者にとって、対象にしたこの自民党『日本国憲法改正草案』は、現行憲法とはあまりにも異なる国家主義的、国益中心の色彩の強い憲法草案になっており、現行憲法の人権、平和、民主の原理を形骸化し、戦争を準備した「国防」国家への道に向かう憲法改正ではないかと思えるような内容のものとなっている。

したがって、このまま発言を控えてしまえば、研究者の一人として研究責任を果たしてきた事にならないのではないかと考え、その責任の一端を果たさなければならないと思い本書を執筆するにいたった次第である。

第三章では、現在、衆・参両院において検討に入っている「憲法審査会」の審議状況を紹介することを目的にしている。今後この憲法審査会が憲法改正をリードすることになっていくことが予想される。ここではさらに加えて、最近の、各政党の改憲案をはじめマス・メディアによる改正案さらには憲法改正についての世論調査も紹介している。

第四章では、憲法の制定・改憲略史と題し、憲法制定以来惹起されてきた改憲論議を整理し検討を加えている。日本国憲法が制定されて、日本が独立国となるや、日本国憲法を変える動きが早くも活発になる。しかしそれは同時に護憲運動の激しい抵抗もあった。一九五〇年代後半から始まる日米安保体制の強化、拡大されていく時代的状況の中で生まれた自民党改憲案を取り上げ、その特質、内容を検討している。

第一部に〈補〉として『日本国憲法の改正内容の限界』と題する論稿を収めたのは、やや理論的になるが、今まで憲法の講義に用いてきた『日本国憲法論』（三省堂）からの要約的収録である。現在提示されている自民党の『日本国憲法改正草案』を改正案として考える場合の一助になると思い、大幅に手を加えて参考資料として収録した。

第二部では、現代憲法下の問題状況として、「国家構造の変革」（第一章）、「有事法制と民主主義」（第二章）、「イラク戦争と平和への課題」（第三章）、「沖縄と憲法問題」（第四章）を置き、これらを踏まえて、第五章において、「第九条と世界平和の実現に向けて」と題し、わが国の進むべき方向を示した内容を紹介した。私見ではあるが、これらをふまえて、結論を先取りしていえば、日本国憲法の完全実施の方向でなければならないと思っている。それは繰り返し述べてきた「平和的生存権」の確立が原点であり、その平和的生存権の具体化としての平和的共存権、それに基づく世界平和の構築である。私なりの平和への道しるべでもある。したがって、その方向に逆行する改憲には反対である。世界平和への道は、国民が世界市民としての英知をもって課題解決に努力をしていくかぎり、その道はそう遠くはない。

最後に、第二部の内容をわかりやすく、より説得力のあるものとするため、〈補一〉として「諸外国憲法典に見る平和条項の世界的傾向」、〈補二〉として「世界諸国の憲法規定の比較法的考察」の論稿を収録した。日本国憲法は諸外国憲法典の諸傾向から見ても、現状および未来志向の憲法としても、決して遜色がないところか、むしろ平和憲法として諸国家が注目すべき内容のものになっていることを述べておきたい。

二〇一五年一月三日

吉田善明

目次

第二部　現行憲法下の問題状況

第一部　自民党『日本国憲法改正草案』および衆・参両院憲法調査会報告書の検討

第一章　第一次安倍内閣の下での『日本国憲法改正草案』の準備

一　問題の所在

二〇一二年一二月四日、衆議院選挙がおこなわれ、政権は自民・公明党に移り、第二次安倍内閣が誕生した。

安倍首相は、二〇〇六年八月から二〇〇七年八月まで約一年間にわたって首相を務めたが、病気を理由に退陣している。したがって、今回の首相への返り咲きは、五年半ぶりの政権復帰である。

安倍首相は、すでに党首選で、憲法改正を第一に訴えていた。先の選挙戦では憲法改正を棚上げしていたが任期中に政治日程に上ることは必至である。というのも、安倍首相は、すでに、二〇〇六年八月以降から辞めるまでの一年間に憲法改正に必要な諸立法を準備していた。①二〇〇六年一二月一五日に防衛二法の改定（施行二〇〇七年一月八日）、②教育基本法の改定、③憲法改正のために必要な手続法である「国民投票法」を制定し、そして④国会法を改正し、憲法改正を提案する憲法審査会（一一章の二）を設置した。①、②の諸立法の改正・制定は、憲法の内容に直接かかわるものもあり、③の国民投票法は、国民が憲法の改正に賛否を投ずる手続について定めたものである。現行憲法第九六条一項後半では、憲法の改正について、各議院の総議員の三分の二以上の賛成を得て、「特別の国民投票又は国会の定める選挙の際行われる投票において、その過半数の賛成を必要とする」と定めている。

小稿では、まず、当時の安倍首相が第一次安倍内閣の時代に制定していた①、②、③の内容を整理し、その改憲の準備をして、一旦は野にくだるが、その間に、自民党「日本国憲法改正草案」として準備され、すでに発表されていた改正案をもって登場する。第一次安倍内閣は、そのための準備期であったといえる。そこでまず、その総括から始めたい。

二　準備されていた憲法改正のための諸立法の制定（第一次安倍内閣の憲法改正に関する業務の総括）

（一）第一次安倍内閣当時の憲法状況

二一世紀を前にして、政府による改憲攻勢は、急スピードで進められていた。その背景にはアメリカの世界戦略があり、それに沿ったアメリカ指導の「新ガイドライン」の決定と一九九九年の周辺事態法の制定があった。これらの諸立法措置によって、日本国憲法第九条の内容は一層形骸化する。実質上の憲法の改正でないかといった批判が世論から出されていた。(1)

二一世紀に入ると、小泉内閣のもとでテロ特措法の制定（二〇〇一年）が、二〇〇三年には、自衛隊のイラク派遣が行われるが、これは日本国憲法第九条及び専守防衛を掲げた自衛隊の役割を変えるものであった。また、二〇〇四年には有事法制（武力攻撃事態法など）を制定した（第二部第二章を参照）。これは立憲主義の崩壊につらなるといった批判が続いた。(2)

これらを指導した小泉首相（当時）は、憲法改正の手続に必要な国民投票を準備し退陣する。小泉内閣の官房長官であった安倍晋三が首相となる。第一次安倍内閣が登場するや、小泉首相の下ですでに憲法改正の準備を進めていた国民投票法をはじめ、教育基本法の改正、防衛庁から防衛省への格上げなどわずか一年余りの間に成し遂げ、健康を理由に退陣する。また、他方で、自民党は、衆・参両院の憲法調査会の最終報告書を受け、それを参考にし憲法改正の作業の準備にはいっていた。ここでは、第一次安倍内閣の下で成立した改憲に係る主な諸立法についてその内容を紹介したい。

(二)　防衛庁から防衛省への格上げ

防衛省への格上げは、自衛隊法の改定によるものであった。この改定によって防衛省の長は、防衛庁長官から防衛大臣に昇格した。この動機はむしろ小泉内閣時代から準備されていた。小泉内閣がアメリカの要請を受けて、一連の有事法制（武力攻撃事態法、改正自衛隊法、改正安全保障会議設置法）の制定と防衛省への移行を実現することに乗り出していた。小泉内閣を継承した安倍首相は、二〇〇六年一二月一五日に、まず防衛庁から防衛省の昇格を民主党の賛成を得て可決した。安倍首相は二〇〇七年一月八日に、防衛省発足の記念式典でこう述べている。「今回の法改正により、防衛庁を省に昇格させ、国防と安全保障の企画立案を担う施策官庁として位置づけ、さらには、国防と国際社会の平和に取り組むわが国の姿勢を明確にすることができました。これは、とりもなおさず、戦後レジームから脱却し、新たな国造りのための基礎、大きな第一歩となるものであります」と。防衛庁の省への昇格によって防衛省の地位を高め、国防への道筋をつけようとしていることが明らかである。(3)とくに、自衛隊法第八条（「長官は、内閣総理大臣の指揮監督を受け、自衛隊の隊務を統括する」といった規定）を、防衛大臣は、「この法律の定めるところに従い、自衛隊の隊務を統括する」に改めた。これにより防衛大臣は、内閣総理大臣を通すことなく、直接防衛大臣が法律の制定について必要と認めるときには案を備えて内閣総理大臣に提出できるようになった。また、自衛隊に対し内閣府の長としての内閣総理大臣の有する権限が、防衛大臣に移管された。防衛出動命令（七六条）、治安出動命令（七八条）といった内閣の首長としてもつ内閣総理大臣の権限には変更ない。

また、自衛隊法を改正し、自衛隊の海外出動の本来的任務を遂行することとしたことである。自衛隊法第三条によれば、一項で「自衛隊は我が国の平和と独立を守り、国の安全を保つため、直接侵略及び間接侵略に対し我が国を防衛することを任務」としているが、二項を加えて、「自衛隊は、――（一項）の主たる任務の遂行に支障を生じない限度において、かつ、武力による威嚇又は武力の行使に当たらない範囲において、次に掲げる活動であって、別に法律で定めるところにより自衛隊が実施することとされるものを行うことを任務とする」（二項）として、二つの活動を規定する。①我が国周辺の地域における我が国の平和及び安全に重要な影響を与える事態に対応して行う我が国の平和及び安全の確保に資する活動、②国際連合を中心とした国際平和のための取組への寄与その他の国際協力の推進を通じて我が国を含む国際社会の平和及び安全の維持に資する活動」を行うことを任務とした。このような自衛隊の任務の拡大は、我が国が専守防衛の範囲を超え自衛隊の海外出動を可能とする改革を意味するものであった。すでに一九九〇年代の自衛隊の海外出動として問われたPKO法にはじまり、周辺事態法、テロ対策防止法、イラク特措法等がすでに制定されていた。したがって、それらの法律に基づく海外出動による自衛隊法の改正は、部隊による武器の使用を可能にするためであった。

また、安倍首相は、二〇〇七年四月に同盟国に協力し、参戦を可能とする集団的自衛権を研究するため、首相の私的諮問機関として「安全保障の法的基盤の再構築に関する懇談会（以下『安保法制懇』という）（座長桜井俊二）」を設置した。『安保法制懇』のメンバーのほとんどが、集団的自衛権の肯定論者で占められているためにはじめから結論は出ているに等しいものであった。

(三) 教育基本法の改正――ナショナリズム・愛国心教育

第一次安倍内閣は、「教育の憲法」とも言うべき教育基本法の改正を行っている。いうまでもなく、教育基本法は、すでに公布されていた日本国憲法（一九四六年一一月三日公布、四七年五月三日施行）との整合性を図りながら一九四七年三月三一日に制定された。この基本法は、戦前の国家主義、教育勅語による教育支配を否定し、個人主義、平和主義を重視する教育の理念を打ち出している。

ところが、この基本法の改正は、第一に、個人主義を主張しながらも、これと矛盾する公共の精神、責任論、国家主義、愛国主義が強く表面に出されている。その内容をやや具体的にみると、基本法の前文、教育目的、さらに教育目標を置き、その教育目的を実現するためとして、①「幅広い知識と教養を身に付け豊かな情操と道徳心」を培い、②個人の価値を尊重し、その能力を伸ばし、創造性を育み、「勤労を重んずる態度を養う」とし、③「正義と責任」「男女の平等」「自他の敬愛と協力」を重んずるとともに「公共の精神に基づき、主体的に社会の形成に参画」する態度を養うといった、今までの個人尊重を掲げながら、責任、平等そして公共の精神を重んずることを明確にした。そしてその上で、④「伝統と文化を尊重し、それらを育んできた我が国と郷土を愛するとともに、他国を尊重し、国際社会の平和と発展に寄与する態度を養う」（二条）としている。愛国心、郷土愛そして他国の尊重を定めている。したがって、このような公共の精神、伝統と結び付いた国家主義、愛国主義（愛国心、郷土愛）の規定の導入は、政府による思想の内面的介入を承認することになりかねない。このことが許されてよいのかといった批判が基本法の改正過程で厳しく論議された。わけても、愛国心の押し付けは、第一九条の『思想の自由』を奪うものとして大きく取り上げられた。今までの政府の姿勢、すなわち、これまでの「中教審」の答申をまとめてみると、国土防衛の教育、憲法改正の布石、国際社会における日本人としての

自覚、愛国心の涵養を軸にした教育の徹底を意図した内容のものとなっていることが明らかにされている。(4)

第二に、「教育は不当な支配に服することなく」としながら、教育行政は、「この法律及び他の法律の定めるところにより行われるべきものである」とし、国と地方公共団体との適切な役割分担及び相互の協力の下、公正かつ適正に行われなければならない（一六条）と定める。また、教育の分権化を主張しながらも、「国は、全国的な教育の機会均等と教育水準の維持向上」を図るためとして「教育に関する施策を総合的に策定し、実施しなければならない」といった義務づける規定を置き、とくに、国に対しては、「教育振興基本計画」の推進を図るための「基本的な方針及び講ずべき施策その他必要な事項について基本的な計画を定め」、これを国会に報告及び公表義務を課したことである。教育の不当な支配に服することなくとしながらも、国の教育行政の支配権を確立したといえる。

このような教育基本法の改正に見られる公共の精神、責任論、国家主義、愛国主義教育を意図した法改正は、国民の思想の統一化として活用されていくことは言うまでもない。そのような思想の統一が行われることになれば、それに従わない者は排除されかねない。この様な教育基本法の改正がすでに第一次安倍内閣の下で行われていたのである。(5) この思想は、第二次安倍内閣の、間もなく大きな争点となる日本国憲法改正のイデオロギー基盤として、また最大の焦点となる国防力の拡大、強化の教育面からの支援としての役割を果たすことになる。

三　日本国憲法の改正手続に関する法律（国民投票法）の制定

（一）国民投票法の制定過程

「憲法の改正は、各議院の総議員の三分の二以上の賛成で、国会がこれを発議し、国民に提案してその承認を得なければならない。この承認には、特別の国民投票又は国会の定める選挙の際行われる投票」（九六条）手続が必要となる。その手続法である「日本国憲法の改正手続に関する法律」（「国民投票法」という）を制定した。施行は三年後の二〇一〇年であった。国民投票法の制定については、賛否両論があり国民を巻き込んで激しい対立のもとで成立した。

国民投票法の制定がなければ、いくら憲法改正を主張しても国民の承認を得ることができない。しかし、国民投票法は制定されることもなく、現行憲法制定以来六〇年を経過していた。(6) このことは憲法の改正が一度もなかったことを意味する。それが政治日程に上り、国民投票法が制定されたことは、憲法の改正が現実化してきたと解することができる。現に、改憲反対論者は、国民投票法の制定は憲法改正につながるものとして反対してきた事がその理由とされている。たしかに、国民投票は、憲法改正案の提案に対する国民の意思表示である。しかし、その国民投票は、政府の誘導に迎合されやすいものと一般に解されてきた。(7) 国民投票法が現行憲法制定後今日まで制定をみなかったのは、自由民主党が、自由、民主両党の合同以来党是として一貫して主張してきた改憲策をできるだけ先送りさせようとする改憲反対論者の政治的意図が働いていたことは確かである。この点についての理論的問題については（四）を参照。

（二）国民投票法の内容

まず、この法律は、一般的な国民投票について定めたものでなく憲法改正に限定して用いられ、憲法改正の是非を問う国民投票であることを確認する。(8)

国民投票法案の審議の段階で多くの問題があるとする批判が出されたが、ここでは国民投票の内容と、その主な問題点を検討していきたい。

①一八歳投票権

投票権年齢を巡って論議を呼んだ。民主党は投票年齢を「満一八歳以上」としたが、自民党・公明党案は「満二〇歳以上のもの」とした。その理由は、公職選挙法によると男女とも満二〇歳以上となっていることによる（公選法九条一項）。二〇〇九年一〇月に法務大臣の諮問を受けていた法務省の法制審議会は、現行の二〇歳を一八歳に引き下げることは理論上可能であるが、特段の弊害がない限り選挙年齢と民法の成年年齢とは一致していることが望ましいという最終報告書を、法務大臣に提出している。その後、民法の成年年齢の改正を期待したが、いまだみられない。投票年齢については、二〇一〇年五月に国民投票法が施行されるまでに確定することを申し合わせた「三つの宿題」の一つであった。自民、公明、民主三党合意では、改正法施行から四年後には一八歳以上に引き下げるとの方針で合意されていたが実現を見ず、二〇一四年六月になって、年齢を当面「二〇歳以上」とし、改正施行四年後から「一八歳以上」に引き下げるとした。これによって、国民投票を実施できる法的環境が整備されたといえる。

一八歳投票権について民法等の諸法が二〇歳を持って成年としていることから諸法との整合性が図られるべきであるとの論議もみられたが、むしろ国民投票そのものが持つ意味を考えるべきである。主権者として政治に参加する能力という点から見れば十分に政治に対する判断能力を持ちうる。

また、世界的、特に欧米諸国では、国政参加への投票権は、満一八歳以上である。ちなみに、在外投票人の投票権については、居住要件を前提に参加の道を開いていることを指摘しておきたい。(9)

②憲法改正の国民投票の発議権、可決、提案、公示

現行憲法の改正条項をみると、「各議院の総議員の三分の二以上の賛成を得たのち、国会がこれを発議し」国民に提案する。これを受けて、国会法第六章の二に日本国憲法改正の発議規定を詳細化し、第六八条の二から第六八条の六まで憲法改正原案の発議、改正原案の区分、修正の動議、憲法改正の発議、国民投票の期日について定める。

まず、「議員が、日本国憲法の改正案の原案を発議するには国会法第五六条一項の規定にかかわらず、衆議院においては議員一〇〇人以上、参議院においては五〇人の賛成を要する。」（六八条の二）、「前条の憲法改正原案の発議に当たっては内容において関連する事項ごとに区分して行うものとする」（六八条の三）。また、「憲法改正原案につき議院の会議で修正の動議を議題とするには、第五七条の規定にかかわらず、衆議院においては議員一〇〇人以上、参議院においては議員五〇人以上の賛成を要する」（六八条の四）。

「憲法改正原案について国会において最後の可決があった場合には、その可決をもって国会が日本国憲法第九六条一項に定める日本国憲法の改正の発議とし、国民に提案したものとする。この場合に置いて、両議院の議長は、憲法改正の発議をした旨及び発議に係る憲法改正案を官報に公示する」（六八条の五の一項）。「憲法改正原案を発議するには、国会法第五六条一項の規定にかかわらず、その院の議長から、内閣に対しその旨を通知するとともに、これを送付する（六八条の五の二項）。さらに、「憲法改正の発議に係る国民投票の期日は、当該発議後速やかに、国会の議決でこれを定める。」（六八条の六）とした。

国民投票の発議権をめぐって問題になったのは、発議権を議員に限定し、議員数を衆議院議員一〇〇人、参議院議員を五〇人としたことである。まず、発議権者には内閣総理大臣や閣僚は入れなくてもよいのか。議院内閣制の採用の下で内閣に法律案、予算案の発案権が認められている以上、憲法改正案を認めてよいとする意見があったが、内閣のメンバーの過半数は国会議員であることの規定があるようにほとんど兼職しているし、もし内閣にそれを認めると政治的立場を利用して政治的誘導に導く危険性がある。したがって、内閣に発議権を認める必要はないという見解が取られた。この点については、憲法解釈の問題として第一部〈補〉で詳しく述べる[10]。また、国民投票の発議に関する議員数は、衆議院議員一〇〇人、参議院五〇人であるが、それぞれの議員総数から見て数が多すぎないか。この数では小数政党の発議権は保障されないことになりはしないか。もう少し議員数を減少してよいのではないか。また衆議院と参議院の発議権について議員数の違いは、両院の対等性を保障したことにならないのではないか。たしかに、数からみるとその様にいえなくはないが、憲法改正の場合は、後に設置が予定されている衆・参両院の憲法審査会が協議して、合同審査会が結論を出すので問題とならない。両院の憲法審査会の関係については優越性がなく対等の関係であることを思うとき決して発議権数の違いがあってもよいとしている。

しかし、実際に、議員数の多い衆議院は、参議院との調整が必要であるとして、合同審査会を使って審議の促進や議決についても圧力を強める可能性があるのではないかといった批判も出よう。参議院の付帯決議をみると「合同審査会の開催に当たっては、衆・参各院の独立性、自主性に鑑み、各院の意思を十分尊重すること」といった規定を置いているのは参議院を配慮したようにみえる。

また、憲法改正案の発議に当たっては、内容に関連する事項ごとに区分して行うとある（六八条の三）

が、内容の区分については明らかではない。しかしこれは、憲法改正の国民投票を行う場合の重要な規定である。一般に、個別的投票方式か一括投票方式にかかわってくる問題でもある。国民投票法四七条に「投票は、国民投票に係る憲法改正案ごとに、一人一票に限る」とある。憲法改正案ごとにとは、複数の改正案の提示が想定されるが、それらをブロックごとにわけて票を投ずることも考えられる。(11) 憲法改正案の一括方式は、投票者の意思が歪められ自由な決定が阻害されることになりかねない。また、ブロック別でも、たとえば、二以上抱き合わせによって改憲の賛否を求める場合も考えられる。一方は賛成で、他方では反対の場合などは有権者は困惑しかねない。

また、国会法では国民投票の期日は、当該発議後速やかに国会の議決で定めるとしている（六八条の六）。これを受けて、国民投票法は、国会が憲法改正を発議した日から起算して六〇日以後一八〇日以内において、国会の議決した期日に行う（二条）と定める。国会が議決した六〇日以後一八〇日の間に行うことが妥当か否かについては、「改正案の内容を国民にどれだけ周知、浸透させ国民が判断できる状態にまで持ってゆける」かが判断基準になる。二〇〇一年における改憲についての議運案では『六〇日以後九〇日以内』としていた。

③国民投票の「過半数の賛成」、最低投票率の意味

前者は、国民投票の「過半数」の意味をどう捉えるかである。三つの考え方があった。(a)投票が行われる時点での有権者総数の過半数という場合、(b)国民投票に参加し票を投じた人のすべて（白票など）をふくめた数の過半数（投票総数の過半数）という場合、そして(c)有効投票の過半数である（多数説）。一般的には、(c)案をさすと解されている。この場合、白票（棄権票）が過半数を超えた場合でも問題にならないのかが問われる。なお、投票に際して、憲法改正に賛成するときは、投票用紙に印刷された賛

成の文字に〇の記号を、反対するときは、反対の文字に〇の記号を自筆する（五七条）としている。

また、最低投票率の意味についてであるが、これについては規定がない。多くの有権者が投票に参加することが望ましいが、「ボイコット運動」などが起こり、投票率が過半数に達しない場合もある。その場合には、一定の期間をあけて改めて早い時期に再投票することが検討されているようだが、最低得票率を設けなくても、このようなことが起こりうるであろう。改憲論者側の提案を前提にそれに反対する側を抑制するための措置であるとすれば問題である。

④国民投票運動

国会が衆・参両院でそれぞれ改正の発議がなされると、国民投票が行われる。国民投票運動については、「表現の自由、学問の自由及び政治活動、その他日本国憲法の保障する国民の自由を不当に侵害しないように留意しなければならない」（一〇四条）といった規定をおいて、国民投票運動に関する様々な規制を定めている。公務員等及び教育者の地位利用による国民投票運動の禁止、投票目前の広告放送等について一定の制限を加えている（一〇〇条―一〇八条）、そのほか、組織的多数人買収及び利害誘導罪（一〇九条）、組織的多数人および利害誘導罪の場合の没収（一一〇条）、国民投票の自由妨害罪（一一一条）、投票の秘密（一一二条）、投票干渉罪（一一三条）を定め投票運動の公平性を期している。裁判官、検察官、警察官の国民運動の禁止についても論議されたが特別な規制はない。なお、この法律の施行を三年後とすることで、その間の憲法改正案の審査、提出を避けている。ここでは、論議を呼ぶ公務員等の運動規制、広告放送の規制について若干の検討を加えておこう。(12)

（ⅰ）公務員等及び教員の地位利用による運動の規制

国民投票法第一〇三条には、国、地方公共団体の公務員若しくは特定独立法人、特定地方独立法人の役員若しくは職員などは「その地位にあるために特に国民投票運動を効果的に行い得る影響力または便益を利用して、国民運動をすることができない」（一項）と定める。この対象となるのは二〇〇万人から二五〇万人といわれている。「教育者（学校教育法に規定する学校の校長及び教員）は、学校の児童、生徒及び学生に対する教育上の地位にあるために特に国民投票運動を効果的に行い得る影響力又は便益を利用して、国民運動をすることはできない」（二項）としている。対象者は、一〇〇万人といわれている。この規定は、公職選挙法第一三六条の二の規定をほぼ踏襲している。特定公務員在職中の選挙運動にしても、また、一般公務員の地位を利用して運動をするにしても、その定義及びその内容が明確にされていないことから問題が生ずることは避けられない。公務員等及び教員を一律にして規制をすることは、選挙運動と性格を異にしているだけに、違憲の疑義が生じる。とりわけ、公務員の政治的行為については制限が厳しいことから、国民投票施行前に制限緩和の方向で検討することが宿題とされていた。二〇一四年にいたり、法改正が行われ、「公務員の個人的な意見表明と賛否の勧誘については容認される」とし、労働組合などの規制についてはさらに検討課題としていた。また、地位を利用した公務員や教育者による国民投票運動に対する罰則も今後の検討課題とされている。公務員も公務員教育者も職務外においては一般市民であって政治活動の自由が保障されていることを思うとき、あまりに職種にこだわり過ぎた議論にしか見えない。

投票事務関係者の運動に関する規制については、国民投票の公正さを担保するためにはやむをえないとしても、同じ公務員である裁判官、検察官等の勤務外活動は、政治選挙と異なり、国の骨格そしてまた国民の人権にかかわる事項を示す憲法改正である限り国民投票に関する活動は認められてよい。また、一般公務員、教育の地位利用による運動についても時間外活動まで禁止するのは問題である。特に、大学等高等教育機関の教育研究者の地位は、第二三条の保障のもとにある。大学教授が憲法改正問題について、その内容を批判し、反対する活動を展開することは当然みとめられてよい。もし、そのようなことが制限されることになれば研究者の研究の自由は失われることになりかねない(13)。

(ⅱ) 広告放送の自由と規制

少なくとも、国民投票に関する政党、政治団体等によるテレビ・ラジオによる有料広告は原則として自由である。現行憲法第二一条の保障するところである。本法では、何人も二週間前からテレビやラジオを使用し、投票運動のための広告放送を行わせることができない(同法一〇五条)。違反に対する罰則は設ける、としている。しかし、国民投票広告協議会及び政党等による放送、新聞広告については両院議長が協議して定めることにより広告放送の利用を可能とし一定の規制のもとにおかれるとした。

憲法の改正の判断を国民に求めるプロセスで、マス・メディアの果たす役割は重要な地位を占めている。この活動を投票前に禁止することは第二一条で保障した報道の自由はもとより編集の自由をも侵害することになりはしないかが問われる。この規制の意図は、編集権の濫用防止にある(14)。小泉内閣時代に行われた選挙戦術によってマス・メディアが、振り回され、公正な報道が行われていなかったことの批判からであった。マスコミがハイジャックされたといわれたほどである。したがって、編集の自由を放任すると、マス・メディアが与党ペースに巻き込まれ、それらマス・メディアが結果的にはリードすることになる。しかし、かりにこのような状態になったとしても、各政党間で選挙の公正の見地から話し合いで解決すべきである。報道機関は「自主規制」の問題として解決すべきであって、立法によるべきではない。

また、上記と関連する国民投票の予想報道についても一言しておきたい。「議運案」第六八条に「何人も、国民投票に関し、その結果を予測する投票の経過やまたは結果を公表してはならない」と規定する。しかし、「途中経過や結果を公表したからといって、『国民の公正さ』を害するものとなるとの因果関係は見出し難い」といった批判もでよう。マス・メディアが世論調査などを活用し、強引なまでに一定の方向に操作、誘導する可能性が危惧される。しかし、マス・メディアに求められるのは自主規制である。

⑤罰　則

選挙運動と同様に、投票人の自由な投票意思が、買収や利益誘導によって歪められることになると、国民投票の自由と公正さが害され維持できない。そのため、国民投票法（一〇九条、一一〇条）において「組織的多数人買収罪」「利害誘導罪」「買収目的交付罪」を定める。「憲法改正案に賛成、反対の投票をするよう勧誘し、その投票の報酬として金銭や影響を与えるに足る物品や供応接待の申し込みをし、約束したものは、三年以下の懲役禁固または五〇万円以下の罰金に処す」と定める。とくに、公務員、教育者の地位利用の禁止を定め、その違反については六月以下の禁錮又は三〇万円以下の罰金に処す、とした（同法一二二条の二）。

また、職権濫用による国民投票の自由妨害罪（同法一一一条）、投票の秘密侵害罪（同法一一二条）、投票干渉罪（同法一一三条一項）、投票箱開披罪（同法一一三条二項）、投票管理関係者、施設等に対する暴行罪等（同法一一四条）、多衆による国民投票妨害罪（同法一一五条）投票所、開票所、国民投票会場等における凶器携帯罪（同法一一六条）等、投票の自由の妨害に関する罪を定めている。

そのほか、投票手続きの公正確保に違反する罪として、詐偽登録罪（同法一一八条一項）、虚偽宣言罪（同法一一九条一項、二項)、投票偽造・増減罪（同法一一九条三項、四項)、代理投票等における記載義務違反の罪（同法一二〇条）が定められた。

⑥国民投票広報協議会の活動と中央選挙管理会

憲法改正の発議があったときは、当該発議に係る憲法改正案の国民に対する広報に関する事務を行うため、国会に、各議院においてその議員の中から選任された同数（各院一〇人）の委員で組織する国民投票広報協議会を設ける（国会法一〇二条一一)。国民投票広報協議会の事務の範囲は広く、憲法の改正案及び要旨や改正案を発議するに当たって出された賛成意見及び反対意見を掲載した国民投票公報の作成が行われる。国民投票法第一〇一条では、投票事務関係者等の国民投票運動について、「憲法改正案に対し賛成又は反対の投票をしないよう勧誘する行為」を禁止しているだけに慎重な対応が重要となる。

これに対し、中央選挙管理会は、「国民投票に際し、国民投票の方法、この法律に規定する規制その他国民投票の手続に関し必要と認める事項を投票人に周知させなければならない」(同法一九条一項)。また、「国民投票の結果を国民に対して速やかに知らせるように努めなければならない」(同法一九条二項）としている。国民投票広報協議会が憲法改正案等の広報を担うに対して、中央選挙管理会は、憲法改正国民投票の期日の広報、投票開票の事務等を担当するなど、両機関の役割分担が図られている。

㈢　憲法改正と公布

現行憲法第九六条一項及び国民投票法に基づいて、国民が憲法改正について承認すると、天皇は、国民の名で、憲法と一体を成すものとして、ただちにこれを公布する。ここでいう「国民の名」とは、天皇は国民に代わって直ちに公布する意味であり、天皇主権下の明治憲法下における憲法改正手続きとは全く異なっている。ちなみに、明治憲法は、一度も改正されていない。また「この憲法と一体をなすものとして」とは、「憲法改正によって改正された部分の規定が、以前の憲法に組み入れられて、それと一体をなすものとなることを意味する」。現行憲法と同じ形式的効力を有するという意味であると解されている。[15] 自民党の「憲法改正草案」では、「国民の名で、この憲法と一体を成すものとして」の文言は削除されている。

(四)国民投票法の性格と功罪

今まで直接民主主義としての国民投票法の内容を中心にその問題点を紹介してきた。たしかに、この法律は、主権者国民が政治に参加する手続法ではあるが、手続法とはいえ、国民投票は、『国民主権の完成』とみるべきか、「改憲への布石」とみるべきか否かで争われる。前者に立てば、憲法改正手続きを定めた第九六条の趣旨からすると、いままで国民投票法が立法化されていないのは国会が立法義務に違反する『不作為』というべき状態においていたといわざるを得ない、という主張も成り立つ。[16] しかし、二〇〇〇年二月に発足した憲法調査会での民主党、共産党、社民党の改憲論議をみると決して『国民主権の完成』としての法の整備ではなく、「改憲への一里塚」にすぎない規定と解されている。当時、安倍首相は、このことを表徴するかのごとく、国民投票の成立について、これで「憲法で定めている改正手続きについて、法整備が整った」とのべている発言(朝日新聞、二〇〇七年五月一五日)をみると、改憲実現の「ツール」を掌握したことになる。

問題はその功罪である。国民投票は諸外国では，直接民主制の原理の一つとして、早くから導入されている国（スイス、オーストリアなど）も多いが慎重な国も多い。[17] イギリス等は後者の例である。[18] その理由は、国民投票が制度化され、政治の中で動き出すと体制に有利な結論に導きかねない道具と化し、場合によっては国民投票に参加する有権者は過半数割れの投票率を生み出しかねない場合がある。しかし、それにもかかわらず、制度化しているのは、主権者としての自覚、国民の間で公開論争が行われることで、対象となる改正内容の問題点が明らかとなるからである、と説明される。[19]「イギリスは議会主権の国である」ということの認識が前提にあることから、あくまで国民投票法の法的性格は任意的なものである。議会は、国民投票による投票の結果に拘束されない、と解されている。

わが国でも、第九六条の定める国民投票規定の制定についての扱い方について多様な論議があった。たとえば、一九五〇年代の改憲論議の中で、旧自由党案では、「特別多数決と国民投票は、その何れか一による」こととすべきとする主張が、旧改進党案では、「各院の総議員の三分の二以上の多数で憲法改正が可決されたときは国民投票を不要とし、参議院の賛成が二分の一以上に止まるとき」は国民投票を行うべきとする改正案が、その他，各院で「総議員の過半数で可決」された時は国民投票の対象にすべきとする、改革案が出されていた。これらの主張は、特別多数決に力点を置いていることがわかる。しかし、この見解は、「憲法制定権力者と通常の立法権者を同一視する思想にもとづくもので、人民民主主義国家の場合はともかく、憲法改正権も憲法制定権力と同じく究極的には国民にあるという、伝統的・典型的な西欧民主主義の思想には背馳する」。したがって、この特別多数決には、『民意表明の要因に代置する力を有する』といいうるであろうか、が問われた。[20]

こうした論議から六八年を経た今日、国民投票の持つ意味とその重要性が新たな観点から問われている。それは人民主権論の視点からの考察である。この視点に立つと、直接政治に参加する国民投票制は

「国会の発議した憲法改正案について、賛否による主権者たる国民の直接の意思表示の手続きを意味する。」したがって、「現行憲法第一五条の三項・四項が当然に準用される」としている。[21] 国民の直接の意思表示の重要性を説いたものと解せられる。

わが国では、この制度を活用した歴史をもたないだけに、一層慎重な運用が必要とされる。なお、国民投票制の諸形態、法的性格等については、本書第一部〈補〉を参照。

四　一応のまとめ

第一次安倍内閣は、二つの法律（教育基本法と憲法改正の手続法である国民投票法）を制定し、さらには防衛庁から防衛省への昇格を図り、政権は福田、麻生内閣に委ねられた。ところが、政権は一年後、民主党に変わる。民主党政権は三年を経た二〇〇九年八月に、再び第二次安倍内閣が誕生した。安倍内閣の登場は、すでに制定した諸法律を踏まえ、改憲行動に出ることを当然予想してのことであった。また、自民党は三年間の野党時代に、憲法の改正案作りの準備をすすめ、その憲法改正案がまとまり、二〇一一年四月に「日本国憲法改正草案」として発表した。国会の政治勢力も、衆議院選挙では、改憲勢力である自民党、公明党、日本維新の会（当時）、みんなの党、民主党の一部勢力を合計すると議員数では三分の二を上回っている。また、二〇一三年七月の参議院選で、一四年一二月の衆議院選でも改憲勢力が三分の二を占めた。いよいよ、憲法の改正論議が政治の舞台で本格化することになる。

【註】

（1）小林直樹『平和憲法と共生六〇年』（慈学社、二〇〇六年）四九一頁、山内敏弘『立憲平和主義と有事法の展開』（信山社、二〇〇八年）一六五頁以下。

（2）吉田善明「憲法の民主主義と有事法制」全国憲法研究会編『憲法と有事法制』（日本評論社、二〇〇二年）所収、本書第二部第二章参照。

（3）水島朝穂「自衛隊はどう変質しつつあるか」世界二〇〇七年四月号一三一頁、同「防衛省誕生の意味」法律時報七九巻二号、愛敬浩二「防衛庁の『省昇格』はなぜ問題のか」軍縮問題資料三二一号二九頁以下、青井未帆「防衛省昇格問題と憲法第九条」憲法理論研究会編『憲法の変動と改憲問題』（敬文堂、二〇〇七年）一七頁以下。

（4）西原博史「教育基本法の改正・心の自由、改憲問題」、市川須美子「教育の全面的国家統制を正当化する教育基本法典」など（西田書店発行、明治大学軍縮研究所編『季刊、軍縮地球市民』臨時増刊、二〇〇六年）。ナショナリズムは、愛国心と結び付けているが、平和にとってナショナリズムの思想は害悪をもたらすといった危険性を生むことが説かれている。

（5）国によって植えつけられた愛国心は自衛軍の国防意識をたかめ、有事法制が国民の動員の有力な方法として活用されることになる。国旗、国歌は、愛国心を呼び起こすための重要な要因となる。

（6）国民投票法の制定については、長い期間を要している。国民投票法は、憲法の改正に必要となる国民参加の手続法であるだけに、手続的公平さが要求されることで慎重であったとも解されようが、むしろ政治的には、この法律の制定に反対していた政治的理由によるものと解される。しかし、国民投票法の導入、イニシァチブの性格をレファレンダムの性格以外に求めるなどが議論の対象とされていたが、未解決なまま九六条の手続条項が成立したことを問題にした論稿もある（江橋崇「『官』の憲法と『民』の憲法」（信山社）参照。また、この法律の制定以前から、国民投票案を提示している論文もある。金丸三郎「日本国憲法改正国民制度について（一）（二）（三）」（自治研究一九巻四号一九巻四号三頁、五号二四頁、七号三二頁）、小嶋和司『憲法改正国民投票法案』法律時報二五巻三号（一九五三年）三二頁。

（7）隅野隆徳『欠陥「国民投票法」はなぜ危ないのか』（アスキーメディアワークス、二〇一〇年）一九頁以下。山内敏弘「憲法改正手続法の問題点」『改憲問題と立憲平和主義』（敬文堂、二〇一二年）所収。

（8）本法では、憲法の改正に限定したが、それ以外の重要法案に関する事項についても国民投票に付することができることを定めた一般国民投票として制定することも可能である。しかし、これらの一般的国民投票は、勧告的、助言的な意見と解される。また、予備的国民投票を行うか否かについては、憲法審査会に託されている。
（9）在外投票の名簿、記載事項、登録申請、異議申し立て、登録に関する訴訟については公選法三三条―四六条。
（10）本書第一部第四章（日本国憲法の改正、変遷、政府解釈）を参照。
（11）隅野隆徳・前掲書七四頁、渡辺久丸・前掲書二〇五頁。
（12）隅野隆徳・前掲書九八頁以下、井口秀作・前掲論文一六三頁。
（13）隅野隆徳・前掲書一一〇頁以下。
（14）吉田善明「日本国憲法論（第三版）」（三省堂、二〇〇七年）三五九頁以下。
（15）井口秀作「発議要件の緩和と国民投票法」奥平康弘他「改憲の何が問題か」（岩波書店、二〇一三年）。
（16）高見勝利「憲法改正国民投票について」法学教室NO二七三号、有斐閣二〇〇三年、批判として古川純『改正問題の現在』（専修法学論集第九五号、二〇〇五年一二月）一三三頁。
（17）渡辺久丸「九条『改正』と国民投票」（文理閣、二〇〇六年）一六六頁以下。
（18）イギリスでは、一九七五年にEC加盟（現在EU）をめぐってレファレンダム実施されて以来、一九八七年に、スコットランド及びウェールズへの権限移譲（Devolution）をめぐる論議が激しくなり、スコットランドではスコットランド住民に、ウエールズではウエールズ住民にその判断を求めるレファレンダム法が制定、実施された。しかし、一定数の支持を地域住民から得ることができなかった。その後、九七年に再びレファレンダム法が制定され実施されたが否決されている（吉田善明・前掲書二二七頁以下。なお、イギリスのレファレンダムについては、吉田善明『イギリスにおける代表民主制と直接民主制について』（法律論叢四八巻四・五・六合併号、一九七七年）参照。同じく二〇一四年九月一八日にもスコットランドでレファレンダムが行われたが否決されている。
（19）渡辺久丸・前掲書一九一頁以下。
（20）芦部信喜「憲法改正国民投票制に関する若干の考察」国家学会雑誌七〇巻九号、長谷川正安・森英樹編『憲法改正論』（三省堂、一九七七年）所収。
（21）杉原泰雄『憲法Ⅱ』（有斐閣、一八八九年）五一三頁。

【参考文献】


渡辺久丸『九条「改正」と国民投票』（文理閣　二〇〇六年）。

井口秀作、浦田一郎、只野雅人、三輪隆『今なぜ憲法改正、国民投票なのか』（蒼天社、二〇〇六年）。

隅野隆徳『欠陥「国民投票法」はなぜ危ないのか』（アスキーメディアワークス、二〇一〇年）。

中山太郎『実録　憲法改正　国民投票への道』（中央公論新社、二〇〇八年）。

第二章　第二次安倍内閣の登場と自民党『日本国憲法改正草案』（各党の憲法改正案も含めて）

一　近年の政治状況

二〇〇七年九月に安倍首相が体調不良を理由に退陣したことで、政権は福田内閣そして麻生内閣へと一年ごとに変わっている。二〇〇九年の九月に、衆議院議員選挙が行われ、野党第一党であった民主党が政権を担うことになった。しかし、民主党はマニフェストに定めた公約を実現できず、マニフェストにみられない消費税の増税を法律化したことから離党者が続出し、世論の支持を失っていった。民主党野田首相（当時）は、当時野党であった自民党、国民の生活が第一、公明党との間で党首会談を行うが、その席上、野田首相は突然、衆議院の解散（二〇一二年一一月）を約束した。硬直していた国債赤字法案の立法化、議員の選挙区制の是正化を図ることの約束を理由にした解散であった。これに基づき、二〇一二年一二月に衆議院選挙が行われ、与党・民主党は大敗し、政権は三年半ぶりに自民党に戻り、第二次安倍内閣が成立した。こうした政権交代による安倍内閣の登場は、党の課題としてすでに準備していた自民党『日本国憲法改正草案』を政治の舞台にのせるのは、むしろ当然のことであった。自民党は、二〇〇五（平成一七）年の段階で、すでに「新憲法草案」（一〇月二八日）を発表していた(1)。『新憲法草案』は、自主憲法としての性格を色濃くした内容のものであった。その後、国民投票法が制定され、衆・参両院に憲法審査会が設置されて、憲法改正論議が本格化されていくのを機に、さきの「新憲法草案」を改定し、現在の「日本国憲法改正草案」を発表した。

小稿では、安倍内閣の下で日本国憲法がどのように改正されようとしているのか。提示された自民党の『日本国憲法改正草案』を中心に検討してみたい。

二　自民党『日本国憲法改正草案』（二〇一二年四月二七日、決定）

自民党は、この「日本国憲法改正草案」（以下自民党「憲法改正草案」という）をまとめたのは野党当時（二〇一二年四月）であった。したがって、その内容は党員の思いが存分に反映され、かなりエキサイティングなものになっている。それにしても、なぜ、憲法の改正が必要なのか。この改正案の内容をみると、自民党が今まで公表してきた憲法草案以上に国家主義的、国防強化の面が強調されている。すなわち、自民党は、①結党以来自主憲法を党是としていること、②制定当時、連合軍が指示し、主権が制限されていた中で制定されたもので、国民の意思が反映されていない。③その内容をみると、自衛権の否定とも読み取られかねない規定など、問題の多い規定がみられるといった認識の下、「押しつけられた憲法」であることを強調する。(2) これに加えて、改憲論の主たるねらいは、アメリカのアジア戦略の見直しに対応するためであるとしている。近年の例を待つまでもなく、自衛隊のアフガニスタン、イラク戦争での「直接介入」を承認し、「アメリカの、日本の肩代わり戦略」を集団的自衛権の行使容認によって進めようとしている。自民党は、このような状況認識の下、憲法の改正の道に向おうとしている。その総決算が改憲案である。以下、具体的検討していこう。

（一）前文の全面的改正

自民党の「憲法改正草案」の前文一項に、『日本国は、長い歴史と固有の文化を持ち、国民統合の象徴である天皇を戴く国家であって』にはじまり、つづいて『国民主権の下、立法、行政及び司法の三権分立に基づいて統治される。』（前文一項）とする。自民党の「憲法改正草案」Q＆Aによれば、「前文は、わが国の歴史・伝統・文化を踏まえた文書であるべきですが、現行憲法の前文には、そうした視点が現れていません」として、上記の文言を導入したと説明される。この文言はさらに国家の性格と結び付けている。日本国は『国民統合の象徴である天皇を戴く国家』であることを明らかにする。現行憲法第一条に明記された象徴である天皇規定を改正草案では、前文にも明記している。国家の形態から捉えてみると、日本は、共和制国家ではない、君主制国家の一形態として日本独特の『象徴である天皇を戴く国家』として位置づけようとしている。近代国家における君主制は、一九世紀から二〇世紀前半にかけて、二ダースに満たない存在になっている。その間にスペインのように君主制を復活させた国もあるが、君主がかなり強い権限を有していたエチオピア、ギリシャなど君主制国家は崩壊している。しかも、現存する君主制国家は、専制君主制、制限君主制、立憲君主制（議会君主制）、共和（立憲）制へと変化し、今や民主化の方向に改革されながら維持されている。このことを、主権論の側面からいえば、君主主権から国民主権に基づく君主制の存在であり、政治権力の源泉とはならない、議会君主制の確立あるいは象徴としての君主を持つ「共和制」の確立と解することができる。この考え方にたち、自民党は「憲法改正草案」前文に掲げたものと思われる。しかし、それだけでは済まない。後述しているように、自民党の「憲法改正草案」では、天皇に、象徴たる地位に、さらに「日本国の元首」たる地位を与えていることである。これは君主制の歴史的流れに逆行し、「天皇の政治的復権」と解される。(3)

また、前文一項では、国民に主権があること示し、このもとで、立法、行政、司法の三権が行使される規定を置く。国家構造として三権分立制の採用である。この規定だけでは権力の本質的構造をみることができない。それればかりか、自民党の「憲法改正草案」では、前述したように、天皇の章、第一条に「元首」の文言を持ち込み、天皇を国の元首としている。天皇の元首化は、一九五〇年代の改憲論議の中で取り上げられていたが、その再現と解されてよいであろう。一般に、『元首』とは、対内的には行政権の長として、対外的には国を代表するものと解され[4]、この観点からみると、天皇の政治的権限の復活の思想がその底流にあることが読みとれる。為政者による天皇の政治的利用につらなることが懸念される。主権在民を明記しているとはいえ、天皇の元首化は、象徴化した天皇をふたたび政治の舞台に突出し、確立してきた近代的立憲制の形骸化を生み出すことになりかねない。

前文一項の冒頭「日本国は長い歴史と固有の文化を持ち」とあるが、この文言は何を意味するのか不明である。長い歴史と伝統といっても、日本の貴族文化を指すのか、封建文化を指すのか、武家文化を指すのか、明治以降の軍国主義の、あるいは沖縄などの「琉球処分」、戦後の『アメリカの基地支配の文化』、講和条約締結の際、沖縄を捨てた「第二の琉球処分」などを指すのか、これだけでは不明である[5]。それればかりか、この文言が憲法を運用するに際し、今まで培われてきた人権、平和、立憲制を抑制する歯止めとして用いられることになれば問題である。

自民党の「憲法改正草案」前文二項では、「我が国は、先の大戦による荒廃や幾多の大災害を乗り越えて発展し、今や国際社会において重要な地位を占めており、平和主義の下、諸外国との友好関係を増進し、世界平和と繁栄に貢献する」と定める。先の世界大戦による荒廃といった文言で過去の大戦を括っているが、いまだ近隣諸国は日本の犯した戦争行為については厳しい視線で見ている。平和主義の下にあると宣言しても、その内容は国防軍に支えられた軍事国家である。とすると、これは非軍事・平和主義国家から軍事・国防国家への大転換である。

現行憲法と比較してみよう。現行憲法前文三項では、政府の行為によって再び戦争の惨禍が起こることのないようにすることを決意したうえで「日本国民は、恒久の平和を念願し、人間相互の関係を支配する崇高な理想を深く自覚するのであって、平和を愛する諸国民の公正と信義に信頼して、我々の安全と生存を保持しようと決意した。われらは、平和を維持し、専制と隷従、圧迫と偏狭を地上から永遠に除去しようと努めている国際社会において、名誉ある地位を占めたいと思ふ。われらは、全世界の国民が、等しく恐怖と欠乏から免かれ、平和のうちに生存する権利を有することを確認する」と定める。なかなかの美文である。ここから①政府の行為による戦争を禁じ、②恒久平和を念願し、「平和を愛する諸国民の公正と信義に信頼して、かつ「専制、隷従、圧迫と偏狭」を永遠に除去しようとする国際社会おいて名誉ある地位を占めたいとし、そのため、③我々は「平和のうちに生存する権利を有することを確認する」とし、いわゆる平和的生存権の確認を読み取ることができる。第九条に前文の具体化として「戦争放棄」規定を置いたのは必然であった。自民党の「憲法改正草案」の趣旨説明では『ユートピア的発想による自衛権の放棄にほかなりません』と述べているが、現行憲法が制定されて六七年の歴史を見るが国民の英知によって幾多の混乱を乗り越え、今日までできたのはこの憲法わけても、平和的生存権を確認し、擁護してきたからに他ならない。今後はより前文の精神そして第九条のより実質化を目指すことにあり、それによって名誉ある地位を築きあげることになる。先達が創り上げた「非武装平和国家」の道を捨ててはならない。決して「ユートピア的発想ではない。」これこそ『我が国が作り上げてきた長い歴史と固有の文化』でなかったのかということができる。

自民党「憲法改正草案」前文三項では、「日本国民は、国と郷土を誇りと気概を持って自ら守り、基本的人権を尊重するとともに、和を尊び、家族や社会全体が互いに助け在って国家を形成する」と定める。自民党の「憲法改正草案」のQ＆Aでは、「国民は国と郷土を自ら守り、家族や社会が助け合って国家を形成する自助、共助の精神をうたいました。その中で、基本的人権を尊重することを求めました」と説明される。この文言では、国家、郷土の護持、国を形成する自助、共助の精神をうたい上げ、その中で、人権尊重を求めるとのべているが、両者の関係で見ると人権より家族主義的、国家護持優先の傾向を求めているようにみえる。これでは基本的人権を原理として尊重したことにはならない。また、三項に「和を尊び」といった文言を導入していることに違和感を感じる。改正草案のQ＆Aでは「和の精神は、聖徳太子以来の我が国の徳性である」という意見があることから導入したと説明する。近代的憲法の本質は、政治権力者を縛ることにある。そして権力多数派の暴政を阻止することにある。「和の精神」といった道徳の導入は、近代憲法になじまない性質のものである。それは個人の尊厳を否定した上に築かれる「和」であり、「個性の確立」を根底に置く「和」でない限り用いられる文言ではない。(6)

また、自民党の「憲法改正草案」Q＆Aによれば、「現行憲法の前文には、憲法の三大原理のうち「主権在民」と「平和主義」はありますが、「基本的人権の尊重はありません」と述べている。これは当たらない。前文に基本的人権の尊重といった文言はないが、前文一項に「吾らとわれらの子孫のために、諸国民との協和による成果と、わが国全土にわたって自由のもたらす恵沢を確保」とある。人権の基本は生命・自由である。その具体化として現行憲法第三章に「国民の権利義務」として明記している。

自民党の「憲法改正草案」前文四項では、「我々は、自由と規律を重んじ、美しい国土と自然環境を守りつつ、教育や科学技術を振興し、活力ある経済活動を通じて国力を成長させる」と規定する。ここでいう「自由と規律を重んじ（る）」文言と後段のつながりが理解しづらい。自民党の綱領の精神である「自由」を掲げ、自由には規律を伴うものであることを明らかにしたうえで、後段の国土と環境を守り、教育や科学技術を振興し、活力ある経済活動を通じて国を成長させるとしているのであろう。財産権保障を中心に、国土と自然環境の秩序を守り、教育と科学技術を振興する国家として成長させることを明言したものと解される。

そして自民党の「憲法改正草案」前文五項は、まとめとして、「日本国民は、良き伝統と我々の国家を末永く子孫に継承するため、ここに、この憲法を改正する」と定める。現行憲法は、前文に掲げられた諸原理を実施する決意を全世界に向かって誓ったのに対し、自民党「憲法改正草案」は、内向きな国家主義的、家族主義的思想が前面に出てきていることを前提にして、この五項をみると、我々の国家を「末長く子孫に継承する」にしては、あまりに世界を見ない、そしてまた将来をみない憲法前文の改正案といわなければならない。

（二）天皇条項の改正

天皇に関する条項の主な特徴は、①第一条一項に「天皇は、国の元首であ（る）」ことを明確にし、②第三条で「国旗及び国歌」を、③第四条には「元号」を明記したことである。

①天皇の「元首」化

前文でも取り上げたが、元首の概念は多義的である。現行憲法に元首に関する文言がないこともあって、現行憲法の制定時以来、天皇は元首としての性格を有するか否かで論議を呼んできた。元首（Head of the state）という概念は、沿革的には国家を人間と同じにたとえる有機体説と結びつけて説明されてきた。人間のすべての働きの源が頭脳にあると同じように国家のすべての活動の源も君主にあるがゆえに、君主は国家の頭脳であり、「元首」であると解されていた[(7)]。このような「元首」の概念の意味は、やがて、対内的には、行政権の長として、対外的には国を代表する者と解されるようになる。この立場に立って見ると、現行憲法下の天皇は、明治憲法第四条の規定のように統治権の総攬者でないことはもちろん、行政権の長でも、また条約の締結権や外交関係を処理する権限もない。このことから元首であるということはできないと解されていた。この見解に対して、天皇については、内閣の助言の承認を前提とする国事行為としても、（i）批准書その他の外交文書の認証（七条八号）、（ii）全権委任状及び大使・公使の信任状の認証（七条五号）、（iii）外国の大使・公使の接受（七条九号）が定められ、（iv）象徴としての天皇を考慮すると、天皇が元首たる要素を有しているとする見解である。自民党の「憲法改正草案」によれば、元首とは、Head of stateであり、国の第一人者を意味する。明治憲法では、天皇は元首であるとする規定が存在していた。また、外交儀礼上でも元首として扱われていたと述べ、元首の文言導入を当然としている。現行憲法でも明治憲法に「元首」規定があったことを理由に掲げて元首化を図ることは時代の流れに反し認められるべきではない。そればかりか、「元首」の政治的悪用が危惧されるといった視点から天皇の元首化に反対するものが多い。軍事大国化の道を歩むことになれば、元首たる地位を持つ天皇として表面に現れることは必至である。

また、現行憲法の下で、天皇は「国事に関する行為のみを行ひ」と定めて、その行為を第六条と第七条に列挙されていることから、それ以外の行為は認められていないとする見解、これに対し第六及び第七条以外の行為であっても、天皇は『公人』であるとの立場から「公人」として社会的儀礼的行為として認められてよいとする見解もある。たとえば、国会の開会式の出席、「おことば」を賜る行為、外国との元首との親電交換、国及び地方自治体が主催する式典への出席などがあげられる。自民党の「憲法改正草案」は、この見解に立ち天皇の公的行為として明記している。公的行為の政治的悪用が危惧される。

②国旗・国歌の憲法明記

自民党「憲法改正草案」第一章第三条に「国旗は日章旗とし、国歌は君が代とする。」（一項）、「日本国民は、国旗及び国歌を尊重しなければならない」（二項）と規定する。国旗・国歌を憲法に持ちこんだことについて、自民党の「憲法改正草案」Q＆Aによると、すでに「国旗及び国歌に関する法律」（一九九一・八・一三施行）があるが、①国旗・国歌は一般に国家を表象的に示すいわば『シンボル』であり、また②国旗・国歌を巡って教育現場で混乱が起きていることを踏まえ、第三条に明文を置くことにした、と説明する。国旗・国歌の憲法的保障である。

「国旗」「国歌」は、一般に、国家が存する限り、その国のシンボルとなる国の旗として、また国の歌として当然あってよいはずである。それらにはその国の真髄とも言える魂が内在的に、象徴的に含まれているからである。ところが、わが国の場合、「万世一系の天皇礼賛歌であったり、天皇の名において外地で繰り広げられた戦争遂行中に用いられた日の丸であったり」、「日の丸を背負って、国家、天皇のためといって尊い命を犠牲にした無残な戦争の歴史」を刻んだシンボルであった。戦後、学校の教育現場で、日の丸掲揚、君が代斉唱、起立をめぐって教員や市民との間での抗争があったのは、こうした無残な戦争に利用された戦争時の政治的状況からくる譲れない思想・良心の問題が内在していたといえる。

やや、過去にさかのぼり敷衍してみると、一九八九年二月、文部省は新指導要領を発表する。その要領にみられる国旗、国歌について「国旗を掲揚し、国歌を斉唱させることが望ましい」とする文言から、その取り扱いを「指導するものとする」に変更している。この指導に逆らえば、指導要領違反として、校長が職務命令を出し、違反すれば処分の対象となる。この問題は学校教育の一環として行われる卒業式の式典で現れた。都内にある小学校に勤務する音楽専科の教員が、入学式で君が代を伴奏をするように命じられたのを拒否したこと（いわゆるピアノ伴奏拒否事件）で、都教育委員会によって戒告処分を受けた。最高裁は、「思想・良心の自由」を厳格に狭く解し、「君が代」を歌うか歌わないかは、思想や良心の領域に属さない、レベルの問題と判示した(8)。また、近年では、「君が代」斉唱の際に、起立斉唱を命ずる校長の職務命令に従わないことで、都人事委員会から解雇処分を受けたケースもある。同じく最高裁は、起立斉唱行為について、「一般的、客観的に見て、これらの式典における慣例上の儀礼的な所作としての性質を有するもの」であり、「（上告人らの）歴史観ないし世界観それ自体を否定するもの」とはいえない、と判示している(9)。

こうした訴訟はその後も続いている。このような争いを見て、改憲論者は、国家の本質とも結びつく重大な憲法問題を憲法改正で決着をつけようとしたものと解される。たんに国旗、国歌が、そしてまた天皇が政治のシンボルとして活用されていることを想起するとき、思想・良心のレベルの問題ではないと言い切れるのか、あるいは、君が代の斉唱における起立は、式典における慣習上の儀礼的な所作にすぎないといった問題で済まされるのか、思想・良心、世界観と直結している問題ではないのか。そうだとすれば、いかなるスタンスをとるかは個人の問題であって、権力機構である国家が国旗、国歌を強制することは許されるべきではないと解される。

「憲法改正草案」第三条二項の『日本国民は、国旗・国歌を尊重しなければならない。』とする規定は、学校教育でいえば、国旗・国歌に反発する不満分子を職務命令違反として抑え込もうとする条項として大きな効果を発揮するであろう。ちなみに、フランス第五共和国憲法（現行憲法）では、第一章第二条に主権条項をおき、①共和国の言語はフランス語である。②国旗は、青、白、赤の三色旗である。③国歌は、〈ラ・マルセイエーズ〉である。④共和国の標語は〈自由、平等、博愛〉であると明記されている。

イタリア共和国憲法においては、まず基本原理を置き、①イタリアは勤労に基礎を置く民主的共和国である（一条一項）。②共和国の国旗は、イタリア三色旗、すなわち緑、白及び赤で垂直の帯の旗である。国歌については明記されていない。同じくドイツ連邦共和国基本法においては、「ドイツ連邦共和国は、民主的かつ社会的な連邦共和国である」（二〇条一項）と定め、「連邦国旗は、黒、赤、金色である」（二二条）と定める。国歌については明記されていない。このように諸国の憲法をみると国旗については明記されているのではないか、と批判が出よう。[10] いうまでもなく、両国の憲法に見られる国旗には近代国家として歩む国家の原理と人権の尊厳を基礎にした内容を読み取ることができる。

これに対し、自民党の「憲法改正草案」をみると、主権は国民にある事を棚上げにして、「天皇」の章に天皇を元首化し、国旗、国歌を置くことを明記しているが、それは天皇制国家のイメージであり、国民不在の天皇の為の国旗・国歌であり、国民のための民主制国家のイメージを捨てることになりはしないか。なかには、第九条に関する改憲案で取り上げて、自衛隊の海外派兵には、国民のナショナリズムの昂揚が必要であり、国旗、国歌の明記は改憲を進めるための援軍になるとして評価する者もいることを述べておきたい。[11]

③元号の憲法明記

自民党『憲法改正草案』では、「元号は、法律の定めるところにより、皇位の継承があった時に制定する」（四条）と規定する。自民党の「憲法改正草案」Q＆Aでは、現在の『元号法』の規定をそのまま導入したものであり、一世一元制の明記であると説明する。

一世一元制の採用は、明治以降であり布告を持って定めていた。一八八九年二月一一日公布の皇室典範にみられた。現行憲法下では、元号に法的根拠がないことから元号制をめぐる論議が続いていたが、一九七九年に元号法が制定された。「元号は、政令で定める。元号は、皇位の継承があった場合にかぎり改める」としている。自民党の「憲法改正草案」は、元号を憲法レベルでの保障を意図したものといえる。このような元号の使用を「憲法改正草案」に掲げたことは、グローバル化時代の中で物事を考えている状況をみる時、時代に即したふさわしい文言とはいえない(12)。

(三) 第九条の戦争放棄条項を改め安全保障条項に

現行憲法第二章「戦争放棄」を「憲法改正草案」では「安全保障」に表題を改めている。

①戦争の放棄（九条一項）、（二項）

現行憲法第九条一項では、平和主義、戦争放棄の内容を定める。すなわち、「正義と秩序を基調とする国際平和を誠実に希求」するため、「国権の発動たる戦争」と「武力による威嚇又は武力の行使」を一体として定め、「国際紛争を解決する手段としては、永久にこれを放棄する」としている。戦争には国際紛争に至らない戦争などあり得ない。したがって、国権の発動たる全ての戦争は、①侵略目的の場合であろうと、②自衛権行使の場合であろうと、あるいは③制裁を目的とする場合であろうと、一切の戦争を放棄するとした。第九条一項は全ての戦争が放棄されていると解する。これに対して、一項で永久に放棄するのは、「国際紛争を解決する手段」としての戦争であり、それ以外の戦争は許されるとする見解がある。一九二八年のパリ不戦条約で禁じている「国家の政策の手段としての戦争」と同じ意味である。したがって、「国策の手段としての戦争」である侵略戦争、制裁戦争は放棄するが、「それ以外の戦争」は、放棄されていないとする見解である。

ここでいう「それ以外の戦争」とは、国際連合に認められている軍事的制裁措置としての戦争及び自衛権の行使に基づく戦争を指すと解され、現実に自衛力としての自衛隊の存在を肯定する（政府解釈）。しかし、自衛力を肯定したとしても、それは「自衛のための必要最小限の防衛力」しか認められないと解されている。この解釈に基づいて、自民党「憲法改正草案」は、現行憲法第九条一項の戦争放棄条項はそのままとし、二項を削除して、新たに二項に「前項の規定は、自衛権の発動を妨げるものではない」との規定を設け、自衛権の発動としての自衛隊の存在を明確にしている。

しかし、現行憲法第九条二項に規定している「前項の目的を達成するため、陸海空軍その他の戦力は、これを保持しない。国の交戦権は、これを認めない」とした規定こそ意義のあるものである。それは、第二次世界大戦による被害体験、加害体験が切実に反映しているからである。広島、長崎の原爆、四五年三月一〇日の東京大空襲の一〇万を超える死、旧満州、沖縄での悲劇などの犠牲者、アジア諸国（中国、朝鮮、フィリピン、インドネシア、インドシナ半島諸国等）における加害者としての行動でもたらした現地住民の犠牲者の死などの体験の上に生まれてきた規定である。第九条二項は、このような背景の上に出来た規定であることを思うとき決して改正してはならない筈のものである。しかし、それにもかかわらず、自衛隊を国防軍にした改憲案を提示している。

②国防軍の保持、任務、組織、統制、内閣総理大臣の指揮権、機密事項の保持

自民党「憲法改正草案」第九条の二の一項に「我が国の平和と独立並びに国及び国民の安全を確保するため、内閣総理大臣を最高指揮権官とする国防軍を保持する」と定める。内閣総理大臣を最高指揮者とする自衛隊を国防軍とした理由は隊員の士気を高めるためであると説明する。同条の二の二項に「国防軍は、前項の規定よる任務を遂行する際は、法律の定めるところにより、国会の承認その他の統制に服す」と定め、国防軍の任務を国会の統制の下に置いていることを明記する。

第九条の二の三項では　国防軍は、一項に規定する任務を遂行するための活動のほか、法律の定めるところにより、国際社会の平和と安全を確保するために国際的に協調して行われる活動及び公の秩序を維持し、又は国民の生命若しくは自由を守るための活動を行うことができる」とした。国防軍としての活動の広がりをみることができる。

第九条の二の四項では、「前二項に定めるもののほか、国防軍の組織、統制及び機密の保持に関する事項は、法律で定める」とする。

③軍事機密の保持違反と軍事審判所の設置

第九条の二の五項では「国防軍に属する軍人その他の公務員がその職務の実施に伴う罪又は国防軍の機密に関する罪を犯した場合の裁判を行うため、法律の定めるところにより、国防軍に軍事審判所を置く。この場合、被告人が裁判所へ上訴する権利は保障されなければならない」と規定する。自民党「憲法改正草案」Q＆Aによると、「軍事上の行為に関する裁判は、軍事機密を保護する必要があり、また、迅速な実施が望まれることに鑑みて、このような審判所の設置を規定しました。」とその理由を述べている。明治憲法のもとでの『軍法会議』としての機能を期待してのことであろうか。軍事審判所の設置を認めなくても、通常裁判所でも対応できるはずである。[13]このことは軍事の司法への介入にほかならない。

④第九条の改正の意図

現行憲法第九条で示されていた「戦争の放棄」を「安全保障」と表題を変えているが、この案の起草の背景には、占領期から引きずってきた『自主憲法の制定』といった改憲を意図するばかりでなく、国際社会を意識した新たな日本の戦略が読みとれる。特に「安全保障」という文言は、世界に向けた日本の『戦争放棄』宣言ではなく、日本が国防軍の創設を明記し、国際社会への協力、緊急事態への対応、さらには審判所（九条の二の五項）の設置といった軍事的公共性を優位にした武装体制への転換につらなる文言として現れている。安倍首相は『自衛隊を改め国防軍』としても、自衛のためとは変わりがないと説明されているが、「国防」国家への転換を意図していることは明確である。

国防軍が行う活動は、①自衛活動（国及び国民の平和と安全をまもるため）、②国際協調活動、③緊急事態における治安維持活動の分野に分けられるが、いずれの活動についても最高指揮権者として内閣総理大臣が当たる。これは内閣から独立した軍の指揮命令権者となることを明らかにしたものである。

また、国防軍による自衛権の発動の一形式として、自民党「憲法改正草案」第九条二項で、第九条一項を受け「自衛権の発動を妨げるものではない」と自衛権規定を加憲し、自衛権の一形態として『集団的自衛権』の行使をも可能にした。一般的に、「集団的自衛権」の行使とは、密接な関係を有する国が武力攻撃を受けた場合、その国の武力が不十分であるためにその国を援助、支援する権利と解されている。現行憲法のもとで、この権利は、国際平和と安全という国際社会のためでも行使することができない、と解されてきた。政府解釈で集団的自衛権の行使は、「国際法上、わが国が主権国家として有しているにもかかわらず、現実にそれを行使することは日本国憲法や国内法でも禁止されている」（一九八一年六月三日、参議院法務委員会、法制局長官見解）。ところが、二〇一四年七月一日、安倍首相は、今まで禁止されていた集団的自衛権を自・公両党による『安全保障法制整備に関する与党協議』の合意を受けて集団的自衛権の行使を容認する閣議決定をした。すなわち、日本が武力を行使する前提条件となる「新三要件[14]」に基づいて、「我が国と密接な関係にある他国に対する武力攻撃が発生」し、「我が国の存立が脅かされ、国民の生命、自由及び幸福追求の権利が根底から覆される明白な危険がある」場合、この条件を満たせば、「自衛の措置」として武力行使が可能であるとした。

また、一方で、自民党「憲法改正草案」では、この自衛権行使の枠を外して集団的自衛権の行使を容認した。この改正によって、日本の領土や国民の安全とは直接関係のない地域にまで出かけて他国（同盟国）を支援することができることになる。

⑤『領土等の保全等』と国民の協力規定（九条の三）

現行憲法には領土に関する規定はないが、一般に「国家存立の基礎をなす土地の区域を領土という。ただし、「この領土には領海、領空を含む」と解されている。領土の保全は主権国家として当然のことである。自民党の「憲法改正草案」には「国は、主権と独立を守るため、国民と協力して、領土、領海及び領空を保全し、その資源を確保しなければならない」とした。また「憲法改正草案」Q＆Aでは、「この規定は、軍事的な行動を規定しているのではありません」。むしろ、「国が国境離島において、避難港や灯台などの公共施設を整備することも」領土保全に関するものであり、これらについて国民と協力してそれらの確保にあたることであると説明している。最近の尖閣列島、竹島問題で中国、韓国との間におこっている領土問題が念頭にあることは言うまでもない。これらの島の領有をめぐって、日本は軍事力を行使することはないであろう。そのためには、隣国である中国、韓国との友好関係が築かれていなければならないことはもちろんであるが、まずは各国とも「固有の領土」権の主張を、棚上げにし、「紛争の存在」をみとめ、紛争の根底に横たわっている原因について議論の出来る場をつくる努力をすることである。それが不可能な場合は、第三者を交えて紛争解決の道を図る努力をすべきである。

国は国民と協力して『領土、領海及び領空を保全し、その資源を確保しなければならない』との規定は、条文の規定位置から見て（九条三項）、領土等の争いで軍事力の行使に陥った場合の国民の協力規定であると解される。

⑥第九条の改定がもたらすもの

これまで、主として自民党の「憲法改正草案」を中心に見てきたが、その第九条改正の狙いは、軍事・「国防」国家への道を開くことにある。

第一に、憲法の改正といっても、第九条に関していえば、日本国憲法の下で堅持してきた不戦の原則をかなぐり捨てて、対米協力のもと自衛隊の海外出動を正当化する法体制の整備であり、それを憲法の改正によって明確にすることである。現在、論議を呼んでいる集団的自衛権の行使の容認は、改憲の最も重要な位置を占めている。

第二に、自衛隊の海外派遣にはナショナリズム、愛国心の昂揚が必要であり、それは教育によることはいうまでもない。そのための準備が整いつつある。すでに教育基本法の改正が行われており、選挙公約では伝統と文化を尊重する教科書で学べるよう教科書検定制度の抜本的改革をあげている。これらは第一次安倍内閣時に改正した教育基本法の流れに沿うものであるといえる。愛国心教育についてもこの傾向は変わりがない。

第三に、自民党「憲法改正草案」には、第九章が新たに設けられ「緊急事態」条項を導入している。のちにくわしく述べるが、この条項は我が国に対する外部からの武力攻撃、内乱等による社会秩序の混乱、大規模災害が発生した時の緊急事態に対応する宣言規定である、と説明をしている。国会の承認を必要とするといった規定が設けられているとはいえ、内閣から独立して内閣総理大臣が最高の指揮命令官となる。憲法に立憲制を否定する緊急事態を設けたことは現行憲法が持つ平和、立憲平和主義憲法としての性格を失うことになる。

第四に、安倍内閣は、改憲に先駆けて、「国家安全保障会議設置法」（日本版ＮＳＣ）を制定した。[15] この法律は、首相官邸が中心となり、外交や安全保障に関する政策決定や国家戦略の策定を目的としている。その中核となるのは首相、官房長官、外相、防衛相による四者会合で緊急性がない場合でも二週間に一回程度の頻度で開催されることが予定されている。主要課題として、在日米軍再編問題、対中関係、北朝鮮の核ミサイル、領土問題について協議する機関である。また従来の安全保障会議は廃止され、新たに設置された国家安全保障会議（日本版ＮＳＣ）の中に組み込まれた。もちろんこのような政策の決定には、これ等に関連する情報の収集が必要である。より情報の収集を保障するためには、情報の漏えいに対し厳しい監視が必要となる。二〇一三年一二月に強行採決し成立をみた特定秘密保護法はその一翼を担うことになる。

（四）基本的人権条項の改正

①基本的人権思想の排除

自民党の「憲法改正草案」によれば、「国民は、全ての基本的人権を享有する」（一一条）と定め、現行憲法にみられる「この憲法が国民に保障する基本的人権は、侵すことのできない永久の権利である」といった規定は残しているが、「現在および将来の国民に与えられる」といった文言を削除した。そして さらに、現行憲法九七条で最高法規として明記されていた「基本的人権の本質」規定も削除した。

現行憲法にみられる基本的人権規定から『現在および将来の国民に与へられる』といった文言を削除した理由について、自民党「憲法改正草案」Ｑ＆Ａでは、権利は、共同体の歴史、伝統、文化の中で徐々に生成されてきたという認識に立って、「現行憲法の規定の中には、西欧の天賦人権説に基づいて規定されていると思われるものが散見される」のでこの考え方を改める必要があるとして、改正案のようにしたと説明する。現行憲法では、基本的人権の持つ性格として、人権の『固有性』『普遍性』『不可侵性』『永久性』が保障されている。確かに、現行憲法は天賦人権説に立っての説明であることは言うまでもない。近代に入って、基本的人権思想は欧米に端を発し、世界諸国を駆け巡り、個人の自由や平等なる概念は、立憲主義、民主主義とともに諸国に影響を及ぼしている。日本においても例外でない。わけても自由および人権の保障は、明治憲法のもとでは、神権的国家論の勢力に抑制され、軍国主義の勢いによって無残な状態に終わった歴史がある。そのことへの反省から自由および人権は現行憲法の根幹として位置づけたのである。にもかかわらず、自民党「憲法改正草案」第一一条のように、現行憲法第一一条から「現在、将来の国民に与へられる」といった文言を削除すれば、我が国の歴史、文化、伝統が生かされる解釈が出てくると考えているのであろうか。人権学説や天賦人権説、自然権説思想を国家権力によって排除することに他ならない。とすれば、現行憲法によって確立した人権尊重主義の国際基準の放棄につらなり、それはまた、第二次大戦後の国際社会において確立してきた世界人権宣言、国際人権規約（自由権規約、社会権規約）の思想に反するものとなる[16]。我々国民は、第二次世界大戦前の国民の権利侵害の悲劇の歴史を生み出したことを忘れてはならない。長年の間にわたって努力を重ねて勝ち取ってきた基本的人権を『西欧の天賦人権』の思想であると解し排除することは許されるべきものではない。

②「個人の尊重」から「人の尊重」へ

自民党「憲法改正草案」によれば、現行憲法一三条前段に、「すべて国民は個人として尊重される」とした規定を「全て国民は、人として尊重される」と改めている。自民党「憲法改正草案」Q＆Aでは、その理由について説明はない。フランス人権宣言のいう『人および市民の権利宣言』の「人」からきたものでないことは前文をみても明らかである。『個人』、いわゆる個性ある人（社会的人間）では、前文で示された「和の精神」が弱められる可能性、さらに後述する二四条の家族に関する相互扶助の規定の導入を思うとき、『個人の尊重』よりも『人の尊重』なる規定の方が、「家族の絆の結束」を促しやすいと判断したものと思われる。しかし、この改正は近代憲法において確立した原理に連なる問題であって文言上の問題だけでは済まされないであろう。

③「公共の福祉」の文言を「公益及び公の秩序」に改正

憲法改正草案では、「国民は、これを濫用してはならず、自由及び権利には責任及び義務が伴うことを自覚し、常に公益及び公の秩序に反してはならない」（一二条）と定め、また、同第一三条に「生命、自由及び幸福追求に対する国民の権利については、「公益及び公の秩序」に反しない限り、立法その他の国政の上で、最大限尊重されなければならない」と規定を変更する。自民党「憲法改正草案」のQ＆Aによれば、この文言を変更した理由について、「公共の福祉は、人権相互の衝突の場合に限って、その権利行使を制約するものであって、個々の人権を超えた公益による直接的な権利制約を正当化するものではない」といった解釈がとられているが妥当でないとし、また、現行憲法の第一二条、第一三条にみられる『公共の福祉』という文言の意味も分かりにくい。そこで、人権の制約は、人権相互の衝突の場合に限られるものでないことを明らかにするため、第一二条、第一三条の「公共の福祉」を「公の秩序」に変え、それは「社会秩序」の意味であり、平穏な社会生活の秩序維持を意味していると説明する。憲法学界では、「公共の福祉」については、個人間の調整の原理として、人権制約の自律的配慮責任の法理として「必要最小限度」の規制、二重基準の理論、比較衡量等を生み、個人の尊重を重視した法理を生み出してきた。改正草案に見られる「公共の福祉」から「公益及び公の秩序」への変更は、「公益」

については国益や国家の利益の面が強く強調され、「公の秩序」は社会の秩序と解され、人権に対する「国益」「社会秩序」の優位な法理（原則）への移行ないし組み換えが強く読みとれる。人権尊重の原理からみてこうした文言の変更は許されることではない。

④個人情報の不当利得の禁止規定等の加憲

自民党の「憲法改正草案」第一九条では、現行憲法第一九条（思想・良心の自由）をそのままとし、二項の二に「何人も、個人に関する情報を不当に取得し、保有し、又は利用してはならない」といった規定を加憲する。現行憲法の下では個人情報（プライバシー）に関する明文規定がなく、第一三条の「生命・自由・幸福追求権」は個人尊重の原理として扱い、人格的生存に不可欠な権利として包括的権利の中で個人情報（プライバシー）権の保障を位置づけてきた。プライバシーは、個人の私生活上の事柄が、他人によってみだりに公開されないことは個人の人権を尊重する上で不可欠のことである。この考えがプライバシー権を成立させるにいたった。裁判所が一九六四（昭和三九）年に『宴のあと』事件でプライバシーの権利を定義し、憲法に私法上の権利（人格権）として承認した。一九八一（昭和五六）年にプライバシーの権利を「前科紹介事件」を通して憲法上の権利であることを確認している。その後、IT情報化時代に入る。国、地方自治体が情報をインターネット管理し、国民の保護されるべき情報の範囲・程度を明確化する意図で、プライバシーについての積極的定義が生まれる。「自分の事柄に関する情報は、自分が管理し支配できる権利」と定義される。この定義を前提に、国に先んじて地方自治体が集積している個人情報を保護するために個人情報保護条例を制定し、その後、国も集積した個人情報に対する保護の道を開き、個人を含めた国の情報、個人に関する情報を不当に取得、保有、利用を制限してはならないと規定している。現在見られる情報立法の多くは、国、地方自治体が握る情報管理、集積に対する、自己開示請求権、審査権、除去権の在り様をめぐって争われているケースが多い。このような状況をみるとき、問われているのは、国（行政）によるプライバシーの保護であり、公益情報の開示請求権の保障である。(17)

ところが、自民党の『憲法改正草案』では、知る権利の保障を抑制する法理を明記する。国が大量の個人情報を保有する現状を考えれば、この禁止規定は、むしろ国に向けられるものではないのか。疑問を感じる。国が情報管理に積極的に乗り出したと解さざるを得ない。

⑤信教の自由、政教分離条項の改正

自民党「憲法改正草案」によれば、つぎの二点について現行憲法二〇条の修正をもとめている。第一に、現行憲法二〇条一項後段に定める『いかなる宗教団体も、国から特権を受け、又は政治上の権力を行使してはならない』といった規定を「国は、いかなる宗教に対しても、特権を与えてならない」と改める。国の宗教団体への特権付与を厳しく規制したものと解される。第二に、第二〇条三項を改め、「国及び地方自治体その他の公共団体は、特定の宗教のための教育その他の宗教的活動をしてはならない。ただし、社会的儀礼又は習俗的行為の範囲を超えないものについてはこの限りではない」と定め、政教分離を相対化したことである。いままでも、公的機関が行う地鎮祭、神社への玉串料に対し、その違憲性が問われたが、最高裁判所は、地鎮祭に見られる「宗教活動」の判断基準を考慮して、「①地鎮祭は宗教とのかかわり合いをもつ行為であるが、――その効果が神道を援助・助長・促進しまたは他の宗教に圧迫・干渉を加えるものと認められず、宗教に対する国家のかかわりから見て、第二〇条三項の禁止する宗教的活動に該当しない」と判断した。いわゆる「目的効果論」を導入して公的機関の行動を合憲としている（津市地鎮祭訴訟、最大判一九八七・七・一三民集三一‐四‐五三三）。その後、最高裁は、県の

玉串料の奉納について、奉納の目的が宗教的意義を持つとして、県と靖国神社等のかかり合いは「我が国の社会的文化的諸条件に照らし相当とされる限度を超える」ものであり、第二〇条、八九条に反する、と違憲の判断を示している（愛媛県玉串料訴訟、最判一九九七・四・二判時一六〇一号）。これらの判決に見られた判断基準が改正草案に用いられている。しかし、自民党の「憲法改正草案」で述べている社会的儀礼とは何を持って社会的儀礼と考えるか、あるいは何を持って習俗的行為をいうのか、どこまでの範囲を言うのか、かなり恣意的な判断を伴なうであろう。また、毎年八月一五日に行われている『靖国神社参拝』等の行為は、第二〇条三項の但し書き規定を設けることで合憲化され、かつ正当化されることになる。宗教的行為は決して政治に持ち込んではならない。明治憲法下でも神社宗教を事実上国の宗教とし、この宗教教義に反する他宗教を弾圧、差別化した当時の宗教（キリスト教、天理教、創価学会など）活動の状況を思うとき、国家と宗教の分離は厳格でなければならない[18]。

⑥表現の自由の制約規定の新設

自民党「憲法改正草案」によれば、現行憲法第二一条一項、二項との間に表現の自由についての制限規定を加え、同条二項を三項とした。一項の「集会、結社及び言論、出版その他一切の表現の自由は、保障する」とした規定をそのままにし、二項において「前項の規定にかかわらず、公益及び公の秩序を害することを目的にした活動を行い、並びにそれを目的として結社をすることは、認められない」といった規定を加えている。すでに、自民党『憲法改正草案』第一二条、第一三条改正のところでも取り上げたが、とくに第二一条の「表現の自由」条項に、「公益及び公の秩序」といった制約法理を導入している。

表現の自由は民主的社会存立の基本要件とされ、優越的地位の下に置かれなければならないと解釈されてきた。明治憲法のもとでは、「日本臣民ハ法律ノ範囲内ニ於テ言論著作印行集会及結社ノ自由ヲ有ス」

（二九条）と定めていたが、現実には、治安警察法（一九〇〇年）、新聞紙法（一九〇五年）、出版法（一八九三年）、治安維持法（一九二五年、一九四一年改正）等によって、厳しく制限されていた。[19] 現行憲法の制定はこのような明治憲法下に見られた言論出版集会統制からの解放を意味するものであった。現行憲法下の表現の自由は、すでにのべたように、①個人が言論活動を通して自己の人格を発展させ、また、②言論活動を通して民主的政治過程に参加するための不可欠な権利として保障された。

表現の自由の保障の範囲は広い。言論、出版、その他一切の表現の自由として、新聞、雑誌はもちろんのこと、絵画、写真、映画、音楽、レコード、演劇、ラジオ、テレビジョンによるものを含め、大衆表現の形態としてビラ配り、ビラ貼り、選挙運動そのコロラリーとしての報道の自由、これと並んで集会、結社の自由も思想表現の自由の一形態として保障されている。しかし、それら表現の自由は内心の自由とは異なり他人との自由に関連することから制約されることが多く、その制約規制を巡って争われてきた。ところが、自民党「憲法改正草案」では、人権相互の衝突の場合に限られるものではないとして、「公益及び公共の秩序を害することを目的とした活動、その目的として結社をすること」の活動に厳しい制限を加えることを可能としている。自民党の「憲法改正草案」Ｑ＆Ａによると、「反国家的な行動を取り締まること」を意図したものではないとしているが、これらの取り締まりはもちろん法律その他立法による規制によって表現の自由の制約を可能にしたといえる。近年、政治的批判を掲げたビラ配りなどの個別ポストへの投函行為に対する取り締まりが、表現の自由を侵すものとして訴訟に持ち込まれているが、憲法が改正されると、それらの行為はますます厳しい規制の下に置かれ、国民に保障された表現行為を萎縮させることになる。なかでも、注目しておかなければならないのは、「知る権利と報道の自由、放送の自由」が、「公益及び公の秩序」の下で厳しい規制の下に置かれることである。明治憲法下では、報道は「事実の公知」であり、思想を伴うものでないので言論の自由の保障の範囲外とされていた。したがって、新聞紙法、出版法等により政府の監視、統制の下にあった。現行憲法は国家の統制から解放し、表現、報道の自由として保障した。報道の自由といっても、取材・編集・編成・伝達等に峻別することは可能であるが、その中心となる取材の自由（取財源）の保障が第二一条の下にあるか否かで争われ、国民の知る権利の保障とともに憲法上に権利として保障されるにいたっている。報道の自由は、国民に知る権利に応えているか否かについては論議を呼ぶこともあるが、報道が「社会的公器」といわれる所以であることはいうまでもない。

明治憲法の下での報道規制はもとより、現行憲法の下での事実上の報道規制（博多事件、沖縄機密漏えい事件など）でみられるように、公益目的と「反国家的行為」を峻別して対応するなどできるものではないであろう。このような厳しい制約は表現の自由、報道、放送の自由の危機といわなければならない。

⑦国の国政上の行為について説明義務規定の新設

「憲法改正草案」では、第二一条に二を加え、「国は、国政上の行為につき国民に説明する責任を負う」と定める。国民の知る権利に応える国の情報公開を意図してのことであろう。国民主権の観点に立てば「知る権利」の保障を意味すると思えるのだが、それにしても内容があまりにも漠然としている。自民党「憲法改正草案」Ｑ＆Ａによれば、「国の情報を適切に、わかりやすく国民に説明しなければならないという責務を国に負わせ、国民の知る権利に資する」ことを明記したと説明される。すでに、知る権利については、「報道の自由」の保障において取り上げたが、ここでは国政上の行為の説明責任であるといってもその責が国にある限り、国の情報秘匿は何ら解決されない。またその説明が義務だとしても拘束力がないものであれば形だけのものとなりかねないことが危惧される。

⑧特定秘密保護法の制定

ところで、政府自民党は憲法改正をまつまでもなく、世論、マス・メディア、学会等、多くの国民が反対をしているにもかかわらず、「特定秘密保護法」を強行採決で制定した（二〇一三年一二月制定、一四年一二月施行）。「特定秘密保護法」を制定した意図（目的）は、「我が国の安全保障に関する情報のうち、特に秘匿することが必要であるものについて――特定秘密の指定及び取扱者の制限その他の必要な事項を定めることにより、その漏えいの防止を図り、もって我が国及び国民の安全の確保に資する」（一条）ためであるとしている。この見地から、国が入手した国家機密を漏らした公務員及び情報を扱う民間業者等に厳罰を科することを内容としている。やや敷衍してみたい。すなわち、二〇一三年一二月の臨時国会で制定された「特定秘密保護法」は、政府（行政各省）が秘密に指定した情報を保護し、その秘匿する期間を上限五年間とし、三〇年までは五年ごとに更新する。三〇年を超える更新には、内閣の承認を義務付けている（四条）。一見、条件を付けた「秘密」事項のように見えるが、全く無条件に等しく、いつ開示するのかは政府の裁量である。指定する内容は、「防衛」、「外交」、「安全脅威活動の防止」「テロ活動防止」の四分類に関する事項とし、各府省の大臣は、「特に秘匿することが必要なもの」を「特定秘密」に指定し、秘密を取り扱う「職員の範囲」を定め、この「特定秘密」を漏らした職員らは、最高一〇年の懲役を科するとしている。その対象となる内容を四分類に限定しているようにみえるが、その範囲は広くあまりに漠然としている。その判断を各府省大臣に委ねていることは、「鍵のかかった箱の中の鍵」といわれているように、各大臣が何を秘密にするか、いつ開示するかの鍵を握る以上、特定秘密と称していつでも恣意的に操作することが可能である。このことを防ぐために、政府は、「特定秘密保護法運用基準」を制定する。秘密の対象とされたものが適切であり、適切に運用基準に従ってされているかどうかをチェックするのが、内閣内に設けた「独立公文書管理官」である[20]。また、これらの行政の活動をチェックする機関として国会には第三者機関として「情報監視審査会」を設置するとした。すでに、設置をみている。また、人的対象とされているのは、国家公務員に限定されず、情報を扱う民間業者（マス・メディア）や市民オンブズマンなどの民間人等であっても「公益」「公の秩序」に反する行為となれば、最高一〇年の懲役が科せられる。その収集の未遂、共謀、教唆、扇動も処罰の対象になる。

多くの国民の反対にもかかわらずこの「特定秘密保護法」は制定された。その際の専門家の反対理由として、①この法律は、非常に広範な情報（「防衛」「外交」「安全脅威活動」「テロ活動の防止」）に関する事項を秘密とすることができる一方、その指定は各行政機関の長に一元化されている。これは、憲法が保障した「知る権利」を害することになりはしないか。②特定秘密の対象となる基準には具体性がなく、裁量の範囲が広すぎる。③最高一〇年の懲役では情報を扱う公務員や民間業者は萎縮する。したがって、情報を取材するにしても情報の提供には慎重ならざるを得ない。そうなれば、市民に知りたい情報が届かなくなり、市民の知る権利が害されることになる。④平和憲法を持つ日本では、とくに防衛に関する情報はできる限り「秘密」を狭めておかなければならない。特に、この観点からの批判は、第二次世界大戦のもとでみられた軍機保護法の再現とみなされ、歴史に学べといった観点から厳しい批判がある。

市民サイドからも「特定秘密保護法で最初に頭をよぎったのは特高警察でした。――戦争を放棄した九条を持つ日本国憲法を歪め、トータルなものとして軍事国家に向かっている気配を感じます」、「情報を漏らすものは極刑という軍機保護法があった沖縄戦のことです。住民は軍人と同じ屋根の下で暮らし、陣地での構築や奉仕に駆り出されました。だから、敵が上陸し捕虜になって情報が漏れること恐れた日本軍から『スパイか』と切りつけられ、自決に追い込まれた」。「自分の身を守るため『あいつがスパイだ』と密告する人もいました」と。「特定秘密保護法は第二次世界大戦前の軍機保護法（「昭和一二年」の再来です」と。「沖縄では、戦時中、教師として離島に赴任した日本軍の軍人が、島民に厭戦気分が広がっていないか監視していました。いまも、国は反対する市民を警戒しています。――これまではジャーナリストや国政調査権を持つ国会等が調べ、不適切な国の情報隠しを表沙汰にしてきました。秘密保護法ができれば、内部告発者は減ります。基地の情報が特定秘密に指定されると、日本に米軍の核兵器が持ち込まれても隠し通すでしょう」と（朝日新聞、二〇一三年一二月二四日、大田昌秀）、その批判が厳しい。

そもそも情報は主権者国民のものであり、政府に委ねたものであり、国民の知る権利に応えなければならないのが原則である。第二一条には報道の自由、取材の自由、開示請求権も保障されているので問題はないと解されているが、政府による運用基準、第三者によるチェック機関を設けるなどの制約規定をおいて政府を縛ることは可能と考えているが、今までの判例、政府解釈をみる限り困難である。そればかりか、自民党「憲法改正草案」にみられる「個人」に対する「公益」「公の秩序」の優位の下では、担保されたことにはならない。それればかりか、この法律に違反した者は、他の法律（公務員法等）に比べて重罪すぎるといった批判もある。これでは、取材活動にあたるものは萎縮するであろう。すでに成立されている情報公開法（「行政機関の保有する情報の公開に関する法律」）がいまだ十分なものとして整理されていない中にあっては認められるべきではない。

特定秘密保護法は、憲法改正案と直接関わり合いがないように思われがちであるが、国防政策と密接に関連し、また、公益を理由とした制約の法理で簡単に自由が抑制され制約されることになる。（8）

として、特定秘密保護法を取り上げたのは、すでに始まっている憲法審査会等の「憲法改正草案」の作成の準備作業にも影響することは確かだからである。[21]

⑨家族に関する相互扶助規定の加憲

憲法改正草案二四条一項に「家族は、社会の自然かつ基礎的な単位として、尊重される。家族は、互いに助け合わなければならない」と定める。自民党「憲法改正草案」Q＆Aによれば、「昨今、家族の絆が薄くなってきている」といった認識の下、家族を社会の自然のかつ基礎的な単位として位置づけ、「家族は、互いに助け合わなければならない」とする規定を加えたと説明する。これは、世界人権宣言第一六条三項（『家庭は、社会の自然かつ基礎的な集団単位であって社会及び国の保護を受ける権利を有する』）を参考にした規定であると説明する。しかし、家族ないし家庭の基礎的な理解の仕方は類似しているとしても、世界人権宣言では、家庭に対する社会及び国の保護を受ける生存的性格の内容を権利として明記しているのに対し、自民党の「憲法改正草案」は、むしろ家族の絆ないし結束を促す規定となっており、歴史的に見ても、世界人権宣言第一六条三項とはまったく異なった前近代的家族観を前提にした性格のものと解される。これが早くから憲法改正の理由の一つとして取り上げられていたことを知る必要がある。とくに、一九五〇年代後半当時の改憲論では、家族制度の復活（戸主が強大な権力をもった家制度は排除されているが）、孝養の義務思想の復活と結び付けて論議がされていた。これに対し、現行憲法に対する批判は「個人」を前面に出し過ぎて古き良き時代の『家族』をないがしろにする空気を造っていることは否めないといった考え方にたつ家族重視の方向が示されている。二〇一三年一二月に生活保護法が改正され、「生活困窮者自立支援法」が成立したが、社会権の具体的実現の方向に逆行し、また、個人を抑制し「前近代的家族観の押しつけがその背景にある」とすればそれは問題である。[22]

⑩**環境権規定の新設**

自民党「憲法改正草案法」第二五条の二に「国は、国民と協力して国民が良好な環境の恵沢を享受することができるようにその保全に努めなければならない」と定める。国の努力義務を定めたものである。現行憲法に環境権規定がないが、第一三条（人格権）、第二五条一項（生存権）を根拠に憲法上の権利として学説、判例を根拠にした説明がなされている。しかし、環境権裁判では、裁判所は環境権の具体的権利性を認めていない。ただし、環境権による差止請求を適法とした判決は出ている（仙台地判平六・一・三一判時一四八二―三）。学説も、なかには第二五条を根拠に環境権の保障を承認する。しかし、多くは抽象的権利としての性格にすぎず、具体的立法が必要であるとしている。

自民党の「憲法改正草案」は、この流れに沿って、国の環境の保全への努力義務を明記する。専ら、人格権として構成しうる権利を棚上げし、国の環境保護の保全にむけた努力義務を定めているにすぎない。したがって、これらの見解を踏まえた努力義務規定の新設だけでは不十分であるとの主張や、すでに第一三条等を根拠に環境権が導かれている以上導入は不必要であるといった見解も多い。環境権は、「国の環境保護義務としてのみではなく、『個人』の環境権を権利として保障する規定を設けるべきである」といった主張があることを述べておこう[23]。

⑪**新しい諸権利の配慮・努力義務**

同じ社会権規定の範疇に、新しい権利として前項で説明してきた「環境保全の義務」（二五条の二）をはじめ「在外国民の保護に努めなければならない」（二五条の三）および「国が犯罪被害者、家族の人権及び処遇に配慮しなければならない」（二五条の四）といった諸規定を国への請求権に対応する国の努力義務規定として導入する[24]。「環境保全の義務」については、⑨で取り上げたので、ここでは「在外国民の保護」規定、「犯罪被害者、その家族の人権及び処遇の配慮」規定について述べておきたい。前者について、自民党の「憲法改正草案」のQ＆Aによれば、グローバル化が進んだ現在、「海外にいる日本人の安全を国が担保する責務」を負うことを明確にしたものである、とする。後者については二〇〇四年に「犯罪被害者等基本法」が制定されている。その法律によると「すべて犯罪被害者等は、個人の尊厳が重んじられ、その尊厳にふさわしい処遇を保障される権利を有する」(三条一項)と定める。現在においても、犯罪被害者、家族等の処遇として給付金等の支援が拡大されてきているが、支給対象が狭く、低額である。これらの人々に対する保障は、たんに恩恵としてではなく実効性ある権利として構成することこそが重要である。

⑫財産権の制約の法理と知的財産権の保護

現行憲法二九条二項で定める「公共の福祉」なる文言を「公益及び公の秩序」におきかえている。「財産権の内容は、公益及び公の秩序に適合するように、法律で定める」とする。自民党「憲法改正草案」の第一二条、第一三条にもみられた制約法理である「公共の福祉」を「公益及び公の秩序」に変えた理由について、自民党の「憲法改正草案」Q＆Aによると、公共の福祉では「人権相互の調整原理のみでは説明することができず、個人の人権に還元できないような公益もまた人権の正当な規制目的となる」と説明している。日本社会では、財産権に対する考え方が必要以上に絶対的なるものといった認識が強いため、「公益および公の秩序」なる制約原理に変えた方がよいといったことも理由としてあげられる。しかし、このような制約概念の変更によってどこまで財産権を制約することができるのか明らかにされていない。[25] 財産権制約の強い公権力の介入の思想を読みとることができる。

現行憲法第二九条二項にみられる財産権の内容の制約について、学説では消極的警察規制と積極的政策規制に峻別する。前者の規制は人の生命、身体、財産に対する危害防止といった規制を意味し、後者は、経済政策の観点からの規制である（独占禁止法、農地法、森林法規制など）。「公益および公の秩序」への変更は、個人（弱者）の人権（財産権）の制約を一層正当化することになりかねない。

また、同条二項後段に、「知的財産権については、国民の知的創造力の向上に資するように配慮しなければならない」と定める。自民党の「憲法改正草案」Q＆Aによれば、「特許権等の保護が過剰になり、かえって経済活動の過度の妨げにならないよう配慮することとした」規定であるとする。知的財産権の中にあって、とくに、特許権等は、情報化社会の進展と密接にかかわり、情報技術の進歩によって権利の内容に変化が生じ、新しい対応が必要とされてきている。その権利は、自国の産業に有利な経済的条件をつくり出すための国益と密接にかかわってきているだけに、国の支援する姿勢を示したものと解される。しかし、過度な権利の保護によって情報の円滑な流通が阻害されないかが危惧される。二〇〇三年に知的財産基本法が制定されている。

⑬教育権規定（二六条三項）に施設整備の努力義務規定を加憲

自民党の「憲法改正草案」では、現行憲法二六条三項に「国は、教育が国の未来を切り拓く上で欠くことのできないものであることに鑑み、教育環境の整備に努めなければならない。」といった規定を加憲する。教育環境の整備義務規定である限り評価されよう。しかし、教育環境の整備は、教育内容に直結しているだけに、その内容に影響を及ぼすことがあってはならない。とくに、教育は、国民の未来ではなく、国の未来を拓くとなっていることに注視しなければならない。

教育はそもそも国家のものか、国民のものか、といった国家VS国民の教育権論争が想起される。[26]国家の教育権とは、「日本国憲法の下で国民主権と議会制民主主義に基づく国家教育論であって、戦前の明治憲法下の臣民の教育の自由が否定されていた国家教育権ではない。主権者国民の教育意思が議会制民主主義の手続によって国家機関に代表され、国会および教育行政機関は法律、それに基づく権限によって学校教育の内容をも決定していくとする」見解である。これに対し、国民の教育権とは、欧米教育法制の原理にならって、教育の「外的事項」と教育の「内的事項」との原理的区別が必要であるとし、この憲法・教育法制原理を踏まえるならば、教育内容面である『内的事項』についてまで、介入すべきではない。国民の教育の自由や学習権を侵すことになりかねない。国家の未来を拓くといった見解は、教育の内的事項に係るものへの介入であれば許されないことになる。第一章で述べた『国歌・国旗の強制』『愛国心教育の環境整備』は、国の教育面の内的介入として許されない。また、主権者教育権の観点から、平和憲法原理を背景に教育環境の整備は国の当然の責務とあるとする見解がある。(27)

⑭公務員労働者の労働基本権（団結権、団体交渉権、争議権）の制限

自民党の「憲法改正草案」では、現行憲法第二八条に二項を加憲し「公務員については、全体の奉仕者であることに鑑み、法律の定めるところにより、前項に規定する権利の全部又は一部を制限することができる。この場合においては、公務員の勤労条件を改善するため、必要な措置が講じられなければならない」と定める。自民党の「憲法改正草案」Q＆Aによれば、「人事院勧告などの代替措置を条件に、公務員の労働基本権は制限されていることから、そのことについて明文の規定を置いたものです」と説明している。しかし、公務員といえども勤労者であることには変わりがない。労働基本権の保障は公務員として当然である。ところが、改憲案では、公務員は現行憲法一五条にいう『全体の奉仕者』「職務の公共性」という理由づけをして、労働三権の制限を明確にし、代替措置を講じて対応している。この考え方こそが問題なのである。(28)現行憲法の下で、公務員の労働基本権の制限を、『全体の奉仕者』とし

て、現行憲法二八条の適用外として扱う措置が正当化されていたが、最高裁判決では公務員は憲法二八条の保障する『勤労者』であること明確にした（最判昭和四一年一〇月二六日刑集二〇―八―九〇一）。ところが、自民党の「憲法改正草案」では、公務員の身分の特殊性を盾に労働基本権（とくに、団体交渉権、争議権）を制限し、その代替措置で対応することを明確にした。このような公務員に関する労働基本権の制限規定の追加（二項）は、最高裁判決や公務員の労働権の保障を否定した見解の導入と解される。公務員にとってはより一層厳しい人権制約ないし労働権制約の下に置かれることになる。

（五）統治機構に関する改憲

自民党「憲法改正草案」では、統治機構については、二院制改革、首相公選制、憲法裁判所、道州制など時間かけて論議されたようであるが、「憲法改正草案」には明記されていない。党内での合意が形成されず、今後検討されていくことになるであろう。ここでは、その中で改憲草案として明記された国会、とくに参議院の存在、選挙に関する事項、政党規定の新設、首相の解散権、政党規制の新設、財政条項、地方自治の改正、緊急事態の新設、憲法改正手続要件の緩和について検討したい。

①国会、特に参議院

自民党の「憲法改正草案」Q＆Aによると、二院制国会を改め、「一院制を採用すべき」との意見が多く見られたが、「今後、二院制の在り方を検討する中で、一院制についても検討する」として、現状を維持するとした。しかも、二院制が過去に果たしてきた役割を含めて検討するとしながらも結論を避けている。安倍首相は、参議院選挙で口にしていたのは、衆議院で多数党でありながら、参議院では過半数の議席を持たない「国会のねじれ」を解消するために、参議院では過半数の議席獲得を目指すことを目標とするとして選挙戦を展開した。マス・メディアの言う『決められない政治』の打破である。ところが、二〇一三年七月の参議院選挙で自民・公明与党が過半数の議席を獲得した。確かに政党政治が基本となっている限り、政権は安定した状態が生まれたことになる。議席数では「国会のねじれ」現象が解消したほどの数であった。だが、このような状況下で、衆議院で法案等が可決され、参議院がそれに同調することだけでは、参議院は、衆議院のカーボンコピーにすぎないものとなる。そうなれば、参議院そのものの存在意義が問われるであろう。一院制を主張する者が多いのはそのためである。一九四六年の憲法制定の際に、マッカーサー草案が提示される。そこでは一院制が提案されていたが、政府との間で話し合いが行われ、四六年三月二日の政府案では二院制に変更している。松本烝治委員長(憲法問題調査委員会)は、一院制を二院制に変更した事情を説明している。①不当な多数圧制に対する抑制と行き過ぎたる一時的な偏奇に対する制止的任務を果たすのが参議院である。②二院制を採用したといっても、第二院は貴族院とは本質的に異なる。参議院は地域代表や職能代表、有識者から成るのであって皇族華族を中心にした貴族院とは異なるとのべている。この二院制案は三月六日の『憲法改正草案要綱』に組み入れられた。その参議院議員の選出方法は、全国区と地方区の、しかも半数改選制が採用された。しかし、一九六〇年代に入ると、参議院は、制権者の意図を継いだ緑風会が消滅し、二大政党を中心とした多党化現象が生まれ、これによって参議院の性格が変わり政党化の道をより明確にしていった。一九八三年の第一三回通常選挙以降は、全国一区制を改め比例代表制の採用により、名実ともに政党代表による参議院の体質改革がすすめられた。この制度を、拘束名簿式比例代表と呼んでいる。そしてさらに、一九九〇年には現在の非拘束名簿式比例代表制に変えている。個人名投票を基本とする「非拘束名簿比例代表制」に変えたとしても、政党本位であることには違いない。個人名で票を投じた候補者の政党への得票数を含めて当選者が割り当てられている。参議院の性格が選挙制度の改革によって変わったことは明らかである。[29]

このような参議院非拘束名簿式比例代表の採用に対し、衆議院の方も一九九〇年代に入ると、中選挙区制からブロック別名簿式比例代表併立制に変わり、衆・参両院は類似した制度になった。とすれば、参議院の政党化は、選出方法からみればその存在が問われるのは当然かもしれない。もし一院制への改革を進めるのであれば、改憲の問題となるが、二院制の存在を前提にした改革であれば、両院の果たす役割，定数、選挙のあり方を含めて検討されなければならない。

議事の定足数と表決について、自民党「憲法改正草案」では、両院の議事についての定足数を排除し、議事は「出席議員の過半数で決し」、両議院の議決を要する場合は、「各々その総議員の三分の一以上の出席がなければすることができない」とする。議事の定足数の排除は、自ら議員としての資格を放棄するものであり、国会を軽視するものといわざるを得ない。[30]

②衆議院選挙制度

現在、衆議院議員は、「小選挙区比例代表並立制」（以下「並立制」という）によって選出されている。この制度は政策本位、政党本位、政権交代の可能性を意図した責任にある政治を確保するための制度として成立した（当時、細川首相）。その内容は、（ⅰ）議席総数四八〇人、うち小選挙区三〇〇人、比例代表一八〇人、（ⅱ）比例代表の選出は、全国を一一ブロックに分け、拘束名簿式を採用、（ⅲ）投票方式は一人記名式二票制、（ⅳ）政党の要件として、現職国会議員五人以上、直前の国政選挙で二％以上の得票率、新規参入の場合は比例代表に三〇人以上の候補者の擁立のいずれかとする。（ⅴ）比例代表では、小選挙区との重複立候補を容認。同一順位の場合惜敗率で当選人を決定。（ⅵ）小選挙区の議席配分は、選挙区画定のための第三者機関を総理府に設置するとした。「並立制」といっても、より小選挙区制に力点が置かれているので、本質においては、小選挙区制と同じでないかといった批判が多い。この制度では、突出した一党のみの安定政権の樹立にほかならず、多様化している国民の意思を抑え込むことになりかねない、といった批判がある。

現実に、二〇〇九年の総選挙で民主党が三〇八議席（議席率六四・二％）を得て圧勝し、二〇一二年の総選挙では、自民党が二九四議席（議席率六一・三％）と圧勝している。両選挙でみられるように、「小選挙区」における得票率と議席率の乖離が著しく二〇〇九年の総選挙で、民主党は四七％の得票で議席で七四％、二〇一二年の総選挙で、自民党が四三％の得票で七九％の議席を獲得している。両選挙でも示されたように、過半数以下の得票率で七〇％代の議席を獲得している。主権者と代表者との乖離があまりにはなはだしい。これでは議会制民主主義を否定することになりかねない。選挙区間の較差是正で一票の価値を争うことも大事であるが、選挙制度自体にこのような乖離があっては、議会不信に陥るだけである。現代議会制を維持していく限り、政党本位に連なる比例代表制が原点に置かれるべきである。これは憲法の改正の問題ではなく、法律レベルの問題であることを述べておきたい。

③衆議院の選挙区に関する事項

自民党「憲法改正草案」によれば、国会議員の「選挙に関する事項は、法律で定める」（四七条）とした規定をそのままにし、「この場合においては、各選挙区は、人口を基本とし、行政区画、地勢等を総合的に勘案して定めなければならない」（四七条後段）とする文言を加えている。その理由について、あくまで「人口を基本」とすることとし、一票の較差を是正する必要がないとしたものではありませんとしながら、「選挙区を置けば必ず格差は生ずるので、それには一定の許容範囲があることを念のため規定したに過ぎません」と許容範囲があることを認めるとしている。裁判所の違憲判断を少しでも避けること念頭においた説明である。

二〇〇九年八月三〇日に行われた衆議院議員選挙の際の一票の較差についての違憲訴訟において、二〇一一年三月二三日、最高裁は小選挙区の区割りを定めた「衆議院選挙区画審設置法」、公選法の違憲を求めた選挙無効訴訟に対して、本件選挙当日における選挙区間の選挙人数の最大較差一対二・三〇四をもたらしている「一人別枠方式（区画審設置法三条二項に定める小選挙区議席をまず各都道府県に一議席ずつ配分し、残りを人口比例で配分する方式）」について「違憲の状態」にあると判断し、これに基づく公選法の区割りも違憲であるが、是正のための合理的期間はまだ徒過していない、と判示した（「最大判平二三・三・二三民集六五―二―七五五）。その後、二〇一二年一一月に「〇増五減」の緊急是正を行ったものの、同年一二月一六日の総選挙は違憲状態のままで実施された。

選挙の問題は、主権者が代表を選出する選挙権行使の問題であり、単なる代表を選出すればよいといった単なる選挙区だけの問題ではない。選挙区の区割の較差、投票価値の平等を求めて争われたのは主権者としての国民の選挙権行使の重要性を認識してのことである。

④内閣総理大臣の解散権の行使

現行憲法の下では、国会の解散権は内閣にある（内閣の一方的解散）が、自民党「憲法改正草案」では、内閣総理大臣の専権事項としている。またその解散の根拠が第六九条によるものだけではなく、それ以外の解散権の行使を内閣総理大臣が閣議に諮ることなく一方的解散を行うことができるようにしている。しかし、それを根拠づける明文規定がない。いわゆる第七条解散（改憲案では六条）である。自民党「憲法改正草案」Q＆Aによれば、「内閣不信任案が可決された場合以外の解散について明示すべきだ」という意見もあったが、「それは憲法慣例に委ねるべきだ」という意見が大勢であった、と説明している[31]。解散権は、内閣総理大臣（法的には内閣であるが）の「伝家の宝刀」と解され、いつでも自由に解散することの権限と解されてきたことによる。このような権限の行使については今までもそれが認められるか否かについて問われているが、自民党の「憲法改正草案」において首相の専権事項として位置づけたとしても、国会が国権の最高機関としての地位が保障されている限り、この論議は続くであろう。私見は、第六九条原則限定説を妥当と解している。原則としたのは、議院内閣制度を採用しているとはいえ、その制度のもとでは第六九条以外の解散は原則として認められていないと解すべき立場に立っている。一例であるが、二〇〇五年に、小泉首相によって行われた「郵政解散」のケースを紹介しておこう。党の公約として掲げた郵政民営化法案が衆議院において可決されたが、参議院において否決された。小泉首相は、この法律案は重要法案であるので、国民の意思を確認する必要があるとして、内閣の解散権の行使に不満の持つ閣僚を罷免して閣議決定を行い、法律案を否決した参議院の対応を検討せずに可決した方の衆議院を解散した。第六九条非限定説に立つとこのような解散も是認されることになる。これに対し、六九条限定説にたつと、このような解散はできないものと解せられる。なぜなら、二院制の存在理由は、両議院がそれぞれ異なった組織、任期、権限を持たせることで、両議院のそれぞれ立法機関としての独自性を保障し、もって国民の多様な意見を国会に反映させる制度である。その結果、衆・参各院の意思が法律制定に反映し、各院がその法律案に対し、それぞれ異なった議決がなされた場合には、衆議院で再議決をするという特別の手続きを踏むか、あるいは両院協議会を開いて合意するかを選択し、法律案を法律として成立させることができることになっている(五九条)。小泉首相(当時)は、この憲法が定めた手続きを経ずに直接民意を問うという方法で衆議院を解散した。これは、二院制の存在理由を無視したものであり、しかも法律案を先議し可決した衆議院を解散したことは、解散権の限界を超えたものといわざるを得ない。また、現行憲法四一条に明記する国会の最高機関性の保障を前提に議院内閣制を憲法構造の中で捉えてみるとき、六九条限定説が妥当であり、例外措置としてもこのような解散は認められない、と解すべきである。自民党「憲法改正草案」Q＆Aでいうような第六九条以外の内閣総理大臣の自由解散は、「憲法慣習に委ねるべきだ」といった意見があったので自民党「憲法改正草案」には明記しなかった、と説明しているのは問題であり、あまりにも無責任な説明であるといわなければならない。[32]

⑤政党規定の新設

自民党の「憲法改正草案」によれば、「国は、政党が議会制民主主義に不可欠の存在であることに鑑み、その活動の公正の確保及びその健全な発展に努めなければならない」、「政党の政治活動の自由は、保障する」。「前二項に定めるもののほか、政党に関する事項は、法律で定める。」（六四条の二）と政党条項を新設している。

憲法に政党条項を設けることによって、政党助成や政党法制定の根拠づけを意図したものとしている。政党については、政党の要件、助成の総額、配分の不平等性、無制限な使途の自由など多くの問題を抱えているだけに、規制の仕方如何によっては政治的結社の自由との関係が問題になる。

政党とは、一般に、一定の政治的理想を政治権力への参加によって実現することを目的とした結社団体である。近代政党の成立は、市民革命後に始まるが、政党という名称をもって、議会法、議院規則や選挙法など、政治の舞台に現れたのは二〇世紀に入ってからのことである。しかし、現行憲法には、政党に関する規定がない。したがって、現行憲法の下で政党にどのような法的地位を与えるかについて論議を呼んでいた。学界においても、現行憲法のもとで、現実に政党が果たしている役割を検討し、トリーペルの四段階説（いわゆる「敵視」「無視」「承認」「憲法的編入」）に依拠して、その地位は「承認」の段階にある、と説明されている。最高裁判所も、八幡政治献金事件を通して「憲法の定める議会民主主義は、政党を無視して到底その円滑な運用を期待することはできないのであるから、憲法は政党の存在を当然予定している[33]」と判示している。憲法学の領域でも、積極的に、第二一条に保障する政治結社の自由、第一五条に保障する選挙人団、現実的には、特定の政治的イデオロギーを実現するための政治結社として、政党の存在を必要とする議院内閣制を通して保障されている、と解されてきた。

このことを明確にするため、最高裁判例を援用して「憲法改正草案」に取り入れたのが政党条項の新設である、と解される。しかし、自民党の「憲法改正草案」の狙いが、政党助成や政党法制定の根拠にするための政党条項の憲法への編入であるといった説明では納得できない。政党の保障は、かえって政党の抑制、排除を、そしてまた政党の政治活動の自由を阻害することになる。

⑥司法と国民審査

自民党の「憲法改正草案」では、司法について最高裁判所裁判官の国民審査の方法等、裁判官の報酬の条件付き減額について明記されている。しかし、憲法裁判所の設置については論議を交わしていながらも「改正草案」では全く触れていない。この点については、衆・参両院の憲法調査会で検討されているので稿を改めて述べたい（第一部第三章二⑧）を参照。ここでは、最高裁判所の国民審査について述べておきたい。

最高裁判所裁判官の国民審査については、国民審査の規定は残しているものの国民審査の方法規定（七九条の二項―四項）を削除している。自民党「憲法改正草案」のQ＆Aによれば、この制度が設けられて以来、現在まで国民審査によって罷免された裁判官は一人もいない。まったく形骸化されたものとなっている。国民審査の方法を憲法レベルから法律レベルに移すことによって立法上の工夫がしやすくなる、と説明する。しかし、この問題は、制度そのものより、制度の運用の方法、法的性格の理解に問題があるのではないか。現行憲法の下で、国民審査は、国民による裁判官の任命行為ではなく、裁判官の解職の制度と解され、それを受けての立法化であった。国民審査を解職制度と解する点では同意するが、裁判官の任命に対する民主的コントロールの要素も含まれている、と解さるべきである[34]。国民審査の国民の関与の方法が検討されるべきである。

⑦財政条項の改正

財政に関しては、現行憲法第八三条に二項を加憲し、「財政の健全性は、法律の定めるところにより、確保されなければならない」と規定する。自民党「憲法改正草案」のQ＆Aによると、「財政の健全性を憲法上の価値として」定めたはじめての規定であると説明している。また、暫定予算の保障（八六条三項）、公の財産の支出及び利用の制限（八九条）、決算の国会の承認事項（九〇条三項）を明記した。「憲法改正草案第八六条四項で「毎会計年度の予算は、法律の定めるところにより、国会の議決を経て、翌年度以降の年度においても支出することができる」と定める。いわゆる「複数年度予算」の採用である[35]。現行憲法第八六条で「内閣は、毎会計年度の予算を作成し、国会に提出して、その審議、議決を経なければならない」と定めているが、会計年度のはじまりについては規定がない。現行憲法規定を受けた財政法第一一条で「国の会計年度は、毎年四月一日に始まり、翌年三月三一日に終わるものとする」と規定し、さらに、第一二条で「各年度における経費は、その年度の歳入を以て、これを支弁しなければならない」と定める。これらの規定をもって一会計年度独立の原則あるいは単年度予算主義と呼んでいる。したがって、現行憲法では、複数年度予算制を採用していない。[36] その理由について、①一年度の経費を翌年度の歳入に求めることは、憲法が保障した一会計年度の原則に反することになる。それは現行憲法八三条でいう財政議決主義に反し、議会の財政統制の権限を弱めることになる。②歳出の繰り越しを認めると、翌年度予算に影響を及ぼし、翌年度には、重要な施策予算が組めなくなり、国債の発行に依拠し健全な財政が組めなくなる。③現行憲法でも、国の債務負担行為を認め、財政法で継続費（一四条の二）、繰越明許費（一四条の三）ですでに国会の議決によることを明記している。したがって、現状の単年度予算でも、いわゆる複数年度にわたる支出を授権する制度が取られているので、あえて規定を設ける必要がないであろう。

宗教活動を行う団体、慈善、教育若しくは博愛の事業に対して公金、公の財産の支出、利用禁止規定。自民党の「憲法改正草案」によれば、宗教活動を行う団体と慈善、教育、博愛を行う事業とを分離し、それぞれについて規定する。第八九条一項では、「公金その他の公の財産は、第二〇条三項ただし書きに規定する場合を除き、宗教的活動を行う組織若しくは団体の使用、便益若しくは維持のため、支出し、又はその利用に供してはならない」と定める。すでに、第二〇条の政教分離の項でのべたように、第二〇条三項但書規定の導入は、社会的儀礼又は習俗的行為の範囲内での支援を容認しているが、主観的、恣意的判断を伴うものであり、宗教的介入をもたらすものとして認められるべきではない。政教分離は厳格に解されるべきである。

また、「憲法改正草案」では「公金その他の公の財産は、国若しくは地方自治体その他の公共団体の監督が及ばない慈善、教育若しくは博愛の事業に対して支出し又はその利用に供してはならない。」（八九条二項）とした規定を置く。とくに、第八九条二項では、現行憲法八九条の「公の支配に属しない」事業を「監督が及ばない」事業に文言を変えている。現行憲法では、「公の支配に属するとする」場合の公の支配とはどの程度の支配を言うのかで、支配の範囲をめぐって争われていた。「憲法改正草案」では「監督が及ばない」事業としているが、監督とはどの程度をいうのかが改めて問われることになる。

決算については、現行憲法では、「国会に提出しなければならない」（九〇条）と定めているのみで、国会がどう扱うかについては規定がない。したがって、決算は国会への『報告』案件に過ぎないと解されてきた。これでは、国会は、政府が行った支出に対して十分なチェック機能をはたすことができないとして、自民党の「憲法改正草案」では「両議院に提出し、その承認を受けなければならない」とした。決算を国会の承認事項としたことは、財政の議決主義の原則から見て当然である。現実に承認事項として扱っているが、一般の法律の議決と同じく議決事項として扱うべきであることを述べておきたい(37)。

⑧地方自治の改正

自民党の「憲法改正草案」では、地方自治の本旨、種類、国と地方自治体の相互協力、地方財政、地方特別法の改正を示している。「憲法改正草案」第九二条一項に「地方自治は、住民の参画を基本とし、住民に身近な行政を自主的、自立的かつ総合的に実施することを旨として行う」と。また、同条二項で「住民は、その属する地方自治体の役務の提供を等しく受ける権利を有し、その負担を公平に分担する義務を負う」と定める。住民自治及び団体自治の原理を定めたものと解される。

地方自治体は「基礎地方自治体及びこれを包括する広域地方自治体」の二層構造からなる（九三条一項）。また、「憲法改正草案」では、地方自治体と国との関係に触れ、「国及び地方自治体は、法律の定める役割分担を踏まえ、協力しなければならない」と定める（九三条三）。国と地方自治体は、法律の定めと両者の相互協力についての規定から、一見、地方自治と国との対等性が保障されているように見える。

しかし、地方自治体の組織運営にかんする基本的事項は、法律で定める（九三条の二）としている限り、また、事務処理について「法律の範囲内」での条例制定規定をみる限り国の上位は変わりがない（国の先占）。その他、財政の措置についても、国税中心の財政構造を定めている。『国が法律の定めるところにより、必要な財政上の措置を講ずる』（九六条二）といった規定を設けている限り、自治体の対等性が保障されているとは言えない。地方分権あるいは地域主権を主張する憲法改正草案は、言葉だけのものにすぎないものになっている[38]。

自民党の「憲法改正草案」Q＆Aによると、道州制の導入については直接触れていないが、「道州はこの草案の広域地方自治体にあたり、この草案のままでも、憲法改正によらずに立法措置により道州制の導入は可能である」と説明する。また、外国人の地方参政権については否定している。その理由について、外国人も税金を払っているから認めてよいのではないかとの意見もあるが「税金はあくまでも様々な行政サービスの財源を賄うためのもので、何らかの権利を得るための対価として支払うものではなく、直接的な理由にはなりません」という。欧州諸国ではすでに外国人地方参政権を認めているし、日本でも、最高裁が外国人地方参政権（独、仏など）について、憲法が保障しているとは言えないが、法律をもって、「地方公共団体の長、その議会の議員等に対する選挙権を付与する措置を講ずることは、憲法上禁止されているものではないと解するのが相当である」と判示している（最高裁平成七年二月二八日第三小法廷判決及び平成九年五月二八日大阪地民判，判タ九五六号一六三頁）。参考になる判決である。

(六)　緊急事態条項の新設

①緊急事態規定

緊急事態規定は、立憲主義を抑制ないし否定を可能とする。一般に、緊急権とは、「戦争や内乱、大規模災害など国家の維持、存続を脅かす重大事態において、執行権に特別の権限を付与又は委任して特別の緊急措置をとれるようにする」権限と解している。

現行憲法では、緊急権については沈黙している。現行憲法の制定時に、議員の質問に対し、金森憲法担当大臣は、「――民主政治を徹底させて国民の権利を十分に擁護致すためには、――政府一存において行います装置は、極力これを防止しなければならぬのであります」。「どんな精緻なる憲法を定めましても、口実をそこにいれて又確認せられる虞れ絶無とは断言し難いとおもいます」。「従って、この憲法はさような非常なる特例を以て――謂わば、行政権の自由な判断の余地をできるだけ少なくするよう考えたわけであります」と。

この質問にたいする説明は、明治憲法に定められていた緊急権規定の反省を込めての発言であることを思うとき、自民党「憲法改正草案」に見られる緊急事態規定の挿入は、明治憲法の緊急権規定の復活と解せられる。明治憲法では、第八条一項に「天皇は、公共の安全を保持し又はその災厄をさけるため緊急の必要により帝国議会閉会の場合に於いて法律に代わるべき勅令を発す」と定め、さらに二項で此の勅令は次の会期に於て帝国議会に提出してその承託を求めることを要すると規定していた。

また、明治憲法第一四条では「天皇は戒厳を宣告す」ると定め、さらに三一条で「本章に掲げたる条規は、戦時又は国家事変の場合において天皇大権の施行を妨げることとなし」といった規定を置いていた。戒厳令の宣告については、一九〇五年の日露講和条約後の東京における騒乱、一九二三年の関東大震災の騒乱、一九三六年の「二・二六事件」で発動されたことが想起される。いずれも場所的制約ではあるが立憲制の抑制にほかならない。

現行憲法には前述したように、緊急事態にかんする規定はないが、法律レベルでは随所に見られる。市民生活関係では、「警察緊急事態」（警察法七一条）、災害緊急事態（災害対策基本法一〇五条）、防衛、治安関係では、「重大緊急事態」（国家安全保障会議設置法二条一〇号）、「防衛事態」（自衛隊法七六条）、「武力攻撃事態」（武力攻撃事態法二条）、「治安出動事態」（自衛隊法七八条、八一条）等が用意されている。いずれの事態に対しても法律を根拠に対応している。

②緊急事態宣言

自民党「憲法改正草案」では、緊急事態として一章（九八条、九九条）を設け、まず、緊急事態の宣言について規定する。

内閣総理大臣は、（i）我が国に対する外部からの武力攻撃、（ii）内乱等による社会秩序の混乱、（iii）地震等による大規模な自然災害その他法律で定める緊急事態において、「特に必要があると認めるときは、法律の定めるところにより、閣議にかけて、緊急事態の宣言を発することができる」（九八条一項）と定める。その宣言が発せられたとき「事前又は事後に国会の承認を得なければならない」（同条二項）。内閣総理大臣は、前項の場合において、不承認の議決があったとき、国会が緊急事態の宣言を解除すべき旨を議決したとき、又は事態の推移により当該宣言を継続する必要がないと認めるときは、法律の定めるところにより、閣議にかけて当該宣言を速やかに解除しなければならない。また、一〇〇日を超えて緊急事態の宣言を継続しようとするときは一〇〇日を超えるごとに、事前に国会の承認をえなければならない』（九八条三項）と。

第九八条二項及び三項後段の国会の承認については、現行憲法第六〇条二項の規定を準用する。この場合において、同項中「三〇日以内」とあるのは、「五日以内」と読み替えるものとする（九八条四項）。緊急事態措置への対応は立憲制を一時的休止の状態においているだけに迅速性が要求されるからである。

③緊急事態宣言の効果

「緊急事態の宣言が発せられたときは、法律の定めるところにより、内閣は法律と同一の効力を有する政令を制定することができるほか、内閣総理大臣は財政上必要な支出その他の処分を行い、地方自治体の長に対して必要な指示をすることができる」（九九条一項）。②「前項の政令の制定及び処分については、法律の定めるところにより、事後に国会の承認を得なければならない」（九八条二項）。③「緊急事態の宣言が発せられた場合には、何人も、当該宣言に係る事態において国民の生命、身体及び財産を守るために行われる措置に関して発せられる国その他公の機関の指示に従わなければならない。この場合においても、第一四条、第一八条、第一九条、第二一条その他の基本的人権に関する規定は、最大限に尊重されなければならない（九八条三項）。また、④「その宣言が効力を有する期間、衆議院は解散されないものとし、両議院の議員の任期及びその選挙期日の特例を設けることができる。」（九九条四項）と定める。監視の機能をもつ議会の役割からみて当然のことである。

④緊急事態規定の新設

自民党の「憲法改正草案」Q＆Aではこう説明する。平常時においても、緊急時においても国民の生命、身体、財産の保護は、国家の最も重要な役割であるとして、緊急事態に対処するための仕組みを明記したとのべている。また、同じくQ＆Aでは、東日本大震災の反省から緊急事態規定を憲法に取り入れたとしている。はたして、非常事態の対応を憲法で準備しておくことが必要であろうかが改めて問われることになる。一例であるが、東日本大震災の場合は、むしろ、震災の後始末に対処する政府の立ち上がりの遅さにこそ問題があったのではないであろうか[39]。また、防衛についても、すでに有事法制による諸措置がとられている（自衛隊法七八、八一条、武力攻撃事態法二条、治安出動事態を定めた自衛隊法七八条、八一条）。したがって、有事法制すなわち緊急事態の諸措置は、国家の本質的要素ではなく、あくまで属性にすぎない措置として捉えておくべきものである。というのも、現行憲法の制定論議に見られたように、このような緊急事態措置の導入を想定していない[40]。それは憲法の不備を意味するものではない。したがって、戦争を想定しない現行憲法のもとでは、立憲制の機能を抑制する緊急事態措置と解され、新設されるべきではないことをのべておこう。

⑤緊急事態宣言の手続と内容上の問題点

ここでは、緊急事態の手続き及び内容上の問題点について述べておきたい。

第一に、緊急事態宣言のルーズな限定規定への対応である。自民党の「憲法改正草案」では、内閣総理大臣は、（ⅰ）我が国に対する外部からの武力攻撃、（ⅱ）内乱等による社会秩序の混乱、（ⅲ）地震等による大規模な自然災害、（ⅳ）その他の法律で定める緊急事態において、特に必要があると認めるときと、内容を限定しているように見えるが、それぞれの性質が異なっている。そればかりか、全ての内容の拡大解釈が可能となる。手続においても、内閣総理大臣の専権を排除し閣議決定にかけるなどを可能としているが、あまりに不透明である。

第二に、法律への委任が多いことである。緊急事態規定は、第九八条、第九九条の二か条八項目からなるが、この二か条項の全項目（緊急事態宣言、効果）に「法律の定めるところにより」といった、いわゆる法律への委任規定を定めている。その内容のすべてを法律に委ねていることから、その内容が明らかとなっていない。緊急事態であると内閣総理大臣が判断し、それに対応する措置を閣議にかけ、事前、事後に国会の承認を得なければならないとはしているといえ、内閣総理大臣の独裁的指揮権を保障したものと解される。わけても緊急事態の宣言が発せられたとき、内閣は法律と同一の効力を有する政令を制定し、内閣総理大臣は緊急の財政支出を行い、地方自治体の長に対して必要な指示をすることができる（九九条一項）としている。内閣総理大臣は議会活動を抑制し、かつ地方自治の存在を否定した権限の行使を可能とする規定である。

第三に、自民党「憲法改正草案」Q＆Aによれば、第九九条三項で定める基本的人権の尊重規定について、「緊急事態の特殊性を考えれば、この規定は不要ではないか」、「せめて『最大限』の文言は削除してはどうか。」など意見が草案作成の段階であったが、「緊急事態においても基本的人権を最大限尊重することは当然のことであるので、原案通りとしました」と述べている。緊急事態という名において、基本的人権が制約されることには変わりがない。

第四に、緊急事態宣言が効力を有する期間は衆議院を解散しないものとし、両議院議員の任期およびその選挙期日の特例を設けることができると規定する（九九条四項）。最高機関としての国会の地位を考えれば、イギリス、ドイツ（一一五条h）の例にみられるごとく、緊急事態が宣言されれば、その継続中は議会（イギリスでは下院、ドイツでは連邦議会）を解散してはならないのは当然である。

第五に、緊急事態における司法の在り方については何の規定もない。裁判所の果たす役割について十分な検討がなされてよいはずである。ドイツ基本法では、連邦憲法裁判所の任務と地位を侵害してはならない（一一五条）、フランス憲法においても、非常時の発動やその具体的措置について憲法院に対する諮問（一六条一項）ができることを定めている。

憲法に組み込まれた緊急事態条項の内容をみてくると、内閣総理大臣への過度の権限の集中化であり、緊急事態という名の下で進める人権制限であり、一時的とはいえ立憲制の否定にほかならない。そればかりか、わが国の過去に見られたような軍事独裁あるいはドイツで見られたようにファシズムとなって終わる危険性がある。その点でこの緊急権の導入は『両刃の剣』である。緊急権は、その本質において立憲制を内部から崩壊させるものだけにそのような事態を作り出さない方策の検討こそ大事である。日本国が平和国家を貫く限り緊急事態措置は必要がないと考えられる。現行憲法制定以来、今日までの政治の状況を改めてみるとき、その措置の必要性は感じられない。むしろ立憲制、基本的人権を破壊する措置は認めなくても現行憲法の下で十分な対応ができるはずである。現行憲法のもとで、市民生活関係、防衛関係でもすでに諸法律で対応している（(六)①）。戦後六八年を経たこんにち、先人の英知に学ぶべきである。(41)

（七）憲法改正手続規定の要件の緩和

①衆・参両院の議決要件の緩和

安倍首相は、憲法改正を進める手法として、まず、憲法改正の手続条項の改正を主張する。現行憲法九六条では、「この憲法の改正は、各議院の総議員の三分の二以上の賛成で、国会が、これを発議し、国民に提案してその承認を経なければならない」と定める。安倍首相は、改正手続条項のハードルを低くしようとするのが狙いである。要約していえば、「各議院の総議員三分の二以上」の議決要件を「二分の一以上」の要件に改正することである。たしかに、日本国憲法の下では、衆・参両院での承認、さらに国民投票で「過半数の承認」を得ることを要件にしている規定をみると一見慎重な手続規定にみえるが決してそうではない。各国の憲法も同じく通常の立法より厳格な手続き規定を置いている。憲法は、国の基本法であり、最高法として国の骨格を示していることにある。それゆえに、通常の立法とは区別されている。もちろん、厳格な手続き規定であればよいということだけではない。憲法は、時代の国民の意思を反映するものでなければならないし、他方で憲法の性格からみて容易に変えられるようなものであってはならない。安定性（Stability）と進展性（Amendability）の両面を持つことが重要とされている。この観点から総合的に判断されるべきものである。また憲法改正手続き面に限定して諸外国の憲法をみると、成文憲法典を持たないイギリス憲法は別として、多くの国では、一院制の議会であろうと二院制の議会であろうと、憲法の改正は、総議員の三分の二以上の議決を要件としている。たとえば、アメリカ合衆国憲法（各院の三分の二以上の賛成、四分の三の州議会の承認）、ドイツ基本法（連邦議会の三分の二以上、連邦参議院の三分の二以上の賛成）、大韓民国憲法（国会議員の三分の二以上の賛成と国民投票による過半数の賛成）、中国憲法（全国人民代表大会の三分の二以上の賛成）などがあげられる。もとより、通常の立法制定の場合と同じく議員の過半数としている国もある。フランス憲法、イタリア憲法などがあげられる。フランス憲法では国民投票を付するケースもある。すでに国民投票を経て改正されたケースとしては、大統領の直接選挙（一九六二年改定）、大統領任期の短縮（二〇〇〇年改定）等がある。

なお、第二部〈補二〉「世界諸国の憲法規定の比較法的考察」において諸外国憲法の憲法改正規定をまとめ類型化しているので参照されたい。

②議決要件を変えなければならない理由

このような諸外国憲法の改正手続条項を比較し、かつ参考にして、現行憲法改正手続のハードルを低くして「憲法改正」に道筋をつけやすくすることではない。問題は、なぜ今変えなければならないのかである。改憲論者の理由をみると、（ⅰ）「憲法の制定以来一度も改正したことがない。海外に目をやれば多くの国が改正をしている」こと、（ⅱ）「日本の憲法は、アメリカの占領下の下でつくられた、いわゆる押し付け憲法であ（る）」こと、（ⅲ）「国民の六〇％—七〇％が憲法を変えたいと思っても国会議員の三分の一をわずかに超える人たちが反対すれば、指一本ふれることができない。これはおかしい」（安倍首相発言）、（ⅳ）憲法改正は「国民投票で主権者国民が決めるのだから、国会による発議はしやすくした方がよい」、（ⅴ）「国民に提案される前の国会（議決要件の厳格性）の手続きを余り厳格にするのは、憲法についての意思を表明する機会が狭められることになる」などをあげている。

③改正手続の改正に対する反論

改憲を主張するものの理由を整理したが、理由らしい理由とはいえない。なぜなら、日本国憲法の内容をどうしても改正しなければ、国家が存亡の危機に直面する。そのために、手続き条項を改正しておく必要があったという論議はいままでにはみられなかった。そればかりか、むしろ多くの国民がこの規定があるがゆえに憲法改正ができず平和国家として成長してきた現行憲法を評価し、総議員の「三分の二」条項を積極的に支持していた有権者が多かったのである。この例としては、一九六〇年代前半期の改正に見ることができる。一九五〇年六月に朝鮮戦争が勃発し、政府はそれが契機となって警察予備隊を創設した。この行動は日本国憲法の平和原理を揺り動かし、集会・結社、示威運動へと発展するが厳しい制約の下に置かれた時期である。政府は改憲を争点にして国民の支持を得るための選挙を行った。

一九五五年二月に衆議院選挙が、五六年七月に参議院選挙が行われ、その結果、両院とも議員数において、憲法改正条項の定める「総議員の三分の二」以上の賛成を得ることができなかった。その当時は、安倍首相が主張されるような憲法改正を容易にする手続条項の改正を主張する者はいなかった。学界からも改正手続規定についての批判もみられない。

④一般議案の議決手続との比較

各議院の諸事案についての議決手続をみると、「過半数ではなく、三分の二以上を議決要件にしている規定としては、改憲発議だけに限られているわけではなく、国会議員の資格喪失（五五条）、除名（五八条二項）、会議の非公開（五七条一項）、再議決（五九条二項）でも用いられている。それらの議決規定を放置したまま、憲法の特質である手続きの安定性の要素とされる「改憲発議」だけを過半数に改正しようといった提案は、あまりに恣意的であり、改正手続の特質を無視したものとなりはしないか。そもそも改正条項の改正は、「憲法によって立つ立憲国家への反逆ではないか[42]」といった批判もある。これまで憲法の改正がなかったのは、議決手続きの厳しさにあったのではなく、憲法の改正を国民は望まなかったからである。したがって、憲法改正手続きの厳格性なるがゆえに憲法改正ができなかったとするのは理由にならない。また、自民党「憲法改正草案」では現行憲法九六条に基づく改正内容（国民主権、平和、人権）の限界については触れていない。この点については、第一部〈補〉「日本国の改正内容の限界、憲法の変遷、政府解釈」を参照されたい。

（八）最高法規・憲法尊重擁護義務

自民党の「憲法改正草案」では、現行憲法の最高法規の中で掲げられていた「基本的人権の本質」で説かれる基本的人権の固有性、普遍性、歴史性、永久性を確認した現行憲法九七条の規定を削除している。すなわち、「この憲法が日本国民に保障する基本的人権は、人類の多年にわたる自由獲得の努力の成果であって、これらの権利は、過去幾多の試錬に堪へ、現在および将来の国民に対し、侵すことのできない永久の権利として信託されたものである」といった規定である。この規定は、現行憲法一一条、一三条の規定と相まって、これまで営々と積み上げてきた基本的人権獲得の、日本国憲法の知的精神の宣言であった。それは、近代の憲法思想の淵源でもあった。

ところが、自民党の「憲法改正草案」では、一三条の「個人」を「人」におきかえ、前文をすべて差し替え、固有の文化、伝統といった文言を用い、「基本的人権を尊重するとともに、「和」を尊び、家族や社会全体が互いに助け合って国家を形成する」と改めている。一見、基本的人権を尊重するという言葉を用いているが、自己決定、自律した個人を排除し、「和」を尊び家族や社会を構築する国家では、基本的人権の保障が埋没してしまいかねない。この文言は、「脱人権宣言」であると批判する研究者も多い[43]。現行憲法第九七条の基本的人権規定の削除は、その点で安易な考え方に立ったものといわなければならない。

自民党の「憲法改正草案」は第十一章に「最高法規」をおき、現行憲法第一〇章から基本的人権の尊重規定を削除し、さらに国民の憲法尊重擁護の規定を修正している。すなわち、第一〇二条一項で「すべて国民は、この憲法を尊重しなければならない」といった規定を設け、二項で「国会議員、国務大臣、裁判官その他公務員は、この憲法を擁護する義務を負う」と規定する。現行憲法に見られた天皇、又は摂政及び国務大臣、国会議員、裁判官その他の公務員の憲法尊重擁護義務規定から、「天皇又は摂政」を削除し、憲法を擁護する義務を負う（一〇二条二項）とした。自民党の「憲法改正草案」Q＆Aによると、すべて国民はこの憲法を尊重しなければならないとする規定を置いているが、憲法の尊重は当然のことだから、国民の遵守義務の規定でよいのではないかとの意見もあったが、憲法に規定を置く以上、一歩進めて「すべての国民はこの憲法を尊重しなければならない」といった規定にしたと説明している。

近・現代国家において、憲法に従って政治がおこなわれるのは立憲主義の基本である。政治を行い、その下で公権力を担当する者は、一人一人が憲法を尊重し擁護する決意を固めることの必然性が要求される。現行憲法第九九条でいう憲法尊重の擁護義務を負うものは、天皇をはじめ一切の公職の担当者であるとして広義に解し、地方公務員、国営・地方公営企業部門の職員も含まれる。なお、裁判官については、現行憲法への忠誠義務を定めるほか、特に憲法七六条で「この憲法及び法律にのみ拘束される」と規定して、職業的な裁判官の内心的義務付けさらに強く保障した、と説明してきた。

たしかに、現行憲法には、「憲法改正草案」(一〇二条二項)にみられるような「全国民はこの憲法を尊重しなければならない」といった規定がない。しかし、国民に憲法尊重の義務規定がなくても、義務のあることを否定しているわけではない。第一二条に「国民の不断の努力」による自由と権利の保持を強く訴えている。主権を享有する国民の当然の責任であると解されている。より問題になるのは、「天皇または摂政」を除いたことである。「憲法改正草案」では、天皇を元首としたうえ、象徴としている。国政に関する権能は有しないとはいえ、天皇の政治的利用の疑念が生じないとは限らない。そうだとすると、天皇および摂政の憲法尊重義務の憲法上からの削除は問題であるといわなければならない。

三　自民党の「日本国憲法改正草案」のまとめ

第一に、自民党の「憲法改正草案」は、あまりにも問題の多い内容をもつ憲法改正草案である。それでもなぜ現行憲法を改正しなければならないのか。その理由を制定時に求め、現行憲法は、連合軍の占領下で、国民主権が制限されている下で制定され、国民の自由な意志が反映されていないからであるとする。いわゆる「押し付けられた憲法」である。憲法はあくまで自主憲法の制定でなければならない、というのが改憲論者の主張である。現行憲法が制定されて以来、六八年の歴史を刻み、社会的、国際的変化がみられ、その内容は、後述するように、ますます充実した機能を有していることを評価しながらも『押し付け憲法』としての姿勢は変わっていない。安倍首相は、自民党結党以来の念願である自主憲法の実現が念頭にある。たしかに、現行憲法の制定時をみると、政府の下で進めていた憲法問題調査委員会（松本烝治委員長）の改正要綱が余りにも保守的であり、ポツダム宣言にもそぐわないとして拒否して、ＧＨＱは自ら原案を作成し、提示し、政府はそれをもとにしたことは事実である。しかし、制定過程で見てきたように「日本政府の草案起草、国会審議を経て自主的に制定された」ことは明らかである。したがって、単に『押し付け憲法』とする主張はあたらない。

第二に、自民党「憲法改正草案」の前文にみられるように、さきに発表した「自民党・新憲法草案」（二〇〇五年）にも「日本国は、長い歴史と固有の文化を持ち」、あるいは「日本国は歴史、伝統、文化を踏まえ」といった文言を置いている。自民党『憲法改正草案』のＱ＆Ａによれば、現行憲法には「前文には、わが国の歴史、伝統、文化を踏まえた文章がない」。そのことから、「我が国は、長い歴史と固有の文化を持ち、国民統合の象徴である天皇を戴く国家である」ことを明らかにした、と説明している。

象徴としての天皇を擁する国家であることは、現行憲法において承認しているところであるが、「日本国は、長い歴史と固有の文化」の文章が前文に挿入されることによって、明治憲法の骨格をなしてきた天皇主義（皇国史観）、国家主義、特有の文化主義が、さらに第一条の天皇の「元首」規定の挿入と相まって、一層立憲的体制を弱体化させることになる。とすると、その導入は天皇の復権政策になりかねない。帰ってきた「天皇制の復活」であると批判されるのは当然である。改憲論者のいう戦後レジュウムの見直し、復活にはこの様な意図が内在していることに気づかなければならない。

第三に、自民党の「憲法改正草案」は、第二次世界大戦への反省もなく、再び国防軍の創設を図ろうとしている。国防国家への道に逆行しかけないことを自覚されてしかるべきである。近隣諸国は、このような改正に対して、軍国主義国家の復活として厳しい眼差しをもって日本をみることになる。不戦の誓いと矛盾した憲法の改正である。

第四に、「公益ないし公の秩序」が強調され、基本的人権が厳しく抑制されている。とくに、第一二条の国民の責務、第一三条の人としての尊重、および第二一条二の表現の自由等の規制に用いられている。これらの自由の制約は、「公益及び公の秩序」といった不確定な概念の導入によって、精神的自由を否定ないし制限をより強める文言として活用される。そればかりではない。立憲制の否定につながる緊急事態条項を導入してその基本的人権の制約の法理を正当化している。

第五に、宗教については、信教の自由を明記した上、政教分離規定を定める。ところが、政教分離規定に但書をおき、「社会的儀礼又は習俗的行為の範囲を超えないものについては、この限りにあらず」と定める。「社会的儀礼又は習俗的行為」の文言内容を明確にすることは困難なだけに、宗教的活動が拡大されてくると、その対応が一層困難なものとなる。最高裁も、愛媛県玉串訴訟では違憲を判示し（最判平九・四・二　民集―四―一六七三)、箕面市遺族会補助金訴訟では合憲の判断を示している(最判平一一〇・二二、判時一六九六―九六)。この但書規定は、一層、公的機関と特定の宗教活動とのかかわりの判断を一層曖昧なものにしている。

第六に、家族の助け合い義務を挿入しているが、それが社会的人権を抑制し、国が持つ社会的責任を家族に押し付けるといった思想が前提にあるとすれば、それは問題である。

第七に、「新しい人権」として個人情報の不当取得の禁止(一九条の二)国政上の行為に関する国による国民の説明義務(二一条の二)、環境保全の責務(二五条の二)、犯罪被害者等への配慮(二五条の四)規定を加えているが、これらの諸規定は個人の権利としてではなく国の努力義務として規定している。このような規定の導入だけでは、本文でのべてきたように環境権規定がない、個人情報を保護する規定がないといった、これらの諸権利の実現を願う人々に応えることにはならない。

第八に、国会、内閣の分野では、内閣総理大臣の地位の強化が図られている。[44] 国防軍の最高指揮権、衆議院の解散の行使等に見られる。自民党の「憲法改正草案」には、首相公選制、憲法裁判所、二院制、特に参議院の存否については先送りして扱われていない。今後、両院の憲法審査会で論議されることになる(本書第一部第三章五参照)。

第九に、地方自治については、地方自治の本旨をはじめ、わかりやすい条文になっているが、国家先占主義思想は変わらず、特に自治体運営には法律の範囲内での条例を制定することができるといった規定を置くなど、現行憲法とほとんど変っていない。

第一〇に、緊急事態を自民党「憲法改正草案」に導入することによって、国民の人権、立憲制の否定を憲法レベルで是認した規定と解される。現行憲法の下では緊急時の対応は法律レベルで定め、すでに対応している。阪神大震災、東北大震災でみられた緊急事態措置では十分に機能していないのではないかとの批判が見られるが、前述したようにむしろそれは為政者の対応の遅さにあったといえる。緊急事態の憲法への導入は、現行憲法の存在を否定することになる。

【註】

（1）二〇〇五年一〇月に発表された自民党の「新憲法草案」の解説については、古川純「自民党『新憲法草案』が目指す『国のかたち』――自衛権、国家緊急権、最高指揮権、軍事裁判所―」吉田善明古稀記念論集『憲法諸相と改憲論』（敬文堂、二〇〇七年）所収五九頁、隅野隆徳『欠陥「国民投票法」はなぜ危ないのか』（アスキーメディアワークス、二〇一〇年）一四一頁以下。

（2）いわゆる『押し付け憲法論』は、現行憲法を批判する手法として、改憲の道筋を図る意図のもとで繰り返し用いられている。一時期国際化の波に押されその主張は減少したかに見えたが、再び『押し付け憲法、自主憲法制定』の主張が勢いを増してきている。この主張に対しての反論は、一般の憲法書において、憲法制定過程の解説のなかでとりあげているので省略する（吉田善明『日本国憲法論』三省堂、二〇〇七年）四五頁以下、詳しくは、杉原泰雄『憲法Ⅱ』（有斐閣、一九八九年）六三頁以下、山内敏弘『改憲問題と立憲平和主義』（敬文堂、二〇一二年）六一頁以下。

（3）一九八〇年代以降の政治状況をとらえて、国際化時代のナショナリズムの強化、天皇復権政策が取られていることを示唆する（渡辺治『日本の大国化とネオ・ナショナリズムの形成』三三八頁以下、桜井書店、二〇〇一年）。

（4）奥平康弘・愛敬浩二・青井未帆編『改憲の何が問題か』（岩波書店、二〇一三年）、笹川紀勝「自民党『憲法改正草案』の分権―主に天皇制に即して」法律論叢第八七巻六号七七頁以下、吉田善明『議会、選挙、天皇制の憲法論』（日本評論社、一九九〇年）二二五頁以下。前文第一項の『長い歴史と固有の文化』なる文言は、認識の仕方によってかなり異なった理解が可能となる。共通して言えることは、現行憲法制定時に占領政策を優先させた結果置き去りにした前文への挿入と解することも可能である。

（5）愛敬浩二「日米安保・憲法・沖縄」法律時報編集部『「憲法改正を論ずる』所収二九頁。

（6）佐々木弘通「憲法の前文」奥平、愛敬、青井・前掲書一四八頁。

(7) 奥平康弘「自民党『日本国憲法改正草案』」奥平、愛敬、青井編・前掲書五五頁、吉田善明『議会・選挙・天皇制の憲法論』(日本評論社、一九九〇年) 二二五頁以下。

(8) 最高裁 (三小)、平成一九年二月二七日 (民集六一巻一号二九一頁、判時一九六二号三頁、判タ一二三六号一〇九頁)、国歌、国旗をはじめ元首、天皇、公的行為などについても総合的検討を行っている文献として木村正俊「戦後天皇制の原点と原点」吉田善明古稀記念論集・前掲書　三四頁以下、笹川紀勝・前掲論文八六頁以下など

(9) 最高裁 (三小)、平成二三年六月一四日、民集六五巻四号二一四八頁。

(10) 阪口正二郎、二二八頁、山内敏弘編『有事法制を検証する』(法律文化社、二〇〇二年) など。

(11) 奥平康弘・前掲書六四頁。フランスでは、革命期に使われた三色旗が国旗として、マルセイエーズは国歌として用いられた。その後、ナポレオン一世が登場して、三色旗はそのままであるが、国歌は「皇帝よ安泰たれ」が使用された。その後の第二王政 (ブルボン王朝) では、国旗 (白) が変更されたが、第二共和制以降の国旗は、再び三色旗に戻っている。ナポレオン三世は、国旗はそのままにして、国歌は、ナポレオン一世時代のものを用いていた。為政者の判断が強く影響している。

　自衛隊の海外派兵には国民のナショナリズムの昂揚が必要である。国旗・国歌の憲法上の明記は、自衛隊の士気高揚に役立つとして、この点から支援している者も多い。

(12) 元号 (年号) とは、年についての呼称である。中国の制度に由来する (漢の武帝が定めたといわれている) が、日本では、六四五年を大化と定めたのが始まりといわれている。一世一元制の採用は明治以降であり、布告をもって定めた。一八八九年二月一一日公布の皇室典範にもみられる。日本国憲法のもとで制定され、皇室典範には元号に関する規定はみられなかったが、一九七九年に元号法が制定された。『元号は政令で定める。元号は、皇位の継承があった場合に限り改める』とした (吉田善明『日本国憲法論 (第三版)』(三省堂、二〇〇七年) 一一四頁)。一般的概説書として、笹川紀勝『自由と天皇制』(弘文堂、一九九五年)。

(13) 軍法会議は、明治憲法下で設けられた。主として軍人 (軍属を含む) に関する刑事裁判を取り扱う特別裁判所である。軍法会議法によって設置された軍法会議は、軍隊指揮官を長官とし、判事の大部分は将校及び法務官で構成されていた。検察官は、法務官の中から長官が任命された。

(14) 武力行使の「新三要件」とは、①我が国に対する武力攻撃が発生した場合のみならず、我が国と密接な関係にある

他国に対する武力攻撃が発生し、これにより我が国の存立が脅かされ、国民の生命、自由及び幸福追求の権利が根底から覆される明白な危険がある場合に、②これを排除し、我が国の存立を全うし、国民を守るために他に適当な手段がないときに、③必要最小限度の実力を行使することができるとする。

(15) 安倍首相の下、安保・外交方針を策定する機関として、二〇一三年末に設置された。日本版NSCといわれる。首相、外相、防衛省、官房長官で構成されている。

(16) 江島晶子「問題は、人権なのか、人権を実現する仕組み（統治機構）なのか」奥平、愛敬、青井編・前掲書所収、二二四頁。

(17) 江島晶子・前掲論文、二二三頁、吉田善明・前掲書、三一九頁以下。

(18) 国家と宗教の分離についての学説の紹介は、吉田善明・前掲書三四三頁。

(19) 奥平康弘『治安維持法小史』（筑摩書房、一九七七頁）及び「明治憲法における自由権法制――その若干の考察」（東京大学社会科学研究所編『基本的人権二、歴史一』）七三頁以下。

(20) 特定秘密保護法の運用基準が二〇一四年一〇月一四日に閣議決定された。秘密指定をするのは外務省、防衛省など一九機関の大臣。指定対象は五五項目。「独立公文書管理官」が省庁の各大臣に、特定秘密の提出や指定解除を要求するとしている。なお、運用基準は法施行後五年で見直すとする。

(21) 特定秘密保護法の成立時に、各紙メディアの社説を見ると、批判的側に立つ報道として、「憲法の根幹である国民主権と三権分立を揺るがす事態といわざるを得ない。」（朝日）、「民主主義を否定し言論統制、人権侵害につながる法律をわたくしたちは容認するわけにはいかない。」（毎日）、「選挙で公約しなかったり、国会の場で約束しなかったことを強行するのは、有権者に対するだまし討ちにほかならない」と、この法律の取り上げ方を批判する（東京）。これに対して、「日本にはようやく米英など他の先進国家並みの機密保護法制がととのった。」（読売）、「日本の平和と安全を維持するために必要な法律の整備は避けて通れない」（産経）とその法律の成立を評価している。

また、関係者からも、秘匿の対象は、防衛と外交だけではないとして市民生活の身近な問題を扱う刑事警察の観点から次のような意見も出ている。「刑事警察は、具体的な事件を摘発するために操作をしますね。ところが、スパイやテロの対策を受け持つ警備・公安警察は具体的な事件性が見える前の段階で「そこまでやるか」という程度の情報収集をする。罰則も付く秘密保護法は、それにお墨付きを与えかねません」といった批判である。（原田宏二、朝日新聞、二〇一三年一〇月一九日)。

また、第三者機関として衆・参両院に行政機関の特定秘密を監視する『情報監視審査会』が設置される。この審査会は、特定秘密の指定、解除について調査に当たる。しかし、政府が「国の安全保障に著しい支障を及ぼす恐れがある」と判断すれば拒否することができるし、また、審査会が運用改善を勧告しても拒否することができる。政府への勧告権があるが強制力がない。これでは、情報監視審査会を設けても、国会は監視機能の役割を果たすことができないのではないか。国会は国の最高機関であることを思うとき、第三者機関としては問題の多い「情報監視審査会」の設置といわざるを得ない。

特定秘密保護法に関連する文献は多い。最近のものとして村井敏邦、田島康彦編「特定秘密保護法とその先にあるもの」(日本評論社、二〇一四年)法学セミナー五月別冊など参照。

(22) 辻村みよ子『比較の中の改憲論』(岩波新書)一四八頁、同『女性と人権』(日本評論社、一九九七年)、植野妙実子『憲法二四条　今、家族のあり方を考える』(明石書店、二〇〇五年)、第三部第一章参照及び産経新聞社『国民の憲法』(二〇一三年)四三頁。

(23) 小山剛『新しい人権』ジュリスト一二八九号(二〇〇五、五、一―一五)九五頁以下、岩間昭道「環境保全と日本国憲法」栗城寿夫ほか編集代表『人間・科学技術・環境』二二六頁および戸波江二『環境権』は不要か」ドイツ憲法判例研究会編『先端科学技術と人権』(信山社、二〇〇五年)三七四頁。

(24) 犯罪被害者の権利については、すでに韓国憲法第三〇条(『他人の犯罪行為により、生命又は身体に対する被害を受けた国民は、法律が定めるところにより、国から救助を受けることができる』)との規定をはじめアメリカ諸州の憲法にもみられる。自民党の「憲法改正草案」はより具体的である。

(25) 中島徹「経済的自由」杉原泰雄編『新版体系憲法事典』(青林書院、二〇〇八年)五四八頁以下、樋口陽一「なぜ立憲主義を破壊しようとするのか」(世界八五〇号、二〇一三年)六七頁。

(26) 教育権に関する研究は多いが、憲法にかかわる論文として、兼子仁『教育法』(有斐閣、一九七八年)、永井憲一編『憲法と教育人権』(日本評論社、二〇〇六年)、杉原泰雄『憲法と公教育』(勁草書房、二〇一一年)、小笠原正「『教育を受ける権利』の変容と教育文化政策」吉田善明古稀記念論集、前掲書二五五頁以下。

(27) 永井憲一『主権者教育権論』(三省堂、一九九一年)。

(28) 樋口陽一『いま「憲法をどう考えるか」』(岩波書店、二〇一三年) 一〇三頁。
(29) 上脇博之『安倍改憲と「政治改革」』(日本機関誌センター、二〇一三年)、吉田善明『政権交代の憲法問題』(岩波書店、二〇〇六年)。
(30) 議決の際には三分の一の議員が出席していればよく、議事を扱う際には定足数がいればよいといった議会の役割を軽視した主張である。議員としての役割を放棄する事になりはしないか。
(31) 解散権行使の限界について多様である。たとえば、吉田善明『日本国憲法論 (第三版)』(敬文堂、二〇〇七年) 一四五頁以下を参照。
(32) 自民党「憲法改正草案」の解散権についてのQ&Aを参照。
(33) 最大判昭和四五年六月二四日民集二四―六―六二五頁。加藤一彦『議会政治の憲法学』(日本評論社、二〇〇九年)
(34) 国民審査が形骸化しているので法律レベルで定めるとする自民党の「憲法改正草案」はかえって形骸化を促進することになろう。国民審査の法的性格などを再認識し、その立法化が図られるべきである (吉田善明・前掲書二五七頁)。
(35) 村上武則「複数年度予算の憲法・行政法的検討―日独比較」日本財政法学会編『複数年度予算制と憲法』(敬文堂、二〇〇六年) 五一頁
(36) 「複数年度予算制と憲法」と題するシンポジュウムが行われ、詳しい検討がなされている。富山哲雄『最近における新しい予算方法について』、木村琢磨『フランスにおける複数年度予算管理』、村上武則・前掲論文、碓井光明「複数年度予算をめぐる論点整理と展望」ほか会員による討論　日本財政法学会編『複数年度予算制と憲法』(敬文堂、二〇〇六年) 九頁以下。
(37) 吉田善明「国会の決算の憲法統制について」芦部信喜先生古稀記念祝賀『現代立憲主義の展開(下)』(有斐閣) 四二八頁。
(38) 財政構造を国家中心から地方中心に改めていかない限り、いわゆる真の地方分権は不可能である。
(39) 樋口陽一・前掲書一一三頁、水島朝穂『緊急事態条項』奥平、愛敬、青井編・前掲書一八五頁以下、愛敬浩二「国家緊急権と立憲主義」奥平、樋口編・前掲書一七五頁以下。
(40) 水島朝穂・前掲論文 (奥平、愛敬、青井編・前掲書一九〇頁)。
(41) 岩間昭道は、日本国憲法が前提としかつ立脚している国家観 (個人主義的国家観) の下での非常事態と法の関係につて次のように整理している。第一に、国家権力は、個人主義的国家間の下では実定法によって創設された原理

的に有限な権限としてのみ存在するから、それは原則として実定法の枠内で一切の事態に対処しなければならない。第二に、個人主義的国家観の下での緊急権制度は、当然のことながら人権保障を目的とし、また立憲主義的法秩序と調和可能な限定された権限を内容としたものでなければならないとし、日本国憲法のもとでの戦争を想定した緊急制度は存在する余地をもたない、と述べている（岩間昭道『憲法破棄の概念』尚学社、二〇〇二年）三三六頁。法律レベルの緊急権の可能性を示唆している。石村修『憲法国家の実現』（尚学社、二〇〇六年）二五頁。また、樋口陽一は、『日本国憲法のように緊急事態条項を持たないという選択は、単純な不備を意味するのではなく、それ自体が一つの回答を意味していたのである』とのべているが、わたくしも同意見である（樋口、前掲書一一五頁）、吉田善明・本書第一部第二章（六）を参照。

(42) ここでいう立憲国家に反する『立憲』とは何か。その意味は多様である。近代憲法の特質である制限規範としての憲法、具体的にいえば、権利の保障と国家機構を制限するシステムと解すべきである。

(43) 阪口正二郎「自民党改正草案と憲法尊重擁護義務」法律時報編集部編『「憲法改正論」を論ずる』（日本評論社、二〇一三年）一〇五頁以下。

(44) 只野雅人『国会・内閣をどのように変えようとしているのか』奥平、愛敬、青井編・前掲書所収一三三頁以下。

【参考文献】改憲論全般を網羅した文献として

奥平康弘、愛敬浩二、青井美帆編『改憲の何が問題か』（岩波書店、二〇一三年）。

樋口陽一『いま「憲法改正」をどう考えるか』（岩波書店、二〇一三年）。

山内敏弘『改憲問題と立憲平和主義』（敬文堂、二〇一三年）。

上脇博之『日本国憲法 vs 自民党改憲案』（日本機関誌出版センター、二〇一三年）。

辻村みよ子『比較のなかの憲法』（岩波新書、二〇一四年）。

憲法理論研究会編『憲法変動と改憲問題』（敬文堂、二〇〇七年）。

憲法理論研究会編『憲法の変動と改憲論の諸相』（敬文堂、二〇〇八年）。

法律時報編集部『「憲法改正論」を論ずる』（日本評論社、二〇一三年）。

第三章　衆・参両院の憲法調査会報告書と憲法審査会の設置

一　憲法調査会から引き継がれた課題の検討

二〇〇五年に衆・参両院憲法調査会が衆・参両院議長あてに各報告書を提出した。その役割を果たした憲法調査会を廃止し、二〇〇七年八月にその任務を引き継ぐ形で衆・参両院は憲法審査会を設置した。憲法審査会の役割は、①日本国憲法及び日本国憲法に密接に関連する基本法制の広範かつ総合的な調査、②憲法改正原案、③日本国憲法に係る改正の発議又は国民投票に関する法律案等を審査する（国会法一〇二条の六）ことを任務とし、さらに重要なことは、衆・参両院に憲法改正原案等の提出権をこの憲法審査会に付与したことである（国会法一〇二条の七）。また、憲法審査会は、衆議院においては五〇人、参議院においては四五人の委員で組織され、委員は各会派所属議員数の比率により、この議員数を各会派に割り当て選任する。衆・参両院の憲法審査会は独立の活動をするが、その例外として憲法改正に関し、合同審査会を設置し検討することである。各政党が憲法改正草案をまとめると、この審査会で検討したのち、各院に提出する。この点で、審査会は憲法改正案及び日本国憲法に係る改正の発議又は国民投票に関する法律を国会に提出する重要な機関としての機能を果たすことになる。そこで、憲法審査会が受け継いだ憲法調査会の報告書の内容はどのようなものであったのかをまずみておこう。

二　衆・参両院の憲法調査会で論議された報告書の内容

（一）衆議院憲法調査会報告書の内容

各政党、財界、マスコミがリードする中で、一九九九（平成一一）年三月に、共産、社民党を除く、自民、民主、公明、改革クラブの各党幹事長は、衆議院議長に対して憲法調査会の設置の申し入れを行う。翌二〇〇〇年一月に衆・参両院に憲法調査会が設置され、その論議が同年二月から始まった。[1]衆・参両院におかれた憲法調査会は次のような役割を担っていた。①名称の示すように、『日本国憲法について広範かつ総合的に調査を行うため、各議院に憲法調査会を設ける』（国会法一〇二条の六）といった憲法を調査するための機関である。したがって、憲法調査会は憲法改正についての議案提出権をもたない。②調査期間は五年程度とする。③会長代理を置き、野党や第一党の幹事で選出するなど三点について申し合わせが行われている。かくして、衆・参両院の憲法調査会は報告書作成をめざして調査・検討を進める。二〇〇四年四月までに論議された内容を衆・参両院の憲法調査会の報告書としてまとめ、衆議院憲法調査会では、二〇〇五年四月一五日に、参議院憲法調査会では同年四月二〇日にそれぞれ各議長に提出している。

ここでは、衆議院憲法調査会報告書を中心にその主な内容を私見をまじえて紹介しておきたい。

①日本国憲法に対する全般的な評価

日本国憲法の基本原理は今後とも維持すべきであるとする意見が多くみられた。なかにはこの憲法的価値を発展させつつ、「我が国固有の価値、道徳心等の健全な精神文化に基づく二一世紀にふさわしい新しい憲法について議論すべきである」との主張がみられた。また、「日本国憲法は、激変する国際環境と変転する国内情勢の中で、よくその努めを全うした。我が国は、そのような憲法の下でこんにちの発展を遂げることができた。今日、国内外の変化に憲法の諸規定が十分に順応できていないとする意見があるが、日本国憲法は十分柔軟に書かれており、運用によって変化に対応できる。」改正については、「最終的には国民の判断によるべきである」（宮沢喜一公述人）と発言もみられた。

②天　皇

一九六〇年代、七〇年代の改憲論議と同じく、天皇の地位をめぐる天皇元首化論が中心であるが、女性（女帝）天皇論の容認を明記すべきとする主張も多く出された。より積極的な発言として「女性の天皇を認めることは、男女平等や男女共同参画社会の形成という現在の潮流にも適うものである」といった意見もでていた。制憲当時にも「女子に皇位継承権を認めるべきである」といった論議があった(2)。

③第九条（戦争放棄）

憲法改正論議の中心は、何といっても第九条にあることは言うまでもない。しかし、第九条を評価するものも多い。「現行の憲法は優れた憲法であり、戦後の日本の平和と安定・発展に大きく寄与してきた」。これに対し、「九条があることにより、日本が紛争を起こさず、他国にも侵略されないとする議論があるが、日米安全保障条約及び自衛隊の存在があったからこそ、わが国は、平和と経済的反映を享受してきた」といった主張もあった。第九条に関する主な論点として、「軍隊の保持」「集団的自衛権の行使の容認」「日米安全保障条約」「在日米軍基地問題」「核兵器の廃絶」および「国際貢献」などをあげて検討されている。これらについては、衆・参両院の憲法審査会において、再び内容の確認、論議がなされることになる(3)。

④基本的人権

近代憲法の核心である人権及び日本国憲法の人権規定に関して多くの議論がなされている。基本的人権の調整、私人間における人権調整、外国人の人権、特に、定住外国人の地方参政権の付与などにも及んでいる。

また、日本国憲法の制定時に想定されていなかった新しい権利の明記をめぐって論議されている。自己決定権、知る権利、アクセス権とプライバシー権、犯罪被害者の権利、知的財産権、生命の尊厳、環境権の明文化である。わけても、環境権については、国民及び国家の義務として位置づけ環境保護を国民の義務として明記すべきである、とする主張も多くみられた。環境権を自然に限定する考え方のほか、遺跡、寺院等社会的環境にまで拡大すべきとする意見もあった。

近時、遺伝子の組換え実験等の遺伝子技術や体外受精・臓器移植等の医療技術に係る、いわゆる先端生命科学技術研究が著しい進展を遂げてきている。それによって、人間の尊厳が侵され、あるいは生命や健康に対する危害が予測される。学問の自由と公共の福祉の関係も問題となる。

家族・家庭に関しては、選択的夫婦別氏制の導入の是非及び家族・家庭に関する事項を憲法に明記することの是非が論議されている。とりわけ、家族・家庭や共同体の尊重のような規定を憲法に導入することについては、顕在化している社会問題を解決するために「社会の基礎としての家族・家庭の重要性を再認識し、家族における相互扶助、家庭教育等の家族・家庭が果たしてきた機能を再構築する必要がある」といった意見がある一方で、「近代立憲主義の流れからすると、家族・家庭の尊重のような徳目的な事項は憲法に書き込むべきではない」といった意見もみられた(4)。

また、外国人の受け入れは、共存社会の共通認識という視点に立って外国人の権利（外国人の地方参政権、外国人の労働者の受け入れなど）が検討されている。

社会権（生存権、教育を受ける権利、労働基本権）規定については多くの関係者が評価している。なかには、現行憲法二五条一項について「人々の共助・互助によって支えられているにもかかわらず、その共助・互助の観念が二五条の条文の中に全く触れられていない」。今の時代は「単なる最低限の生活保障ではなく二一世紀型の生存権を模索すべき」とするなどの意見がみられた。社会保障については、「社会連帯の理念は肯定するが、二五条の規定の権利性を重視し、生存権に対応する社会保障についての国の責任を重視すべきである」との意見などがみられた。(5)

現行憲法第二六条の教育権規定については、教育の機会均等、義務教育の無償などを定めている点を評価している。教育基本法の関連で同基本法の見直しを主張する発言が多い。「教育基本法には歴史や伝統を後世に伝えていくという教育の役割に関する重要な条項が欠けており、家庭や社会、モラルの再構築のためには、日本社会に根差した伝統や習慣、よき共同体としての支え合いを再認識したうえで、同法を速やかに改正する必要がある。」「学校教育における宗教的情操の涵養は非常に大切なことであるから、これを明確に行うことができるよう憲法および教育基本法を改正すべきである。」といった意見や、「教育基本法の中に特定の徳目や人間観を持ち込むべきではない。」などの意見がみられた。(6)

また、現行憲法二七条、二八条では、公務員の労働基本権の制約を憲法に明記すべしと主張する者が多い。なかには、公務員に労働基本権が付与されていない状態は、日本が批准するＩＬＯ（国際労働機関）八七号条約（結社の自由及び団結権の保護に関する条約）に違反していると主張している者もいる。この点について、ＩＬＯが日本政府に勧告をおこなっている、といったケースを紹介している。(7)

そのほか、今後、公共の利益を重視しなければならない事態も多く想定されるとして義務規定（国防の義務を含めて）の導入を明記すべきであるとするといった主張もみられた。

⑤統治機構

国会の二院制問題が論議されている。とくに、二〇〇四年に、衆議院憲法調査会では「二院制では国民の意見の反映が遅れる。一院制の方がすっきりしている」といった主張をはじめ、「日本国憲法制定時には、連合国最高司令部（GHQ）草案では一院制が提案されていた」。したがって、この観点から論議をしてみる必要があるのではないかといった主張もみられた。この点、二院制のありように、より積極的関心を持つ参議院では『国民主権の実効性を高め基本的人権の保障を進展させ、地方分権と地方の自立を推進するためには、参議院の機能を発揮させる』ことが重要である、といった認識をする。そしてこの二院制の堅持を前提に、参議院の独自性を発揮するために、まず参議院の選挙制度の改革がきわめて重要であるとし、衆議院と違った特性ないし独自性を発揮する具体的分野を持つべく参議院の存在を前提に、選挙制度の改革、参議院の果たす機能などを論議している。長期的、基本的な政策課題（年金、教育、外交など）、決算及び会計検査院の見直し（決算報告の議案化）、行政監視、政策評価、国会同意の人事案件、司法府との関係（司法府チェック機能）、国と地方の権限調整、財政調整、憲法解釈機能（最高裁判所、内閣法制局）、運営事項の改革、政党の党議拘束、選挙制度の在り方、選挙方法、一票格差問題などが検討されている。(8)

⑥選挙・政党

選挙制度については、現行憲法の選挙に関する規定が簡素であることから憲法に具体的内容を規定すべきとの意見や、一票の格差を二倍を超えてならない旨を明記すべきであるとの意見がみられた。またいかなる選挙制度（小選挙区制か比例代表制か）が望ましいかについても論議がみられた。

政党については、政党を憲法に明記することの是非、政党条項のあり方について論議されていた。政党は、「議会制民主主義の根幹であり、多様な民意を政治に媒介・反映するという重要な地位と役割を有している」ことを理由に憲法に明記すべきとの意見に対し、政党については、憲法に明記しなくとも、憲法「二一条は、黙示的に政党結成の自由を保障しており、これは、結社である政党が政治に参画するという公的性格を発揮することを憲法が期待している」といった意見を述べ、政党の憲法明記に反対している者も多い(9)。

⑦内　閣

議院内閣制に関しては、内閣総理大臣のリーダーシップの強化、国会の行政監視機能の必要性について論議されている。

また、首相公選制の導入の是非についての論議は活発であった。なかでも、首相が国民によって直接選挙すべきであるとする論者は、国民主権の実質化として、首相の強力なリーダーシップが可能となるし、国会議員の選挙と並び、二元的代表制（大統領制型）の採用として評価している。反面、議院内閣制に代わる首相公選制は、首相の権限強化を図り、国会の多数派を基盤としない首相の国民による承認を得ることで、国会の地位の弱体化をもたらすことになりかねないといった批判もみられた(10)。

首相公選制の導入について主張された歴史は古く一九五〇年代後半からである。当時、問題とされていたのは、日本国民がデマゴーグの選出に流れる可能性が強く、真のリーダーシップを握れる人が選ばれるのかという点については消極的であった。なお、国民内閣制、オンブズマン制度の提言もみられた。その他オンブズマン制度の導入については，行政が肥大化している現状のもとで、行政機関から独立して、国民の権利救済（内部統制）を、行政統制と監視する（外部統制）制度として設けることが必要ではないかといった意見が出ていた。これに対し、行政監視に関する既存の制度（各院の行政監視に関する委員会など）との重複が生ずることを思うとき慎重にすべきであるとの意見も多く見られた。なかには、権利侵害のおそれの多い分野や専門的知識が必要な分野、具体的には医、警察、刑務所などにおける分野では特殊オンブズマンが必要ではないのかなどの意見も見られた。この制度は、現行憲法を改正しなくとも可能である。これらは検討すべき課題であるとしている(11)。

⑧裁　判

法令の違憲審査権を持つ憲法裁判所の設置をはじめ最高裁判所裁判官の国民審査制度や国民の司法参加に関連する議論が行われている。

司法制度の中心は、憲法裁判所の設置の是非である。設置すべきとの主な理由は、「民主主義国家において法の支配が貫徹されなければならないが、司法消極主義により、司法権が行政権をチェックする機能を果たしていない。また、付随的違憲審査制の下では、最高裁判所に憲法の番人としての積極的な役割を期待することは無理である。」といった意見や、「最高裁判所が憲法判断に消極的であるため、行政の一部局である内閣法制局に事実上憲法解釈権が委ねられており、その解釈が有権解釈として扱われているため、憲法解釈が恣意的なものとなりやすい」といった意見もみられた。これに対し、憲法裁判所の設置は、「政治上の争いが裁判所に持ち込まれる『裁判の政治化』や、逆に、憲法裁判所の判例を念頭に置いて立法過程が営まれる『政治の裁判化』を招き、議会制民主主義が軽視されるおそれがある。」「具体的事件と離れる結果、憲法裁判所における議論が抽象論・観念論に終始するおそれがある」等の設置反対の意見が出ていた。その他、違憲性を扱う改善策として、最高裁に憲法部、特別高等裁判所、国会に憲法委員会を設置する構想も論議されていた。なかには、アメリカにおいても、事件性の要件を拡大して、抽象的な規範性を判断するケースも見られるし、ドイツで採用している憲法裁判所でも権利侵害の救済をもとめる「憲法異議」の申立て制度がある。我が国でも、憲法改正することなく、これらを参考にし、事件性の要件の再検討を通して違憲審査を行う場面を拡大していく方向が模索されるべきである、といった意見があった。その他、最高裁裁判官の国民審査制度、国民の司法参加の推進の是非についての意見もみられた[12]。

⑨財　政

財政民主主義に関しては、国会による財政統制をはじめ財政民主主義、健全財政主義、公の財産の支出制限及び会計検査院の機能の強化・独立性の強化についての意見がみられた[13]。

⑩地方自治

地方自治に関しては日本憲法では四カ条の条文しかないことから「具体的内容については乏しく法律に授権する部分が多い」といった認識の下に、地方分権の必要性及び課題、地方公共団体のあり方、条例制定権、地方財政、住民投票、地方自治特別法等について議論が及んでいる。また、地方自治に関し、憲法に明記すべき事項として、「国と地方公共団体の基本的な権限関係の明記」「中央政府と地方政府の立場の対等性の明記」、「自主課税権の明記」「道州制を導入する場合の憲法上の明記」などが意見として出されている。とりわけ、道州制の導入については、住民自治を希薄化し、基礎的自治体の一層制によってこそ地方自治が実現される、として道州制不要論もあったが、現状維持論（二層制）も多い。

地方財政については、課税自主権のほか、国から地方公共団体への財源移譲が、事務の移譲とともに重要であるとした主張もみられた。その他住民に対し、直接に特定の政策・施策に関する判断を問う直接民主主義の一つの形態である住民投票制度については、制度化すべきとする見解と制度化する場合の留意すべき点が紹介され論議されていた。

⑪憲法改正手続・国民投票

憲法改正に関しては、九六条の憲法改正案の発案権の所在、改正手続要件の緩和、国民投票の是非についても論議されている。改正要件の緩和については、自民党の二〇〇五年の「新憲法草案」、二〇〇八年の自民党「憲法改正草案」[14]にそのまま持ち込まれているので、すでにその内容と問題点は第一部第二章二（七）で紹介している。国民投票については、すでに立法化されている。第一部第一章三を参照。

⑫非常事態

現行憲法に非常事態に関する規定がない。これを評価すべきか否かについて、また、改正に際して非常事態に関する事項を取り入れることの是非について論議されている。報告書によると、「憲法に規定すべきであるとする意見が多く述べられたが、これを規定すべきでないとする意見もあった。」憲法に規定すべきとする意見をみると、外部からの武力攻撃、テロリストによる大規模な攻撃、大規模な自然災害等、特別な対処措置が必要になる場合がある。これに対して、①『現行憲法が非常事態への対処について明文規定を持たないことの意義、すなわち、非常事態を生じさせないよう努力すべきことが』基盤となっている。また、比較法的に検討する場合でも、「国ごとの憲法的・地政学的条件を念頭に置く必要がある」とし、憲法に規定する必要がない等が意見として述べられていた[15]。

以上、衆議院憲法調査会における各委員による意見、公聴会等の公述人の意見等をまとめて紹介したが、憲法調査会報告書では、論点を出し意見を紹介する方法をとり、意見の対立などがある場合には、並立的な手法で紹介をしている。

（二）参議院憲法調査会報告書

参議院憲法調査会では、衆議院憲法調査会と異なり最終報告の「まとめ」として整理している。①「共通・おおむね共通の認識が得られたもの」（憲法の三大原則の維持、象徴天皇制の維持、女性天皇の容認、基本的人権の重要性を評価し維持する）、②「趨勢である意見」（新しい人権、プライバシィー権、環境権の明記、複数予算制の導入、共産、社民は反対）、③「意見が分かれたもの」（九条二項の改正、必要最小限度の武力の行使を加憲、集団的自衛権の是認、共産、社民強く反対）に整理されている。[16] しかし、結論を出しているわけではない。

以上が、衆・参両議院憲法調査会報告書の概要であるが、先に取り上げた自民党『日本国憲法改正草案』とともに各政党の『憲法改正案』等をふまえて、憲法調査会を引継いだ憲法審査会が本格的に改憲案の作成に動き出すことになる。すでに、憲法審査会では、審議を開始している。

三　二一世紀初頭からの各政党・世論の改憲・護憲の動き

（一）各党の憲法改正案

衆・参両院憲法調査会の動きをみながら、各政党および世論は、当時、どのような対応をしていたであろうか。

二一世紀の初頭、自民党は党に「憲法改正プロジェクトチーム」（座長杉浦正健）を設け、そのチームが論点整理作業に入る。二〇〇五年一〇月二八日には、まず、自民党「新憲法草案」を作成し、公表した。[17]

公表された「新憲法草案」の特徴をみると、

①自民党は、憲法改正案ではなく、「新憲法草案」として発表していたことである。時代の流れ、変化から見て、二一世紀の国家を体現する。そのためには『新』憲法の制定でなければならない、と判断したと説明されている（読売、二〇〇五年一〇月二九日）。これに対して、実際問題として、憲法改正に関する国民投票となると、今までの論議から推察されるに個別ないしブロックごとに国民投票にかけられた場合、改憲の中心である第九条について賛成票が得られないことをおそれて『全部改正』ないし「新憲法」として性格をもつものとして扱った方がよいといった「戦略的意図があった」のではないかと思われていた。

しかし、憲法の改正の限界説の視点からみると、「新憲法草案」は、平和国家から国防国家への転換であり、平和的、人権保障の観点から見れば歴史的逆行であり、現行憲法の改正が意味する『同一性』の限界を超えるものとして、その改正は許されない無効のものとなる。それは、一種のクーデターないし破壊といった解釈がなされるのをおそれての判断とも取られかねない。(18) 明確に国家構造の変革と解される。二〇一二年には、現在の「憲法改正草案」に変わっている。

②「新憲法草案」の前文については、意外なほどすっきりしたものとなっている。今までのように『日本国は、長い歴史と固有の文化を持ち、』といった文言はあるが、「国家主義」「復古調」の表現はやや薄められている。

③しかし、何といっても中心は第九条である。新憲法草案では、第九条一項の平和主義は、継承しつつ、二項を削除し、自衛軍保持の明記であった。自衛軍の任務として、新たに国際平和協力活動を加えている。明文規定はないが、集団的自衛権の行使を可能とすることにあった。

④権利・義務については、個人情報の保護、犯罪被害者の権利、知的財産権、国の環境保全の責務な

ど新しい条文を加えている。社会の変化に対応する規定の導入と解される。⑤統治機構については、首相の権限とくに行政各部の指揮監督の強化、地方自治については国と地方との役割分担、地方の自主財源等を明記している。⑥憲法改正要件の緩和（各議院の発議を三分の二を過半数に）を定める。憲法の改正要件の一つである「衆参両院の議員三分の二の発議のハードルが高い。野党の同調が得られるように工夫を凝らした」と説明されている。[19]

この案は憲法改正案としてではなく、自民党『新憲法草案』としていたこともあって世論から厳しい批判を受け、また内容的にも、自衛軍への改組などで多くの批判を受けていた。そのこともあってか、自民党は、衆・参の憲法調査会の動向、公述人（研究者など）、参考人との意見を斟酌して、あらためて提示したのが、第一部第二章で検討してきた自民党「日本国憲法改正草案」である（二〇一二年四月二七日）。『新憲法草案』の発表から、わずか六年半で『日本国憲法改正草案』を発表している。

公明党は、「時代に合わせて、憲法を発展させるに当たっては、基本的人権、国民主権、恒久平和主義の三原則を堅持しつつ新たに必要とするものは「加憲」が妥当であると判断する。

第九条に関しては一項、二項を堅持したうえで、自衛のための必要最小限度の実力組織としての自衛隊の存在の明記や、『平和主義の理念』を体現した国際貢献の在り方について、「加憲」論議の対象として検討していた。ところが、同盟国への戦争参加、海外派兵の法的根拠となる「集団的自衛権の行使」を是認したことで、公明党の姿勢が問われている。[20]

民主党は、二〇〇四年一月の党大会において菅直人代表（当時）が、「二〇〇六年までに党独自の改正作業をする」と発表した。その間、民主党は『憲法提言』（二〇〇五年一〇月三一日）をまとめ、自衛権に関する見解を中心に改正すべき主な内容を紹介している。[21] すなわち、①憲法上の自衛権は、国連憲章上の『制約された自衛権』として認識する。しかし、集団的自衛権については見解を明記していないが、「現状において国連集団安全保障活動の一環として展開されている国連多国籍の活動や国連平和維持活動（ＰＫＯ）への参加を可能にする。その活動の範囲内においては集団安全保障活動としての武力の行使を含むものであるが、その関与については、日本国が自主的に選択する」、といった説明をみると、限定的ながら集団的自衛権の行使を容認していることがわかる。自衛隊の国連活動と称して海外出動、武力の行使の合理化については、自民党と同じ流れにあるといえる。

共産党、社民党は、第九条の改正については反対の立場に立っている。両党とも集団的自衛権については、その行使を容認すれば、日米安全保障条約が締結されている以上、アメリカが行う戦争に巻き込まれる危険性があるとして、集団的自衛権の行使を容認してはならないとする。わけても、共産党は、「憲法の前文をも含む全条項を厳格に守り、憲法の平和・人権・民主主義の原則を国政の各分野に生かします」（二〇一三年六月六日　日本共産党ホームページ）と。また、社民党は「平和憲法の理念の実現を目指し『平和基本法』を制定します。憲法の理念に反する自衛隊の実態を必要最小限の水準に改編・縮小します」（二〇一三年社民党ホームページ）と。それぞれの方針を示している。

（二）世論、マス・メディア

二〇〇四年八月に、読売新聞は、『憲法改正――読売試案二〇〇四年』（中央公論新社）を発表している。[22] その内容をみると、すでに、一九九四年一一月三日に発表した憲法試案、二〇〇〇年五月に発表した第二次憲法試案を継承している。九四年当時、政治権力からの独立を信条とするマス・メディアが読売憲法試案として発表することは読者に影響を及ぼすことが多いことから果たして妥当といえるかが問われていた。

二〇〇四年の『読売試案』の主な内容と特徴は、次の点である。①象徴天皇の明確化である。②憲法九条の平和主義の精神はそのまま維持し、二項で自衛のための軍隊の保持、徴兵制の禁止、大量破壊兵器の禁止、文民統制の規定をおいている。国際協力への条文を加え、国際協力の対象は、「戦争の惨禍」の除去にあると定め、そのための国際的な共同活動に積極的に参加するとし、軍隊が参加する場合は、国会の承認を必要するとした。九二年の憲法試案当時の認識は、「資源小国の日本にとっての世界の秩序と平和」の重視であったが、一〇年後の今日の日本は、国際秩序と平和に対する役割が一層増して来ているといった認識に立った試案になっている。③「公共の福祉」概念を「公共の利益」といった文言に改め、かつ新しい権利条項を加えている。特に新しい権利として、人格権、情報流通の享受権、人為による生命操作、環境権、知的財産権、犯罪被害者の権利などを加えている。

統治組織については、国会を「国権の最高機関」であるとした文言を削除し、国会は立法機関、国民の代表機関とした。参議院の特徴を示すものとして人事案件の審議の優越性を定める。内閣総理大臣の指導力強化、緊急事態条項を新設する。政党条項も新設する。裁判では憲法裁判所の設置とともに司法への国民参加を定める。地方自治については、地方自治の基本原則を『自立と自己責任に求め』かつ地方財政は、自主財源を基礎とする原則を明記している。

憲法改正手続についての発議要件の緩和については、衆・参両院議員の三分の二以上の発議なら国民投票を経ずに改正案は成立。過半数以上なら国民投票にかけ、国民の過半数の賛成で成立する。いわゆる複線型を採用している。スペイン憲法の改正手続条項に類似する（第二部〈補〉八）。

日本国憲法の問題点を指摘し、改革すべき点を案として提示しているが、その中心となるのは、第九条の改正である。特に、第九条についての改正案は、自民党案と文言の言い回しについては異なるとしても、非常に類似したものになっている。

二〇一三年四月二六日には、産経新聞が創立八〇周年の記念事業として新聞紙上で『国民の憲法』要綱（全一一七条）を発表した。現行憲法について、「権利を重視するあまり、国家や地域に尽くす義務を疎かにしてきた」と批判し、「軍備によらない平和」から「軍備による平和」への根本的転換をはかり、国歌、国旗の尊重義務、健全な家庭を築く努力義務を課して、国家と国民の一体関係を作り上げることを念頭に置いた改憲論になっている[23]。これらの新聞社案は、自民党の憲法改正案の援軍になるとして護憲派から多くの批判を受けている。

憲法の改正を積極的に支援するマス・メディアの報道が、二社（読売、産経新聞）のような方法で憲法草案を作成し、発表してよいものであろうか。一般新聞は社会的公器としての性格を持つがゆえに、正確かつ公正な報道と評論の自由が保障されている（「新聞倫理綱領」二〇〇九年改正）。その点で、各政党がもつ綱領に基づいて発表する政党新聞とは異なるはずである。ましてや、憲法改正案として独自の案を示すことは、特定政党に加担することになりかねない事態をうみ、社会的公器としての性格を失うことになりかねない[24]。

四　憲法改正についての世論調査――主な新聞社の世論調査を参照にして

いままで、衆・参両院の憲法調査会の報告書、各政党の改正案、マス・メディアの改憲案について紹介してきたが、ここでは、報道機関が憲法改正についての世論調査を行い、そのデーターの結果を発表しているので紹介したい。すなわち、第二次安倍内閣の下で、朝日新聞が二〇一三年五月二日、憲法施行六六年をむかえて憲法について世論調査を行っている。当紙では、六年前の二〇〇七年五月二日にも改憲意識調査を行っているので、それと対比しながら紹介したい(25)。

朝日新聞（二〇一三年五月二日）によれば、まず、現在関心を呼んでいる憲法第九六条の改正要件の緩和について、

①「自民党はこの九六条を変えて、衆・参それぞれ過半数（現在三分の二以上）の議員の賛成で提案できるよう手続きを緩めるべきだと主張しています。この主張に賛成ですか。反対ですか」

賛成　三八%、反対　五四%

②「今の日本の憲法は、全体としてよい憲法だと思いますか。そうは思いませんか」

よい憲法　五三%、そうは思わない　三四%

③「日本の社会は、今の憲法があったことでよい方向に進んできたと思いますか。悪い方向に進んできたと思いますか」

よい方向　七二%、悪い方向　一一%

④「いまの憲法を変える必要があると思いますか。変える必要はないと思いますか」

変える必要がある　五四%、変える必要はない　三七%

ちなみに、〇七年五月二日の調査では、改正する必要がある五八%、改正する必要ないが二七%であった。

⑤（「変える必要がある」と答えた五四%の人に）、「どういうわけで変える必要があると思いますか。（三つまで選択）」

（ⅰ）国防の規定が不十分だから　五二％、（ⅱ）アメリカからの押し付けで、日本の国柄が反映されていないから　三八％、（ⅲ）利己主義の風潮が生まれたから　一八％、（ⅳ）福祉の考えが強すぎるから　六％、（ⅴ）いまの憲法に明記されていない権利を加えたいから　二八％、（ⅵ）国会の仕組みに問題があるから　四二％、（ⅶ）変えると世の中がよくなる気がするから　二〇％、（ⅷ）古くなったから　三九％

⑥（「変える必要がない」と答えた三七％の人に「どういうわけで　変える必要がないと思いますか。（三つまで選択）」

（ⅰ）平和をもたらしたから　七四％、（ⅱ）国民に定着したから　四一％、（ⅲ）個人の尊厳を重んじているから　四二％、（ⅳ）福祉の考え方をうたっているから　一五％、（ⅴ）権利の保障を十分うたっているから　二一％、（ⅵ）軍事の分野の代わりに経済の発展に力を入れたから　二六％、（ⅶ）変えるほどの問題はないから　三％、（ⅷ）内容は古くないから　四％

⑦「憲法第九条を変える方がよいと思いますか。変えない方がよいと思いますか」

変える方がよい　三九％、変えない方がよい　五二％

⑧（「変える方がよい」と答えた三九％の人に）「それはどうしてですか」

（ⅰ）今の自衛隊の存在を明記すべきだ　三七％、（ⅱ）自衛隊を正式な軍隊にすべきだから一七％、（ⅲ）日米同盟の強化や東アジア情勢の安定につながるから　四一％

⑨（「変えない方がよい」と答えた五二％の人に）「それはどうしてですか」

（ⅰ）戦争を放棄し、戦力をもたないとうたっているから　四八％、（ⅱ）今のままでも自衛隊が活動できるから　三四％、（ⅲ）変えると東アジア情勢が不安定になるから　一四％

⑩「いまの自衛隊は憲法に違反していると思いますか。違反していないと思いますか」
違反している　一七%、違反していない　七四%
○七年の調査では、違反している二三%、違反していない六〇%であった。
⑪「自衛隊が海外で活動してよいと思うことにいくつでもマルを付けてください」
（i）災害にあっている国の人を救助する　九四%、（ii）危険な目にあっている日本人を移送する　八五%、（iii）国連の平和維持活動に参加する　七四%、（iv）アメリカ軍に武器や燃料などを補給する　二〇%、（v）アメリカ軍と一緒に前線で戦う　七%
⑫「国連は集団安全保障という考え方から、平和を乱した国に国連軍が武力制裁等を加えて平和を回復することを認めています。自衛隊は、武力行使をする国連軍に参加してよいと思いますか。参加すべきではないと思いますか」
参加してよい　三四%、参加すべきではない　五八%
⑬「憲法第九条をかえて、自衛隊を正式な軍隊である国防軍にすることに賛成ですか。反対ですか」
賛成　三一%、反対　六二%
○七年の調査では、自衛軍に変えるべき　一八%、自衛隊のままでよい　七〇%であった。
⑭「日米安保条約をこれからも維持していくことに賛成ですか、反対ですか」
賛成　八一%、反対　一一%
⑮日本にとっての集団的自衛権とは、同盟国やその軍隊が攻撃されたときに、日本が攻撃されていなくても日本に対する攻撃とみなして一緒に戦う権利のことです。日本はこの権利をもっているが、憲法第九条により行使できない、というのが政府の解釈です。「集団的自衛権についてどのように

考えますか」

行使できない立場を維持する　五六%、行使できるようにする　三三%

⑯（「行使できるようにする」と答えた三三%の人に）「集団的自衛権を行使できるようにするためには、どうしたらよいと思いますか」

（i）憲法を変えなければならない　六三%、（ii）政府の解釈を変更するだけでよい　三四%

このデータは、朝日新聞社が郵送方式で行った三〇〇〇人を対象にした憲法に関する世論調査の一部の紹介である。対象者の選び方は、層化無作為による二段階抽出法である。二〇一三年三月二〇日に調査票を発送し四月二〇日に届いたものを対象にしている。回収率は七三%と報じている（発表、二〇一三年五月二日）。世論調査のすべての項目を紹介したわけではなく、ここでは、主として憲法全般及び第九条にかかわる部分を中心に紹介した。

この世論調査から次のような傾向を読み取ることができる。

第一に、憲法手続要件の緩和について、手続要件の緩和賛成者が反対者を四%ほど上回っている。アベノミックスの影響である。しかし、憲法改正手続規定が示しているように、また多くの文献が指摘しているように、憲法改正について内閣が指導的立場にあってよいのかを、まず問題にしなければならない。法律の執行者である政府は、在任中は、むしろ憲法尊重擁護義務（九九条）があり、憲法改正は、この規定に抵触することになる。そもそも、憲法改正は、国民から発し国会がこれを受けて議論し国民投票にかけられるものである。

第二に、改憲派は五四%と五割を上回り、護憲派は三七%となりその差が一七%に広がっている。二〇〇七年と比較してみると、護憲派は一〇%も増え、改憲派も四%増えてきていることがわかる。改憲派の理由をみると、(i) 国防規定が不十分、(ii) アメリカからの押し付け論が中心である。憲法が積んできた実績を評価しながらも、改憲を望む傾向が強い。国防規定の明文化の期待が多くなってきている。

第三に、改憲派が増えてきているとはいえ、第九条の条文を変えるべきかを問うと、変えない方がよいが（五二%）と五割を上回り、変える方がよいが三九%である。軍事力強化に対する抑止力を望む勢力の多いことが分かる。ちなみに、〇七年度の調査と比較すると、自衛隊違憲論（二三%に対し一七%）が減少し、合憲論（六〇%に対し七四%）が激増してきている。

第四に、集団的自衛権には世論は慎重である。安倍首相が関心を持ち容認しようとしているが、「行使できない立場を維持する」が五六%で、行使できるようにする三三%を上回った。行使できるようにするにはどうすればよいか、憲法を改正して集団的自衛権を行使できるようにすべきなのが六三%と「政府の解釈を変更するだけでよい」（三四%）を上回っている。冷静な判断として評価されている。

このように世論調査をみてくると、憲法改正論者が増えてきているものの第九条の改正には慎重であることがわかる。現在問題となっている集団的自衛権の行使は、憲法改正によって行うべきであって、政府解釈によるべきではないといった傾向を読み取ることができる。総じて言えば、着実に改憲論派が増加してきていること明らかである。軍事力を強化した「国防」国家の道に歩き出しているともいえる。

五　動き出した衆・参両院の憲法審査会

二〇〇七（平成一六）年に第一次安倍内閣のもとで国民投票法が成立したが、その後、政権交代があり、民主党内閣が成立したことで憲法改正論議は一時中断した。二〇一二年一二月に衆議院総選挙が行われ、自民党は総議員の三分の二近くの議席を占め、積極的な改憲論者で占める第二次安倍内閣が誕生した。この状況下で衆・参両院の憲法審査会が、二〇一三年三月一三日に参議院で、一四日に衆議院で審議を開始した。四年二か月に及ぶ空白期間があった。衆議院では、すでに、第一章の『天皇制』、第二章の『戦争放棄』条項、『前文』『最高法規』条項について論議が始まっている。とくに、第九条の改正に積極的な自民党に、日本維新の会、みんなの党が同調し、共産党、社民党が反対する姿勢を示している。マス・メディアも改正賛成と反対との姿勢が鮮明になっている（二〇一三年三・一五日）。民主党の退潮、日本維新の会があらたに加わり改憲派の勢力が増してきている。

衆・参両院の憲法審査会には、「憲法改正原案等の提出権」（国会法一〇二条七）が付与されているだけに、その動きを重視していかなければならない。

本章では、憲法調査会で検討し、それを引きついだ憲法審査会で検討されている課題を中心に紹介してきた。これらの検討事項は、自民党の「憲法改正草案」の下敷きになっている。また、衆・参両院の憲法調査会には一九六〇年代に出された政府憲法調査会の時と異なり、多くの憲法学者、政治学者が公述人、参考人として参加している。憲法審査会メンバーが、議席数によって各政党に割り当てられているため、自民党議員が圧倒的である。二〇〇七年には、「憲法調査会」の成果をそのまま「憲法審査会」が継承し、改めて再調査しながら、改憲案作りに動き出している。

また、ここでは、世論が憲法改正についてどのように考えているかを見るためマス・メディアの世論調査の結果を活用したが、国民の多くも、より憲法改正に関心を持ち、その論議に参加することが期待されている。

六　地方議会が憲法改正を求める意見書を提出

「真性保守の政治を実現する」ことを目指す日本会議（会長平沼赳夫）が国民運動を組織した。全国四七の都道府県に県本部を置き二三〇地域に支部を設けている。その会議の中心政策は、「新憲法の制定に向けた憲法の改正にある」。この日本会議を支えるために、国会では超党派の「国会議員懇談会」を組織している。この懇談会には自民党をはじめ民主党、日本維新の会、次世代の党などの議員も参加している。日本会議は憲法改正の早期実現をめざし、自民党本部では、この要請を受けて同党会派に地方議会で改憲を求める『意見書』の作成を主導して決議を勧めている。これを受けて、二〇一四年二月に石川県議会をはじめすでに一九の県議会が、意見書あるいは請願方式で採択している。今後、他の地方議会にも広がっていくことが予定されている（朝日新聞、二〇一四年八月一日）。背後にある日本会議が、二〇一六年の憲法改正をめざしているだけに、衆・参両院の「憲法審査会」の動きとともに注視する必要がある。

【註】

（1）衆議院憲法調査会は、「国会法の一部を改正する法律」として衆・参両院において可決され、九九年八月四日に公布されている。その設置過程においては、吉田善明「憲法調査会の設置」『変動期の憲法諸相』（敬文堂、二〇〇七年）五三頁以下。および、芦部信喜、高見勝利編『日本立法資料全集（皇室典範）』（信山社、一九九〇年）。

（2）衆議院憲法調査会報告書二九六頁および、芦部信喜、高見勝利編『日本立法資料全集（皇室典範）』（信山社、一九九〇年）。

（3）古川純「自民党『新憲法草案』が目指す『国のかたち』」（吉田善明古稀記念論文集『憲法諸相と改憲論』（敬文堂、二〇〇七年）所収、山内敏弘「九条と戦争ができる国家体制——自民党・新憲法草案批判—」同『改憲問題と立憲平和主義』（敬文堂、二〇一二年）一四八頁以下。

（4）衆議院憲法調査会報告書・三七三頁以下。
（5）衆議院憲法調査会報告書三七五－三七六頁。
（6）衆議院憲法調査会報告書三七七頁。
（7）衆議院憲法調査会報告書三七八頁。
（8）衆議院憲法調査会報告書三八〇頁及び参議院憲法調査会『日本国憲法に関する調査報告書』「二院制と参議院の在り方に関する小委員会報告書」二六六頁以下、元山健『両院制』ジュリスト一二九八号七一頁以下。
（9）衆議院憲法調査会報告書三八八頁。
（10）衆議院憲法調査会報告書三九七頁以下。なお、国民内閣制については、高橋和之『現代立憲主義の制度構想』（有斐閣、二〇〇六年）所収九三頁以下、加藤秀次郎『首相公選論に代わる現実的提案』同編『憲法改革の構想』（一芸社、二〇〇三年）九三頁、岡田信弘『首相公選論』ジュリスト一二八九号。
（11）衆議院憲法調査会報告書四〇〇頁以下。
（12）衆議院憲法調査会報告書四〇七頁、高橋和之・前掲書及び西原博史『憲法裁判制度の導入？』ジュリスト一二八九号、四二ページ以下。
（13）衆議院憲法調査会報告書四一八頁。
（14）衆議院憲法調査会報告書四四四頁。
（15）衆議院憲法調査会報告書四六三頁。
（16）参議院憲法調査会「二院制と参議院の在り方に関する小委員会報告書」二六五頁。
（17）すでに憲法改正要件の緩和策がみられた。（自民党『新憲法草案』）。
（18）古川純は、「憲法の基本原理である平和主義を具体化した規範的アイデンティティ（憲法の同一性）は不戦条約に起源を有する九条一項ではなく二項の画期的な戦力不保持と交戦権の否認にあり、その二項の削除は、憲法の同一性を破壊するという意味で、理論的に「憲法改正の限界」を超えたものといわなければならないのである」と主張する『憲法の諸相と改憲論』（吉田善明古稀記念論文集）所収七六頁。
（19）自民党『新憲法草案』（二〇〇五年一〇月二八日）を発表。
（20）公明党のホームページ（二〇一三年五月三日）参照。

(21) 民主党『憲法提言』(二〇〇六年四月一日発表)。
(22) 読売新聞社編『憲法改正　読売試案二〇〇四年』(中央公論新社、二〇〇四年)を参照。
(23) 産経新聞「国民の憲法」要綱(全一一七条)を発表。
(24) 近年の民間団体の活動を見ると、自主憲法制定会議では新憲法第三次案を、日本青年会議所では「日本憲法草案」をホームページで発表している。その他、護憲に立つ「第九条の会」、「第九六条の会」をはじめ、憲法改悪阻止会議、日本弁護士会では、会長談話を発表している。詳しくは、法律時報編集部「『憲法改正論』を論ず」を参照。
(25) 朝日新聞社『朝日新聞世論調査』二〇一三年および同紙二〇〇七年五月二日。

第四章　日本国憲法の制定、改憲略史

一　憲法の制定

(一)　はじめに

憲法の制定とは、法秩序を創造する行為であり、制定権者は法秩序の諸原則を確定し、諸々の制度を確立する。その場合、諸々の法秩序の原則と諸制度を確立するといっても全く自由に決断しうるものではない。人間価値の尊厳という一つの中核的・普遍的な法原則によって拘束される。これが憲法の原則であり、根本規範といわれる所以である。したがって、この根本原則を踏みにじる新しい秩序の創設は、制憲権の発動ではなく、実力による破壊と解され、正当性を主張することができない。このように解することができるとすれば、制定権の主体は国民でなければならない。日本国憲法で主権は国民にある、といった国民主権を明記したのはその確認である。

制憲権をこのように解すると、国民のうち政治的決断を有する者は、直接に、あるいは特別な代表を通して憲法の制定に参加する権利を有することになる。

憲法の制定権を有する国民は、一連の憲法制定作業を経て日本国憲法を制定した。ところが、その憲法の改正手続きを見ると、明治憲法第七三条の改正手続きによる「改正」であることが明記さている。

（二）日本国憲法は、明治憲法の改正か、新憲法の制定か

日本国憲法「上諭」において、「朕は、――枢密顧問の諮洵及び帝国憲法第七三条による帝国議会の議決を経た帝国憲法の改正を裁可（する）」と規定する。しかし、実質的にみて明治憲法の全体の基本を定めた第一条の「万世一系の天皇統治」、いわゆる「万邦無比の国体」もしくは「神勅主権」、「憲法制定権」、「根本規範」の規定を変革する改定が果たして明治憲法第七三条の改定手続よってできるものであろうか。当時の学説からみよう。

第一説（無限界説）は、憲法の改正には限界がないとする説である。改正権者である天皇が、明治憲法七三条の手続を経て、主権を天皇から国民主権に変えても問題は起こらない。明治憲法は欽定憲法であり、日本国憲法は、天皇が制定した欽定憲法であると解することも可能であるとする見解である。この説明では、日本国憲法の実質的な内容や明治憲法との断絶を正確に認識し説明することは困難となる。第二説は、日本国憲法の成立に明治憲法の改正手続を用いても、天皇制（＝国体）は、何ら変更されていないのだから、明治憲法の廃止、新憲法の制定ではなく改正にすぎない。したがって、憲法改正によって国民に最高権力を移す形があってもそれは表面的にすぎないのであって、もしも天皇が欲するならば、その権力は再び戻ってくるとする見解である（金森徳次郎・憲法遺言）。天皇制と国民主権といった異なる原理をこのような形で結び付けること自体問題であるし、その背景には、明治憲法下で見られた国体思想が潜んでいることを読み取ることができる。

これに対し、第三説（限定説）は、日本国憲法は明治憲法の改正ではなく新憲法の制定である、とする見解である。この最も代表的な見解は『八月革命』説である。すなわち、ポツダム宣言の受託によって革命が行われ、この革命に基づいて日本国憲法が成立した。明治憲法と日本国憲法は原理上断絶して

いる。この断絶を前提としたうえで、法学的意味の革命が先行し、基本的な価値原理を転換し、これによって明治憲法は部分的に廃止ないし失効したが、改正手続きは有効な規定として廃止も失効もしないで残り、形式上の連続性のみが生かされたにすぎないとする。

この第三説が多くの支持を得た。とくに、ポツダム宣言の受託が明治憲法との断絶を生み出していることを思うとき、第三説は妥当なものと思われる。たしかに、第一説の主張のように、革命を経た多くの国の憲法がそうであるように、憲法の制定に際し、憲法制定会議なるものを設けず、明治憲法の制定形式を用いていることを重視すれば、「欽定憲法」であると法形式的には言えるかもしれない。それは我が国の『革命』なる行為が下からのものでなく、横からの『革命』であるといった変則的なものであることに起因しているといえる。このような諸説の中にあって、上記第三説に立てば、日本国憲法は、新憲法の制定であると解される。(1)

(三)押し付け憲法論

日本国憲法は、占領軍によって押し付けられたものであるから無効であるとする、いわゆる「押し付け憲法論」がある。

日本国憲法は、占領中に制定されたという視点からみて国民の自由な判断がなかったのではないか。したがって、ハーグ陸戦法規（一九〇七年）に反するのではないかといった批判である。すでにのべたように、ポツダム宣言を受託し、日本政府の草案起草、国会審議を経て制定されたものであり、たとえ、事実上、ＧＨＱの日本国憲法に対する促進の契機があったとしても、これを法領域に持ち込んで改憲論議をすることは問題であり、決して無効、破棄すべきものとはならない。

二　一九五〇年代後半、六〇年代前半の改憲論議と政府憲法調査会の設置

(一) 政治状況

日本国憲法は、一九四七（昭和二二）年五月三日に施行されたが、今日まで一度も改正されていない。このことは日本国憲法が国民のものとして一応の定着をみたと解することができる。しかし、この間、憲法改正の論議は活発であった。我が国が一九五二年に対日講和条約で、独立国家として承認され、同時に日米安全保障条約が締結されたが、それを機に改憲論議が活発となり政治の舞台に登場した。やや敷衍してみておこう。(2)

日本国憲法制定後二年余りにして、政府はアメリカの占領政策の転換を受けてこれに追従していく。すなわち、日本国憲法制定以来、一九五〇年六月の朝鮮動乱に至るまでは、憲法改正論議は表舞台には見られない。しかし、政府は、一九四七年の二・一スト禁止をはじめとして、ロイヤー米陸軍長官の再軍備演説（四八年一月）、政令二〇一号（いわゆる公務員スト）、公安条例の制定による言論・集会の取り締まり、レッド・パージ、大衆運動の弾圧などをすすめていた。一九五〇年六月、朝鮮戦争が勃発し、その戦争を契機に、政府は警察予備隊を創設した。これはまた、日本国憲法の平和の原理を揺り動かし、その創設が連鎖反応的に、国民主権原理の希薄化と天皇元首化の主張、さらには、基本的人権の制約と公共の福祉の拡大、例えば、①労働者の諸権利の制限（五三年）、②集会・結社・示威運動の制限（五三年）、③破防法制定による人権制限（五四年）などへと波及し、平和的・民主憲法の理念と規範性は著しく後退していった。とりわけ、政府による警察予備隊（五〇年）＝保安隊（五四年）の路線設定は、憲法解釈において「自衛のためでも戦力は違憲である」（吉田首相、五二年三月一〇日）との主張が、再軍備

を推進する国際政治体制下のイデオロギーに支えられて、「自衛のためなら軍隊をもっても違憲ではない」（鳩山首相、五六年一月二二日）といった戦術的な有権的解釈に転換していった（いわゆる解釈改憲）。そうした政府による憲法解釈は、文理解釈としての限界を超えるものであったことから憲法典そのものの変更、すなわち、改憲論が政治日程に上ることになる。

一九五一年に講和条約が締結され、以後の国際情勢の変化に呼応して、急速に表面化した政府・自民党側の改憲論に対抗して、社会党の憲法擁護国民連合（五四年）、共産党系の憲法改悪阻止会議の結成などがあり、この改憲・護憲をめぐる政党間論議が、やがて国民的規模の改憲論争へと発展するに至った。しかし、こうした憲法改正をめぐる動きは、改憲を主張する自民党が一九五五年二月の衆議院選挙と翌五六年七月の参議院選挙の結果、両院とも議員数において、憲法改正条項（九六条）が定める「総議員の三分の二以上の賛成」を得る議員数を獲得できず改正が不可能な状態におかれた。そこで、政府は憲法改正を意図した憲法調査会を設置し、憲法改正の調査を始めることになる。

（二）政府憲法調査会の設置と報告書

政府は、憲法の改正が不可能と見るや、本来、国会に設けられるべき憲法調査会を内閣のもとに設置した。憲法調査会委員の構成は自民党二〇名、社会党一〇名という不公正なものであり、そのうえ、内閣が委員の任免権を持つ（憲調法二条）とした。野党側は、これでは調査会の設置目的は憲法調査ではなく、改憲作業にほかならないとして、その設置をめぐり熾烈な反対闘争を展開した。結局のところ、政府の強引な押切による成立となった。政府・与党のこうした強引な施策に対し、野党側は憲法調査会に委員を送らず、また改憲に反対する法学者も参加を拒否する態度に出た。世論からは片肺飛行ではないかといった批判が集中した。したがって、憲法調査会の果たす役割に対して、創立当初より「日本国憲法に検討を加え、関係諸問題を調査審議し、その結果を内閣及び内閣を通じて国会に報告する」（憲調法一条）という使命を公正かつ慎重に行うことができるか疑わしいといった批判が続出した。(3)

政府の下に設置された憲法調査会は、まず、今後において審議すべき問題点、要綱（六一年九月）を発表する。日本国憲法の全条項にわたる論点を挙げているが、審議すべき中核は天皇制の権限強化、再軍備、基本的人権の縮減と公共の福祉の増進の三点を中心に展開されていたことは疑いない。この三点こそ一連のイデオロギーに貫かれた改憲論者の強調する憲法風土の支柱を構成しているからである。ここでは、改憲論者の描く当時の憲法像、とりわけ改憲論の三つの支柱を検討し、その狙いを確認しておこう。

①時代の逆行を狙う天皇制の復活強化（復古的改憲）

世界の君主制は、歴史上、絶対君主制から立憲君主制、さらに議会君主制へという方向に民主化の一途をたどってきた。したがって、今日のごとく、近代憲法の根本原理として貫かれた民衆の意識の高まりをみるとき、君主制は異質的なものとなる。日本国の天皇制の存在も君主制の歩みと流れの中でとらえれば、例外ではない。その観点からみれば、日本国憲法下の天皇は『日本国の象徴であり、日本国民統合の象徴である』（一条）という限りにおいて、天皇の存在理由が認められているにすぎない。にもかかわらず、改憲論者の主張は「天皇に伝統の権威を認め」、現在「認証されている事項に形式的な権限」、例えば「天皇に条約の批准権、法律の裁可権を与えて」、しかも『政治責任、刑事責任を認めないことを明確にせよ』といった時代逆行的論理を自主憲法の名のもとに置くなど、旧天皇制への栄光、復活を夢見た明治憲法的愛国心で貫かれていた。こうした時代逆行的天皇制の復活強化は、後述する他の問題（自衛隊設置、人権制限）に比べれば、一見問題にならないように思われているが、軍備と人権をめぐる改憲の底辺に絶えずくすぶり続けていた問題であることを忘れてはならない[4]。

②改憲によって認知を受けようとする自衛隊

自衛隊の設置をめぐって世論を二分した論争も国際政治態勢に、あるいは一部の法理論に支えられ、政府による有権的解釈はさしたる説得力を持たぬまま、既成事実を積み上げてきた。しかし、この状況に対し、憲法制定当初より今までの間、朝鮮戦争、講和条約の締結など、目まぐるしい事態を踏み越えてきたとはいえ、自衛隊の設置は決して許されるものではないといった学者、政治家、国民も多数いることは周知の通りである。我が国が憲法制定以来掲げてきた平和への施策は、国際平和の目的に沿うものであり、それに適合する方向で日本国憲法が制定されているし、また、当時の国連がまだ萌芽的な段階であったという観点から第九条を捉えたとしても、また、「熱核兵器やミサイルの発達で旧来の戦争の概念が一変し、在来兵器による自衛や国防はほとんど無意味になっている」といった観点からみても、非武装国家の確立こそまさに平和の原理に相応しいものであった。

改憲論者は、国際的視点にたって「国連の一員であれば、国連の構成員としての義務を果たさなければならない」（大石義男委員）。第九条は、「防衛戦争を認める国際法、国連憲章に矛盾する」（神川彦松委員）し、また、独立国になった以上「国連の保護は受けるが、兵力の提供の義務を負わないような態度は虫がよすぎる」（大石委員）といった安易な形式論の展開もみられた。自衛の在り方は改憲論の問題であるだけに、前述した改憲への道をとらなくとも、第九条と国連憲章との調和から自衛隊の設置はある程度是認されてよいといった憲法改正慎重論者も見られた（高柳賢三委員）。ともかく、独立国だからとか、独立日本の「嫡出子」として、また、国連に協力するためといった安易な形式論によって自衛隊を合憲化したところで多数の国民は、それにぬぐいきれぬ大きな危惧を感じていたはずである。

③公共の福祉という名の下での人権制限・福祉国家

いうまでもなく、基本的人権は近代憲法の核心である。換言すれば、人権の尊重を保障するためにこそ憲法の制定が必要であった。にもかかわらず、改憲論者は言う。国民の権利を強く保障した憲法は、「近代の憲法であって」「現代の憲法とは言えない」（神川彦松委員）。すなわち、「国家対国民の関係において、本質的なことは国民は国家意思に服従する義務を負うということである。これは理論的にそうであるだけでなく、歴史的事実でもある」（大石義男委員）。これが「現行憲法において、権利の偏重という形で表れている。」（広瀬委員）ので、「国家に対する忠誠の義務を明文化して」（大石委員）、全体を通じてバランスのとれたものにしたい。そのためにこそ憲法の改正をしなければならないという主張である。

個人の権利よりも国家を重視する意見が多く表れていることである。このことは家庭生活における面にも強く表れている。「現在の憲法、民法の個人本位的な方針を批判し、家族の共同生活における相互の敬愛の精神と道義とを向上させ、家族の共同生活それ自体を憲法により保障すべきであるという見解」、「戸主中心の権力的な旧家族制度でなく、あるがままの自然の家族共同体を認め、これを家とし、憲法によって尊重し保護すべきである」とする見解である。

社会＝福祉国家の建設は憲法価値のイデオロギーとして押し進められなければならない。現代国家の基本的要請である。日本国憲法は、社会全体の進歩を担った社会生活の保護を目的とする社会保障権、勤労権等の福祉国家的権利を規定したことはそれに応えるものであった。しかし、改憲論者を含めてこの社会権規定については本格的論議は見られない。憲法調査会報告書によれば、「完全雇用と最低賃金制が徹底していない我が国では、生活保護費にしわよせされ、社会保障費の中でその占める比重は大きい。生活保護法には私的扶養が優先する旨の規定はあるが、私的扶養は社会保障の観念と矛盾すると考えられ、実際にも公的扶助中心へ転換することを必然的たらしめる傾向がある」と当時の状況を批判的に説明している。地方自治体の社会保障の実施については、「地方独自の立場を強く出すことは、国家的立場に反する場合を生じ、問題があるとする意見もあった」と。(5) 地方自治体の社会保障政策の独自性を軽視する考え方がみられた。

このように保障された権利、特に自由権規定を改憲論者は軽視したがるのはどこからくるのか。権力の恣意的行為に対する障害物を除去しようとする意図が露骨に示されていると解される。国家に国民の権利（いわゆる精神的自由権、経済的自由権）を保障し、「国民の生活を保護する」ためにこそ国は積極的に活動を行うべきである。それこそ現行憲法の人権保障の姿である。

政府憲法調査会は、一九六三年七月に報告書の骨子をまとめ「内閣及び内閣を通して国会に」（憲調法一条）「最終報告書」として提出し、その役割を終えた。憲法調査会委員の主張はかねて予想された如く、改憲論が圧倒的であった。ちなみに、世論の動向を判断するとして活用した地方議会においては、天皇、平和、基本的人権の三原則は手を付けず慎重に扱うべきとするのが圧倒的多数であったことが報じられていた。(6)

三　一九七〇年代、八〇年代の改憲論議

自民党による改憲政策は終了したわけではなく、一九七〇年代にはいって、自民党は党内に憲法調査会を設置し、「憲法改正大綱草案」を発表し（七二年六月）、さらには、自民党議員二〇〇余名が中心となって構成された自主憲法期成同盟（初代会長　岸信介）も同じような内容の改正案を発表している。前者

による改憲案は、憲法総括小委員会を設置し、総括委員長（上村千一郎議員）の名で憲法改正についての総括試案を発表し、これを受けて七一年八月一一日には「中間報告」としてとりまとめている。当時、①天皇・内閣、②国会・財政・地方自治、③国民の権利義務・司法、④防衛、改正条項、最高法規、その他を検討する四分科会を設置して作業を進めている。

また、当時は、自主憲法期成同盟による改憲論議も活発であった。そのメンバーの多くは自民党憲法調査会のメンバーでもあり、同調査会が七二年に「憲法改正大綱草案」を発表した時のメンバーでもあった。自主憲法期成同盟の改憲内容は、自民党憲法調査会の改憲内容と比べるとほとんど類似している。ただ、特徴的なのは「国の歴史、民族の伝統」といった側面が強調されていることである。この自主憲法期成同盟は、地方議会に対して「改憲決議」を要請するなど、地方議員を動員して「憲法改正」をリードしている。その内容には、①「この三〇年間、憲法を修・改正していない国は日本ぐらい」であり、②「現行憲法は敗戦直後、占領軍が作成した英文を翻訳したものであり」、③「国家緊急時の対処する規定がないなど、独立国家としての憲法の体をなさず」、④「国家の歴史と民族の伝統をおろそかにして、個人の権利ばかりを強調するあまり、社会や国家のことを考えない利己的な人間を輩出」し、⑤「我々は、ここに、日本民族の内外に迫りくる危機を回避するため、「現行憲法を改めて時代を一新する」ことを求めるものであり、――日本政府並びに立法府が新憲法を制定する事業（草案の作成、啓蒙運動）に取り掛かることを強く要請する」と結んでいる。(7) このような内容のうち、とくに改憲案を特徴づけているのは③④である。③にいう国家緊急時の対処規定がないなどをあげ、これでは、独立国家としての憲法の「体」をなさないとの主張である。一九六四年の政府憲法調査会の報告書と比べてあまりに高姿勢とも受け取られる発言となっている。この決議の底流に、七八年の栗栖弘臣（当時、統合幕僚会議議長）

発言を契機として起こった有事立法の論議があったことがあげられている。(8) この有事立法（三矢作戦への対応）の確立は、憲法が予想していなかった国家緊急時の対処規定の準備を目指すことであった。なお、この有事立法の規定を設けることについては、その後、八二年六月の自民党憲法調査会の分科会報告書で明確にされている。

また、④の主張について、現行憲法は「国家の歴史と民族の伝統をおろそかにして、個人の権利ばかりを強調するあまり、社会や国家のことを考えない利己的な人間を輩出」するといった認識のもとで個人の権利制限を強調していることである。一九八〇年九月に地方議会議員あてに送付された二度目の要望書では、現行憲法の国民の権利・義務の条項があまりに「個人の権利」を強調するのに急で、反面としての「他人・社会・国家に対する協調性・義務観についての規程が乏しい」と批判したうえ、「権利義務の相対性を各条文に明示すべきである」と説いている。また、先の自民党憲法調査会の分科会報告書も同じように「国民全体の福祉を重視する福祉国家の時代であるから——国民の権利と責任のバランスもまた重要である」としている。ただ、両者を比較して言えることは、自主憲法期成同盟案のほうが、国家に対する連帯義務と並んで、「国家の歴史、民族の伝統」といった側面を、とくに強調していることである。

四　一九九〇年代、二〇〇〇年代初頭の改憲論議

(一) 一九九〇年代の改憲論議——自衛隊の海外派遣

一九九二（平成四）年六月、自衛隊の海外派遣は、違憲であるといった歴代政府の解釈を転換し、PKO（国連平和維持活動協力）法を制定して自衛隊の海外派遣の道を開いた。同年一〇月には、国際連

合の要請を受けてカンボジアへの自衛隊派遣が行われた。ＰＫＯへの自衛隊の参加は、憲法の平和の原則から判断して、平和維持軍と停戦監視団の、本体部門、支援部門のいずれについても認められない。憲法学者集団からも「政府が文民または非軍事組織を、平和維持軍や停戦監視団に参加させることも憲法の平和主義からして、許されない」といった声明が出されている（全国憲法研究会『国連平和維持活動』への協力についての憲法学者の声明一九九一年七月三〇日発表）。

このＰＫＯ協力法の制定と相前後して、冷戦後の新しい世界秩序の見直しが進む中で日本がいかに国連に協力していくかという視点から、憲法条項の見直しをはかっていくべきであるとする意見がマスコミや各政党から続々と出されている。とくに、一九九〇年代後半にはいると、国際社会の変化とともに国内では政党の再編成が進行する。九六年に政府は、アメリカ合衆国との間で「日米安全保障共同宣言」を発表し、これを受けて九七年に「日米新ガイドライン（日米防衛協力のための指針）」に合意する。その内容は、日本に駐留するアメリカ軍が（アジア太平洋地域の平和と安定のために不可欠な）自衛隊との協力関係を明らかにしたことである。このことは日本国憲法のもとで堅持してきた不戦の原則を捨て、対米協力という形で自衛隊の海外派遣を正当化する法体制の整備であった。この法体制の整備は、国内的には、有事、危機管理体制の諸立法及び治安維持を含めた国家構造の諸改革（行政改革、地方改革、教育・大学改革、情報収集法の整備など）とともに進めることであった[9]。

このような国際・国内的政治状況の変化が改憲・護憲論議を生み出すことになる。とくに、一九九〇年代の特徴は、過去にみられた復古的な国家構想を持つ改憲派グループとは異なった諸団体等が改憲論に参加し発言をしていることである。その特徴は、第一に、マス・メディアがリードし、自民党のほかに新進党、その解党後に新しいチャレンジャーとなった民主党（一九九六年結成）などが積極的に改憲論議に参加したことである。民主党としての改憲案としては具体化されていないが、『憲法提言』をまとめ、党としての姿勢を示している。第二に、「新しい護憲」という名の下で、いわゆる創憲論が民主党の一部議員から、また、政治家、政治学者の中から積極的に主張されている。創憲論とは、安全保障にかかわりで言えば、普遍的な安全保障が将来において確立するまでは、固有の自衛権に基づく最小限の自衛力と日米安保条約の許容を明白にした見解である。[10] 第三に、当時、経済力に見合った軍事力を強化し、『普通の国になりたい』といった願望をこめた宣伝で、マスコミを賑わしている政治家も登場する。[11] 小沢一郎、鳩山由紀夫が雑誌（文芸春秋）に相次いで改憲案を発表する。平和に関して言えば、小沢一郎は現行憲法第九条に三項を追加し、自衛戦力を認め、国際貢献に兵力を提供することを国民の義務とする論文を発表している。[12]

（二）二〇〇〇年代のはじめ——衆・参両院に設置された憲法調査会

一九八九年、ベルリンの壁の開放は、資本主義、自由主義体制のもつ市場主義、法的には西洋的立憲主義が普遍的なものであることの高まりを意味するものであった。しかし、これを政治学的、憲法学的理念を援用していえば、「人権」「民主主義」の名において、自由を掲げた「市場原理主義」というべき考え方が世界を風靡し、第二次世界大戦後、確立してきた「福祉国家型」の労働者の生活権を重視する姿勢の衰退であった。そればかりではない。体制内勝利者が、自己過信からか、労働者の体制内化を図り、人権より国益、公益優先をかかげ、労働者の生活権を抑制する施策をとりだした。

世界諸国、とりわけ第三世界諸国では、国際法秩序を無視した先進諸国家が、圧倒的な兵器の破壊力によって弱小国家を抑制しようとしている状況が起こっていた。この時期に、橋本内閣が登場し、新自由主義改革、いわゆる「六大改革」を掲げ本格的に推進する姿勢を示した。新自由主義六大改革は、福祉国家型の所得再配分策を否定して進めたことで貧富の格差が拡大する。その結果、社会の分裂や政府に対する不満が生じ、また、政府の進める「規制緩和」策は、市民生活をより不安定なものにし、弱者の救済確保の道が問われている。それは今まで進めてきた既存の社会、経済体制の変革であった。政府や財界は、この変化を推し進めるために、その社会体制に整合するシステムとして憲法の改正に本格的に手をつけなければならなくなってきた。

自民党をはじめ各政党、財界、マスコミが改憲をリードするなかで、一九九九年三月に、与野党幹事長・書記長会談が持たれる。共産、社民党を除く、自民、民主、公明、改革クラブの各党幹事長は、衆議院議長に対し憲法調査会の設置申し入れを行った。翌二〇〇一年一月に衆・参両院に憲法調査会が設置され、改正論議が同年二月から始められ、二〇〇五年に衆・参両院の憲法調査会報告書が衆・参両院の議長に提出されている。

なお、政権は、橋本内閣から小渕内閣へと変わり、二一世紀を迎える。二〇〇七年四月の朝日新聞の世論調査によると、憲法改正肯定派は五八％と改正否定派を上回っている。しかし、この肯定派の中には、第九条の改定に手を付けず、新しい権利を規定し、統治機構の改正を求めた改正論者の主張も含まれていた。また、第九条の改正に限定してみると、改正肯定派（三九％）よりも改正否定派（五二％）が多い。憲法の改正の関心の高まりと、改正に慎重であることが読みとれる。[13]

【註】

(1) 小林直樹『憲法講義』(東京大学出版会、一九八一年)。

(2) 吉田善明「日本国憲法五〇年の軌跡と展開」『変動期の憲法諸相』(敬文堂、二〇〇一年)所収参照。

(3) 鈴木安蔵教授還暦祝賀論文集『憲法調査会総批判』(日本評論社、一九六四年)、樋口陽一『いま、憲法改正をどう考えるか』(二〇〇三年、岩波書店)五八頁。

(4) 吉田善明『議会・選挙・天皇制の憲法論』(日本評論社、一九九〇年)二二五頁以下。

(5) 「憲法調査会報告書」(一九六四年)一七二頁。

(6) 憲法調査会報告書(一九六四年)一六二―一六三頁　鈴木安蔵教授還暦祝賀論文集・前掲書に詳しい。

(7) こうした改憲論の底流にあるのは、①安保条約を締結しているアメリカ政府および支配層の強い要請であり、②財界の軍事増強の協力であり、③現行憲法を「押し付け憲法」と批判し、我が国の風土に応じた自主憲法の制定を図ろうとする自民党の衆・参両院議員選挙で勝利した勢力である(吉田善明『地域からの平和と自治』日本評論社、一九八九年)三一〇頁以下。

(8) 三矢作戦については、本書第二部第二章(有事法制と民主主義)参照。当時の代表的な文献として小林直樹『国家緊急権』(学陽書房、一九七九年)二〇七頁。

(9) 渡辺治は八〇年代に進めた中曽根康弘首相の下での政治改革、九〇年代に小沢一郎の政治改革を中心に、その改革の行きつくところにある憲法改正論を各政党の改革論を踏まえて展開している(『政治改革と憲法改正』(青木書店、一九九四年)。九〇年代改憲論の争点を批判的に考察したものとして、渡辺治、三輪隆、和田進、浦田一郎、森英樹、浦部法穂『「憲法改正」批判』(労働旬報社、一九九四年)また「国連平和維持活動等協力法」を中心に批判的考察を加えた文献として森英樹『憲法の平和主義と「国際貢献」』(新日本出版社、一九九二年)等参照。

(10) 創憲会議編『国を創る。憲法を創る』(一芸社、二〇〇六年)。

(11) 古関彰一『「平和国家」日本の再検討』(岩波書店、二〇一三年)二八五頁。

(12) 読売新聞は、より体系だった改正案を打ち出し、個人では、小沢一郎が二〇〇〇年九月号に、鳩山由紀夫が二〇〇〇年一〇月号に相次いで改憲案を『文芸春秋』において発表する。

(13) 朝日新聞二〇〇七年五月二日。

【参考文献】
渡辺治『日本国憲法「改正」史』（日本評論社、一九八七年）。
渡辺治『憲法改正』（労働旬報社、二〇〇五年）。
山内敏弘『改憲問題と立憲平和主義』（敬文堂、二〇一二年）。
隅野隆徳『日本国憲法五〇年と改憲動向』（学習の友、一九九七年）。
古関彰一『「平和国家」日本の再検討』（岩波現代文庫、二〇一三年）。

＊本章は、すでに雑誌等で発表した論文等を中心に整理要約したものである。①『憲法改正問題の回顧と展望』法律のひろば第一七巻一二号、ぎょうせい　②「改憲論者の思想と行動」軍事民論九三号、一九八四年③日本国憲法五〇年の軌跡と展開（吉田善明、縣幸雄、仲地博編『憲法政治─軌跡と展開─』（敬文堂、一九九六年）④憲法改正問題（日本大百科全書・ジャポニカ　二〇〇四年度）小学館ほか。

〈補〉日本国憲法の改正内容の限界、憲法の変遷、政府解釈

一　日本国憲法の改正内容の限界をめぐって

(一) はじめに

国民投票によって国民の承認を経る前に、衆・参両院で憲法改正論議が十分になされていなければならないことは言うまでもない。現行憲法第九六条に憲法改正に関する手続規定を置く。「この憲法の改正は、各議員の総議員の三分の二以上の賛成で、国会が、これを発議し、国民に提案してその承認を経なければならない。この承認には、特別の国民投票又は国会の定める選挙の際行われる投票において、その過半数の賛成を必要とする」と定める。

国の基本法、最高法としての憲法典は、その当時の社会の政治的、経済的、社会的関係および文化的諸関係によって規定され、その諸関係の反映であると同時に将来に向かっての一定の方向づけを固定することを意図して制定される。しかし、多くの場合、社会事情の大きな変化とともに、その当時定めた理想や価値観も変容せざるをえなくなる。その変化ないし変容は憲法的手続による改正として、「時には公権解釈や実務上の慣行を通じてその内容を実質的に変更してゆくこと(憲法の変遷)もある」。特に、後者はそのものを認めるか、否かが問われる。その内容を認めるか否かについては事例を通して検討される。また現行憲法第九六条の手続き規定が示すように、憲法の改正は一般の法律制定手続きに比べてより厳格な規定を置き(憲法の硬憲性)、しかも、両院の改正手続きにおいては、衆議院の優越性が認

められていないところに特徴がある。

（二）憲法改正の内容

憲法の改正は、憲法典の規定そのものを合法的な手続きによって変更される。憲法典中にある条項の修正・削除・追加・増補も含まれる。また、憲法の改正が、合法的な手続によってなされる点で革命やクーデターと異なる。

現行憲法第九六条は憲法の改正手続について、「各議院の総議員の三分の二以上の賛成で、国会が、これを発議」すると定める。この規定は、法律の制定、改廃の手続の場合と異なる。法律の制定、改廃は各議院の三分の一以上の出席、その出席議員の過半数の賛成で決まる(五六条)。ここでいう国会の「発議」とは、国民投票に付すべき憲法改正案を国会が決定し、提案することを意味する。しかし、すでにのべたように、国会の意思を決定し発議に至るまでの手続きについては格別の規定がない。発議の要件となっている「総議員」の意味については、各議院の議員の法定数をさすとする見解、現在議員の総数をさすとする見解に分かれるが、憲法は、国の最高法、基本法であることから慎重ならしめるとした点から法定数をさすとする見解を妥当とする。

また、発案権を議員が有することは、その議院において議決権を持つ以上当然である。しかし、内閣が発案権を有するか否かについては学説が対立する。内閣の発案権を否定する見解としては、①憲法改正は、その重要性からみて改正案の発案権を国民代表としての国会議員の手に留保している趣旨であるとみるべきこと、②現行憲法では、内閣の発案権を明示せず、しかも国会だけの発案権の明示から見て内閣の発案権を認めていないと解されることなどを理由として挙げる。これに対して、内閣の発案権を肯定する見解は、①内閣の発案権は、法律の発案権と同じく憲法に明示された規定はないが、それが内閣に与えられていないと断定すべき理由が存在しないこと、②議院内閣制（特に、内閣の過半数が国会議員であることの規定から）をたてまえとしている以上、内閣の発案権を肯定しても大きな問題はないことなどを理由にしている。(1) おもうに、憲法改正の重要性ないし国会中心主義を憲法が貫いているとすれば、内閣が発案権を持つ通常の発案権とは異なっているのは当然であり、それゆえに、内閣に憲法改正の発案権は認められていないと解すべきである。また、憲法改正案の国会審議については、憲法に特別の規定がないので、法律案の場合と同様に審議すべきである。法律案、予算案、条約のように衆議院の優越性の規定はなく衆・参両院は全く対等である。なお、二〇〇七年に衆・参両院に設置された憲法審査会は、憲法改正の原案及び日本国憲法に係る改正の発議または国民投票に関する法律案を提出できる機関として設置された（国会法一〇二条の七）。

（三）第九六条の改正内容の限界

憲法改正の内容については、改正内容には限界がなく自由に改正ができるか否かをめぐって対立する。改正の内容の限界を巡る争いと解することができよう。肯定説（無限界説）と否定説（限界説）が対立する。やや詳しく見ておこう。

①無限界説

憲法は国の根本規範、最高規範そして制限・授権規範としての性格をもっているが、その規範となる原理規定までを憲法手続規定によって改正を可能とする見解である。いわゆる全面改憲説である。日本国憲法は、国民主権、基本的人権、永久平和主義の三原則を基本原理とするが、それらの原理といえども、改正手続きに経れば改正することは可能であるとする。これに対し、憲法改正とは、憲法典中にある条項の修正・削除・追加・増補を意味し、それを超えると改正ではなく、新しい内容となり改正の限界を超えたものとなりはしないか、といった批判がある。

②限界説

憲法典には憲法の根本規範となるものがありそれを否定し、あるいは限界を超えるような改正をすることができない。日本国憲法には、憲法の基本原理として国民主権、基本的人権、永久平和主義を保障する。これらの原理を逸脱すれば、改正の限界を超えるものとして改正することは許されない。以下、その原理の内容について検討する。

第一に、国民主権主義の原理である。これは、前文および第一条に謳われている。憲法制定権力が憲法典の中に取り込まれ、それが国民主権の原理として国民に存することを明確にしたものである。したがって、この主権原理の改正は、合法的手続きによったとしても改正の限界を超えるものとして許されるべきではないと解される。たとえば、国民主権を天皇主権に改正することは、改正の限界を超えたものとして認められない。

第二に、国民主権の原理と不可分に結びつく基本的人権規定の改正についてである。これについても改正の限界があると解すべきである。日本国憲法には、第一一条、第九七条において、「永久の」「将来の」といった明文規定が置かれ、しかも、基本的人権は憲法より高次の法であり、かつ自然法の具体化とされた人権的、特に個人的権利である人権規定の改正などは、改正の限界を超えるものとして許されない。とくに、思想・良心の自由、表現の自由、宗教の自由等を否定した改正は許されるべきではない。

第三は、永久平和主義の原理である。この原理については、前文及び第九条に明記され、憲法の基本原理として確定されているが、改正の限界については対立する。すなわち、A説は条件的武装肯定説である。「平和主義の立場を守りながら、一定限度の軍備を持つために後者（九条二項）を改正しても民主憲法の同一性は失われない」とする見解、「軍備を持ち自衛や制裁の戦争を行うこと自体は少なくとも現在国際法上は違法ではない」とする見解、また、法理的には、――それが平和憲法の原則からして、現状のような国際状況の下では現実的には望ましくないことは明らかだが――憲法改正手続によって改正が許されると解せざるを得ないとする見解などがある。また、解釈論としても、第九条二項には一項のような「永久」なる文言がないことから、自衛力をもつことの改正への転換が可能であるとしている。

これに対し、B説はいう。現行憲法前文、第九条は、一切の戦争を放棄するとした非武装平和規定であり、武装の不保持を明確にしており、また、憲法の人権規定をみても、武装を予定した場合に必要となる徴兵制の規定、非常事態宣言、戒厳令といった規定も存在しない。もしこのような規定のもとで非武装規定を武装規定に変更するならば、当然に、基本的人権、とりわけ思想・信条・良心の自由、表現の自由は制限されることになる。さらに、歴史的にみれば、戦争から平和への転換、少なくても武装から非武装への転換が図られてきた。その間に、多くの人びとの命が戦争によって犠牲にされた。その反省が第九条の非武装規定であったことを思うとき、武力の保持は許されるべきではないし、それはいままで確立してきた平和主義原理に逆行するものであり、憲法改正の限界を超えるものとなる。もとより、政治レベルで限界を超えた改正となれば、新憲法の制定となり、それは国家体制の変革の問題となる。限界を超えた改正は、新国家の誕生と解されることになるとする見解である。(2)

第四は、憲法九六条の改正手続規定の改正である。この規定についての改正は可能であると解されるが、より厳格に解されるべきである。たとえば、憲法改正手続きによって改正のために必要な国民投票制度を廃止することは、国民主権の否定に連なるし、それは憲法の基本原理に影響を及ぼすものとして許されるべきではない。

また、憲法の改正規定を一般の法律改正と同じ手続きによって行い得るといった、いわゆる要件緩和の改正を自民党の「憲法改正草案」のなかで提示し、安倍首相は憲法改正論議の入口として議論を深めると主張した。これについては、すでに第一部第二章（七）でこの改革の問題点を含めてのべてきたので参照されたい。ここでは憲法改正手続の要件緩和への改正は、確立してきた立憲制を形骸化するものであることを述べておこう。

（四）現行憲法の定める国民投票

国民の承認を求める国民投票については、二〇〇七年に国民投票法（正式名は「日本国憲法の改正手続に関する法律」）として制定された。その問題点等については第一部第一章で取り上げ解説をした。

ここでは、まず、国民投票の種類及び法的性格についてみておこう。以下の制度は、いずれも国民をして国家意思を決定過程に参加させる制度である。国民投票の諸形式として、①国民拒否（popular veto）②国民表決（referendum）③国民発案（popular initiative）④国民意思表示（plebiscite）⑤国民解職（popular recall）に整理される。①国民拒否とは、法律が有効に成立し公布された後、一定期間内に、一定数の国民がその成立した法律に対し、反対の意思表示をしたときには、その法律は一般国民の投票に付せられ、存続すべきか否かを決定する投票形式を指す。②国民表決とは、議会で議決を経た法律を効力の発生前に国民の投票によって効力を発生せしめる形式をいう。フランス第五共和制憲法第八九条二項、三項、イタリア憲法第一三八条一項、二項、日本国憲法第九六条など。③国民発案とは、法律の成立についての発案権を認め、その発案を国民投票に付する形式をいう。国民発案は、憲法発案と法律発案に分かれる。憲法発案はスイスで認められているケースである。スイスでは憲法改正を請求するときは、投票権者一〇万人が改正案を作成して憲法改正の可否を国民投票に付託する（スイス憲法第一三八条、一三九条）(3)。これに対し、法律発案とは、法律の制定について行われる国民発案である。④国民意思表示とは、国民投票によって国民の意思を明らかにする。しかし、それが明らかになったとしても、政府はこれに拘束されるものではない。立憲制のもとでは、単にそれは希望条件にすぎないものと解されている。⑤国民解職とは、国民が国民投票によって、公務員等の地位を任期満了前に退かせるための投票形式をいう。現行憲法では九六条の憲法改正で国民表決（レファレンダム）が、七九条二項で国民解職（リコール）が最高裁判所裁判官の国民審査として用いられている。

二　憲法の変遷について

（一）憲法変遷の意味

憲法改正とは、目的意識をもって憲法の条文に変更を加えることを意味する。これに対し、解釈論者の解釈や運用を通して憲法条項を変化させている事態をとらえて一般に、憲法の変遷とよんでいる。しかし、憲法変遷なる文言は、実際には、認識した事実を記述するために用いられている。

憲法の変遷を法理的に解釈レベルでどのように受け止めるかについては、肯定説と否定説に学説が分かれる。憲法変遷肯定説は、変遷を憲法上の慣習として憲法の法源性を一定の要件の下に承認しようとする見解である。否定説は、現実に生じる現象は、事実上のものにすぎず法的性格及び法的効果を持ちえないものとして承認できないとする見解である。憲法は、政治社会の現実的必要性に応じて成文憲法規範と憲法現実との間に、ずれの生ずる可能性のあることは一般的には否定できない。問題はこのずれを憲法解釈上どのように受け止めるかである。

（二）憲法変遷の受け止め方とその争い

本来、政治社会の変化に対応するために憲法規定の変更を必要とする認識に立ちながらも、憲法の改正手続をとることができず、憲法違反を承知の上で、必要な対応をすることが起こりうる。したがって、この「変遷」なる語は、憲法解釈上、違憲の実例を有効に説明するための道具概念として用いられていた。しかし、こんにちでは、違憲の実例を違憲と考えるべきではないと主張するために、「憲法の変遷」が生じていると述べるようになる。そして、この考え方を前提に「憲法の変遷」の効果を認めるための要件が論議される。こうした憲法変遷論に対し批判もある。「改正手続きの困難を回避するために、公権的な解釈や制度改革を行ったうえで、この憲法変遷の理論を借り、一般の容認を得ようとするのであれば、それは改正方法の代用品――あるいはむしろ、事実上の改正脱法行為――に堕することになろう[4]」といった厳しい批判である。

ところで、憲法変遷には、「憲法に違反する」という認識が根本にあり、それが憲法規範として確定的なものとなったとするには、一定の要件（継続・反復及び国民の同意など）が必要となる。すなわち、それは第一に、公権的解釈者の憲法解釈が公権的に争われないものとして確定していること、第二に、ほとんどすべての国民が、その結果について争わず事実上の憲法の変化を承認していること、たとえば、自衛隊の違憲論を展開してきた学説が、こんにちにおいて、第九条の意味の変遷を認めざるを得ないとして、自衛隊の合憲論を評価し、その立場に変わる場合である。この場合、果たして、憲法の変遷が生じたと解することができるかが問題となる。橋本公旦は、早くからその著『日本国憲法』（有斐閣）においで「（a）憲法学者の従来の通説は、憲法制定当時における九条の規範的意味を正しくとらえていた。（b）しかし、その後の国際情勢および我が国の国際的情勢およびわが国の国際的地位は著しく変化し、いままでは九条の解釈の変更を必要とするにいたった。（c）国民の規範意識も、現在では自衛のための戦力の保持を認めているように思われる。（d）かくて右の限りにおいて九条の意味の変遷を認めざるを得ない[5]」と述べている。橋本公旦が主張する変遷論の根拠づけは、いずれも妥当であるとは思われない。なぜなら、第一に、国際情勢およびわが国の国際的地位は著しく変化し「わが国がまったく防衛の努力をしないことは、許されない状況にある」というが果たしてそうであろうか。その様な変化はどこから生じたのかが明らかにされていない。第二に、「世論調査の結果によると、防衛問題に関する国民規範意識の変化がみられること」をあげる。たしかに、世論調査では、自衛隊を公認する人々の増加がみられるけれども、その内容や理由をぬきに国民の規範意識が変化したとみるのは早計であろう。これに対し、小林直樹は、第九条の変遷には、厳格な成立要件が前提となるという視点にたって「少なくとも、その最小限の必要条件として、①自衛隊に対する国民の意識が、明白な同意もしくは法的承認とみなされるまで一般化し、第九条への規範的照合の可能性がなくなること、およびその前提として②合憲の公的解釈をしていること」である。とくに、②の点では、最高裁判決の確定した判断は出ていないし、①の点についても、自衛隊に対する合憲論、必要論は増加してきているものの、その判断を改めるような変化は生じていない。結論として、「憲法の変遷」を語ることは不可であり、また不可能である[6]。第九条の規範的意味については憲法の変遷があったということはいえない、といった立場からの主張である。

（三）憲法変遷の承認・不承認

憲法変遷の適用の背景には、G・イエリネックの考え方を読み取ることができる。イエリネックは、「公権論」において「事実の規範力」を追求し、それを前提に、憲法変遷論が成り立つ要件として、実例の継続性、政治的・社会的諸条件、学説そして世論調査を挙げて、それを認めることである。憲法状況に則して言えば、違憲の状況を違憲ではないということになる。樋口陽一のいわれるように「特定の憲法条項を、それに反する憲法実例によって差しかえ、後者に憲法規範性を与える」ことを意味すると解されている状況をみるとき、その状況は認められるべきではない。現実の憲法状況をみて、「違憲の事実をもはや違憲でなくなった」とする憲法変遷概念を導入して、憲法の変遷あり、あるいは変遷なしといった判断はあまりに解釈者の主観的判断にすぎないのではないか。近代的憲法の意義が憲法運用者の公権力の制約にある、という視点から考えれば、このような「憲法の変遷なる観念は否定されることになる」(7)と。同じく、高橋和之は、「解釈論上で変遷の概念を用いることに賛成できない。違憲の実例は、憲法の改正がなされない限り違憲であり続けると考える。そう考えても、国民の広範な同意があれば、憲法改正は、困難とは思われないので、困ることはない」(8)と。

最高裁は、多くの判例が示しているように、第九条関係についての憲法判断には消極的であるが、『憲法の変遷』を判決に用いたケースは見られない。

三　第九条関係（自衛力）についての政府（内閣法制局）の憲法解釈

政府の憲法解釈とは、政府が閣議決定を経て行う憲法解釈のことである。一般に公権解釈ないし公定解釈とよんでいる。議院内閣制のもとで、内閣が法案提出権を有することについて疑問視する主張もあったが、内閣のメンバーが国会議員である政治システム（議院内閣制）の下では当然とされている。内閣が国会に提出する法律案は、内閣に直轄し内閣を補佐する機関である内閣法制局を通さなければならない。内閣法制局は、①閣議への付議に先立って、法律案、政令案、条約案を審査すること、②法律問題に関して内閣のメンバーに対して意見を述べることを所掌事務としている。前者を審査事務と後者を意見事務と呼んでいる。

政府の事務（意見事務）については、特に憲法問題となると各省庁によって理解が異なるようなことがあってはならない。そのために、憲法にかかわる問題が生じたとき、第一義的な対応として内閣法制局が当たることになる。憲法解釈に関する最終的な判断は、法律案等の提出権を有する内閣そのものにあるからである。したがって、内閣法制局に期待されるのは、法律案等についての憲法適合性の確保について知恵を出すことであって、法律案等について違憲か合憲かを判断するところではない。その点、裁判所による事後的な審査とは違っている。内閣はあくまで行政機関内の諸立法案に対し、合憲性を確保するための知恵を与える機関であるということになる(9)。

以下、ここでは、第九条と自衛権、集団的自衛権との関係について問題となっているのでこの点について触れてみたい。

（一）自衛権の行使（自衛力）

一九四六年四月の衆議院本会議において、吉田首相は「戦争放棄に関する法案（九条）の規定は、直接には自衛権を否定はして居りませんが、第九条二項に於いて一切の軍備と国の交戦権を認めない結果、自衛権の発動としての戦争も、又交戦権も放棄したものであります。従来の戦争は多く自衛権の名において戦われたのであります。満州事変然り、大東亜戦争また然りであります」と。

この解釈をうけて、宮沢俊義も同年刊行の『新しい憲法のはなし』において「新憲法は侵略戦争ばかりでなく、どんな戦争でも戦争というものを全部否定している。いわゆる自衛戦争――すなわち、外国からせめられたときに自分の国を守るためにはじめる戦争――もやってはいけないというのである。徹底した無抵抗主義である」（朝日新聞社、一九四七年）と述べている。

その後、警察予備隊、保安隊が発足し、憲法研究者の多くが違憲を称える中で、内閣法制局は、一九五二年一一月二五日、戦力についての統一見解を発表した。「一、憲法第九条第二項は、侵略のたると自衛の目的たることを問わず『戦力』の保持を禁止している。(i)、右にいう『戦力』とは、近代戦争遂行に役立つ程度の装備、編成を備えるものをいう、(ii)、『戦力』の基準は、その国のおかれた時間的、空間的環境で具体的に判断せねばならない。(iii)、『陸海空軍』とは、戦争目的のために装備編成された組織体をいい、『その他の戦力』は、本来戦争目的を有せずとも実質的にこれに役立ちうる実力を備えることであり違憲でない。このことは、有事の際、国警の部隊が防衛にあたるのと理論上同一である」。その際の戦争遂行に役立つ程度の装備編成とは、「自衛のための必要最小限度」内のものとなる（参院予算委、吉国法制局長官発言）。

最高裁判所は、砂川事件で第九条について「…いわゆる戦争を放棄し、いわゆる戦力の保持を禁止しているのであるが、しかしもちろん、これによりわが国が主権国として持つ固有の自衛権は何ら否定されるものではなく、わが憲法の平和主義は決して無防備、無抵抗を定めたものではないのである」。「わが国が、自国の平和と安全を維持しその存立を全うするために必要な自衛のための措置を取りうることは、国家固有の権能の行使として当然のことといわなければならない」（最大判昭三四・一二・一六刑集一三—一三—三二二五）と判示した。必要な自衛の措置を取りうることは、国家の固有の権利であることを明かにした。

その行使の手段である自衛力については、最高裁判所及び内閣法制局解釈で国家固有の権能として認めたが、特に内閣法制局の解釈について疑問視する考えはあった。それは政府の政治的解釈に歯止めをかけることへの期待でもあった。この解釈は、自衛権、自衛力の存在を充分に時間をかけて検討することなく、自衛権の行使そのものを肯定したからである。

憲法研究者による自衛権の行使についての見解は多様である。三説に整理される。[10]

第一説は、自衛権は国家にある以上、当然の権利として自衛権の存在を肯定する。[10] 第九条ではそれを否定していない。自衛権を行使するための実力を保持することは憲法上許されるとする見解である。これに対し、自衛権が国家の当然の権利として認められるとしても、それにともなう自衛のための防衛力・自衛力の保持が認められるかどうかは——重大な争いのあるところであるとして、自衛力の行使に否定的な見解もある。[11]

第二説は、「自衛権は国家にある以上、国家固有の権利として認められる」が、「我が国が、もし古典的な自衛権概念と結びついているとするならば我が国の憲法ではそれは認められず、放棄したことになる」。以上の立場にたって、自衛権は、国家固有の権利として認めるが、現行憲法第九条二項で「陸海空軍その他の戦力を保持しない」と定めることによって、戦争を行う物質的手段は否定され、さらには「交戦権はこれを認めない」とする規定によって、国家は戦争を行う権利（自衛力の行使）は否定されたとする見解である。[12]

第三説は、自衛権について、「主権国家固有の自衛権」といった言い方はアプリオリには成立しえないこと、歴史的に見ても「自衛権」はそれ自体、相対的な概念でしかないこと、また「自衛権」を保持する規定が日本国憲法に明示されていないのではないかといった疑問を提示する。その観点から、日本国憲法は自衛権そのものを否定したとする見解である。[13]筆者も自衛権そのものは国家固有の権利であるといった考え方はとらない。日本国憲法は憲法が認めた第九条にみる平和保障の権利（平和的生存権、他国との友好権）の確立によって、自衛権そのものが放棄されたと解すべきである。自衛権は「国家の固有の権利でも属性でもない」。国民が国家に自衛権を信託するか否かの問題である。

アメリカによる日本の占領が終了するや、自衛権の行使を容認する主張が多くみられるようになる。その場合、自衛権行使の限界が問われる。政府解釈として、自衛力を保持できるのは、（i）「近代戦争遂行能力を持たない防御用の兵器のみで、他国に対して侵略的脅威を与えるようなものとか、性質上相手国の国土の壊滅的破壊のためにのみ用いられるものは保持できない」。では、（ii）自衛権の行使の要件はどうか。相手国の基地を攻撃することは可能か。政府は、「我が国に急迫不正の侵害が行われた場合に、他にやむおえない措置として」対処する。その点で、相手国の基地攻撃も自衛の範囲であると解される。（iii）自衛権の行使力（自衛隊）の海外派遣はどうであろうか。政府（内閣法制局）は、「自衛隊の任務が国土防衛にあることに限定されている」。海外派遣については、自衛隊の活動自体を武力の行使にあたらないものに限定し、活動領域をいわゆる非戦闘地域に限ることで許されると解される。したがって、この解釈に反する海外派遣は認められないという見解である。(14) また自衛隊の国連軍への参加は可能か否かが問われた。政府は、国連憲章四三条に基づく正規の国連軍は戦闘・武力行使を任務としているので、自衛隊の参加については認められないと解されてきた。(iv) 国連決議による国連平和維持活動（ＰＫＯ）の自衛隊の参加はどうか。政府は、一九九二年『国際連合平和維持活動に対する協力に関する法律』(ＰＫＯ協力法)を成立させ、武力の行使を伴わないことを条件に自衛隊の海外派遣を行っている。これに対し、自衛隊による平和維持活動への参加及びその武力行使は、自衛隊である限り禁止条項（九条）かつ前文に違反し違憲である、といった主張がある。

おもうに、自衛隊の平和維持活動への海外派遣は、平和維持活動（ＰＫＯ）が自衛隊によって行われる限り、自衛隊の海外派遣となり、また、自衛権の行使の許容限度を超え、違憲となる。もし、我が国が平和維持活動（ＰＫＯ）を必要とするならば、別個に組織された機関をつくるべきである。

こうした問題があることを解決すべく、政府はより国益論を先行させ、自衛権の枠内に集団的自衛権を取り入れ、日米安全保障のもと日米同盟の強化を進めている。以下、問題になっている集団的自衛権についてやや具体的に検討しておこう。

（二）集団的自衛権についての政府（内閣法制局）解釈とその変更

①集団的自衛権の行使容認

集団的自衛権とは、国際法上、「自国と密接な関係にある外国に対する武力攻撃を、自国が直接攻撃されていないにもかかわらず、実力をもって阻止する権利」と解されている。この集団的自衛権について、政府（内閣法制局）は、「国際法上、わが国が主権国家として有しているにもかかわらず、現実にそれを行使することは、日本国憲法や国内法では禁止されている」と解していた（一九八一年六月三日内閣法制局長官見解）。現実には、日米安保条約の下で、在日米軍基地が他国によって攻撃された場合、日本の『平和及び安全を危うくするものである』として共通の危険に対処する考え方を集団的自衛権を取り出して正当化した。当時の政府はこのような説明をしている。一九九〇年八月に起こったイラクのクエート侵攻事件では、自衛隊の海外派遣が集団的自衛権の行使に該当するか否かで問題になった。また、一九九九年に制定されたガイドライン関係法（周辺事態法）でも、たとえば、アメリカ軍が日本周辺のアジア諸国に軍隊を配置し、戦争が始まれば日本の自衛隊が『後方支援』の名で海外に派遣され、戦争に参加することが可能であるとした。しかし、これについても、自衛権の限界を超え集団的自衛権の行使にあたるので違憲であると主張する者も多く見られた[15]。

二〇〇四年のイラク戦争で、イラクに陸上自衛隊を本格的に派遣するに際し、集団的自衛権の行使ではないかとの質問に対し、内閣法制局長官は、政府解釈として「国家が国際法上権利を有するとしても、国内法でその権利の行使を制限することはありうる。法律論として特段問題はない」（二〇〇四年）と述べている。前述した一九八一年六月の政府解釈と変わっていない。

ところが、二〇〇六年に安倍内閣が登場するや、安倍首相は集団的自衛権の行使は『量的概念』であって『必要最小限度を超える自衛権の行使はできない』とする認識の下で、集団的自衛権には、中核的概念と外的概念があって、『外的概念』の部分について、その行使は可能だとする『解釈』を示した。学界、マス・メディア等からもこれは従来の政府解釈の変更であり、決して整合するものではないといった批判が多く出された。

二〇一二年一二月に、自民党が再び政権を獲得し、第二次安倍内閣が登場する。安倍首相は二〇一四年末までに策定する新防衛計画（ガイドライン）の設定までに、集団的自衛権の行使を容認し、それを踏まえた内容のものとすることを明らかにした。そのためには、まず、政府の法の番人といわれている内閣法制局見解、すなわち、いままで政府解釈として確定している集団的自衛権の行使を解釈によって変更しなければならない。集団的自衛権の違憲論から合憲論への解釈の変更である。安倍首相は、この解釈を進めるために、まず、内閣法制局長官の人事について、今までの長官任用の先例を破り、集団的自衛権の容認派を任用した。このような人事によって、今までの政府解釈を変更することになれば、自衛力の範囲の解釈を政府が独占し、憲法の改正を行うに便利な状況をつくりやすくなる。すでに安倍内閣は、二〇一三年に国家安全保障会議を設置し、そのメンバの任命をすすめる一方、[16] 首相の私的諮問機関である「安保法制懇」[17]を動かし、集団的自衛権の行使容認を合憲とする解釈に期待した。その「安保法制懇」が提出した報告書によれば、予期した通り、「自衛のための必要最小限度の実力行使」に集団的自衛権が含まれるとする見解を打ち出した。その行使に際して、一定の要件をつけている。①我が国と密接な関係にある国が武力攻撃を受けた場合、②攻撃を受けた国からの要請がある場合、③放置すれば、日本に重大な影響を及ぼす場合、④第三国の領域を通過する際はその国の同意を得る。また、その集団的自衛権行使には事前または事後に国会の承認を受ける。首相が集団的自衛権行使の有効性を総合的に判断するといった内容のものであった。

②集団的自衛権行使の閣議決定原案（要旨）

先ず、『安保法制懇』の報告書をうけて、安倍首相を支える自民党は、与党である公明党の理解を得て政府に与党としての見解を提出する。政府はそれを受けて、閣議決定を行い、その後、国会の同意を求めて政府解釈を変える方法をとった。この方針に従い、二〇一四年五月二〇日に「集団的自衛権行使

容認の閣議決定原案」（要旨）がマス・メディアを通して発表された。やや長くなるが、その要旨を紹介すると、

〈前文〉

我が国を取り巻く安全保障が根本的に変容し、複雑かつ重大な国際安全保障上の課題に直面している。アジア太平洋地域において緊張が生み出されている。「積極的平和主義」の下、国際社会の平和と安定に積極的に貢献するには切れ目のない対応を可能とする法制を整備しなければならない。

〈武力攻撃に至らない侵害への対処〉

警察、海上保安庁等の関係機関が連携を強化し、自衛隊出動、手続の迅速化についてを検討する。

〈国際社会の平和と安定への一層の貢献〉

（1）いわゆる後方支援と「武力の行使との一体化」

後方支援は、「武力の行使」に当たらない。たとえば、国連安全保障理事会決議に基づいて一致団結して対応するようなときに、我が国が他国軍隊に対してこうした支援活動を行うことが必要な場合がある。すなわち、政府は「積極的平和主義」の立場から、自衛隊が幅広い役割を果たすことが必要である、他国が「現に戦闘行為を行っている現場」ではない場所で実施する補給、輸送等の支援活動は『武力の行使と一体化』するものではないとの認識の下、以下の考え方を基本として必要な支援活動を実施できる法整備を進める。

他国の軍隊が「現に戦闘行為を行っている現場」では、支援活動は実施しない。仮に支援活動を実施している場所が「現に戦闘行為の現場」となる場合には、直ちにそこで実施している支援活動を休止・

中断する。

（2）国際的な平和協力活動における「駆けつけ警護」に伴う武力使用等の法整備。

〈憲法九条の下で許容される自衛の措置〉

（ⅰ）国民の命と平和を守り抜くためには、これまでの憲法解釈のままでは必ずしも十分な対応ができないおそれがあり、いかなる解釈が適切か検討してきた。憲法解釈には論理的整合性と法的安定性が求められる。従来の論理の枠内で帰結を導く必要がある。

（ⅱ）憲法九条は、「武力の行使」を一切禁じているように見えるが、前文の「国民の平和的生存権」などを踏まえると、自国の存立を全うするためには必要な自衛の措置を禁じているとは到底解されない。この自衛の措置は、外国の武力攻撃という急迫、不正の事態に対処し、やむを得ない措置としてはじめて容認されるもので、必要最小限度の「武力の行使」は許容される。これは一九七二年の政府資料「集団的自衛権と憲法との関係」に明確に示されている。この基本的な論理は今後とも維持されなければならない。

（ⅲ）これまで政府は、「武力の行使」が許容されるのは、我が国に対する武力攻撃が発生した場合に限られると考えてきた。しかし、安全保障環境が根本的に変化している状況を踏まえれば、他国に対する武力攻撃でも、我が国の存立を脅かすことも現実に起こりうる。紛争が生じた場合には既存法令により必要な対応をとることは当然であるが、それでもなお万全を期す必要がある。こうした問題意識の下に検討した結果、我が国と密接な関係にある他国に対する武力攻撃が発生し、これにより我が国の存立が脅かされ、国民の生命、自由及び幸福追求の権利が根底から覆される明白な危険がある場合において、他に適当な手段がないときに、必要最小限度の実力行使は憲法上許容されると考えるべきであると判断するに至った。

（iv）「武力の行使」が、国際法を順守して行われることは当然であるが、国際法上の根拠と憲法解釈は区別して理解する必要があり、国際法上は、集団的自衛権が根拠となる場合がある。他国に対する武力攻撃を契機とするものが含まれるが、憲法上は、国民を守るためのやむを得ない自衛の措置としてはじめて許容される。

（v）他国に対して武力攻撃が発生した場合に「武力の行使」を行うために自衛隊に出動を命ずるに際しては、現行法令の防衛出動に関する手続きと同様、原則として事前に国会の承認を求めることを法案に明記する。

〈今後の国内法整備の進め方〉

これらの活動を自衛隊が実施するにあたっては、国家安全保障会議（ＮＳＣ）の審議などに基づき、内閣として決定を行う。実際の活動の実施には根拠となる国内法[18]が必要となる。あらゆる事態の切れ目のない対応を可能とする法案の作成作業を開始することとし、準備ができ次第、国会の審議を得る。以上が、二〇一四年七月一日における閣議決定を得た内容であった。今後、自衛隊法の改正など関連法案が国会に提出されることになる。これらを要約して言えば、（i）我が国を取り巻く、安全保障が根本的に変容している。（ii）積極的平和主義の観点から、必要な支援活動を実施できる法整備をする。（iii）第九条のもとで許容される自衛の措置として一九七二年の政府資料で集団的自衛権と憲法の関係が明確に示されている。（iv）「武力の行使」が許容されてきたのは、「我が国と密接な関係にある他国に対する武力攻撃が発生し、国民の生命、自由及び幸福の追求が根底から覆される明確な危険がある場合において、他に適当な手段がないときは、必要最小限度の実力行使は憲法上許される。その場合の条件として、「武力の行使」を行うためには、現行法令の防衛出動に関する手続と同様、原則として国会の承認を求めることを法案に明記する、とする内容のものであった。

③集団的自衛権の行使の限界と私見

今までの政府解釈を変更し、集団的自衛権の行使を容認する解釈をしておかなければならないのか。このような解釈をしなければ困るような差し迫った、いわゆる急迫、不正の状況にあるとは思えないことをまず述べておこう。

政府は、これに対してわが国を取り巻く安全保障環境が根本的に変化している。グローバルバランスの変化、技術革新の進展、大量破壊兵器や弾道ミサイルの開発・拡散、国際テロの脅威によって、アジア太平洋地域での緊張関係が生み出されている。もはや一国のみで平和を守ることはできないといった認識にたって、その対応であると説明する。

政府は、武力行使の前提となる②に示した要件のもとで、個別的自衛権、集団的自衛権、集団的安全保障による武力行使を認めるとした。わけても、集団的自衛権、集団的安全保障は「歴代内閣が、自衛のための必要最小限の範囲を超えるため、憲法上許されない」とされてきた部分である。ところが、これらの権利の行使を認める政府解釈を行った。すなわち、「我が国」又は、「我が国と密接な関係にある他国に対する武力攻撃」があった場合、時の政府が、「我が国の存立が脅かされ、国民の生命、自由、幸福の追求が根底から覆されるおそれ」があると判断をした場合、個別的自衛権、集団的自衛権、集団的安全保障を区別せず、武力の行使は「憲法上許容される」とした。個別的自衛権は、自国への攻撃という明確な基準があるが、集団的自衛権と集団的安保は他国が攻撃を受けた場合に武力を行使することであるが、その場合、他国間の戦争だけに、日本にとって「明白な危険」に当たるかどうか、政府の判断となる。限定解釈の難しさである。一度その枠を恣意的に拡大したら、無限に広がる危険性があることを忘れてはならない。

自衛隊の海外出動に際し、「原則として事前に国会の承認を求める」など条件は付いているが、危機、すなわち急迫不正の事態に対する対応である限り、事前に承認することがはたして可能なのであろうか、おそらく不可能であろう。

一四年七月一日の閣議決定は、海外での武力行使を禁じた日本国憲法第九条の解釈を大きく転換させるものであった。それは今まで述べてきたように、七二年の政府解釈では、憲法上、他国を武力で守る集団的自衛権は認められないとしていたが、今度の閣議決定では、同盟国を超えた『他国』に対しても、「急迫、不正の事態に該当するものがある」場合、「武力の行使が憲法上許容される」と全く異なる反対の結論を導き出したことである。

このような集団的自衛権の容認は、第一に、国家の構造を変えることになる。平和国家から軍事を軸とする国家（国防国家）への着実な変化である。第二に、第九条それ自体を政府解釈で形骸化した。今まで政府解釈とされてきた自衛権の具体化である自衛力の必要最小限度の枠を超えてしまい、第九条の存在意味はなくなっている。第三に、いままで第二次世界大戦の反省に基づいて維持されてきた平和憲法は終焉し、国際法上許されるとされる武力の行使を抑制するというだけの『世界標準』的な憲法になる。

政府解釈の変更は、このように平和国家から国防国家への変質をもたらす重大な問題であることを自覚しなければならない(19)。今まで作り上げてきた『非戦』の、「非軍事」の国際的信用力は隣国をはじめアジア諸国から軍国主義の復活として厳しい批判にさらされるであろう。この変更は、内閣法制局を軸にした解釈というよりも政党が表面にでた数の支配に依拠し、政府解釈を生み出したといえる。

四　一応のまとめ

憲法改正には内容上の限界がある。第九条を否定するような改正は許されるべきではない。また、憲法の変遷はその概念自体を認めていないといった見解、かりにそれを認めるにしても、裁判所の判断もなく国民の規範意識を見る限り、憲法の変遷に当らないといった学説などを中心に紹介してきた。

さらに、政府解釈の事例として、現在政治の焦点になっている自衛権、集団的自衛権の行使容認の問題をとりあげてきた。政府解釈による変更は、事実上の憲法改正である。政府解釈は、すでに述べたように、法的な枠組みの中で、憲法との整合性を図ることを目的とした解釈の枠内での解釈に過ぎないはずである。その政府解釈は違憲ではないかと多くの研究者はじめ世論[20]の多くが主張している場合、政府は、その判断を差し控えることがむしろ法の執行者としての責務でないのか。すみやかに、裁判所の判断を待つか、憲法の改正によって対応すべきものである。

現在、安倍内閣の下で、自民党が『憲法改正草案』を提示し、それに依拠した改正論が活発である。政治的に言えば、集団的自衛権の行使容認は、より軍事に力点の置いた改正憲法の根底におかれる問題である。

【註】

（1）佐藤功『日本国憲法概説』四五二頁、芦部信喜『憲法』三〇六頁。小林直樹『憲法講義（下）』五〇二頁。

（2）古川純「自民党『新憲法草案』が目指す『国のかたち』――自衛権、国家緊急権、最高指揮権、軍事裁判所」『吉田善明古稀記念論集』（敬文堂、二〇〇七年）、吉田善明『日本国憲法論（第三版）』（三省堂、二〇〇七年）。

（3）初宿正典、辻村みよ子編『世界の憲法』（三省堂、二〇〇六年）フランス（辻村みよ子担当）イタリア（井口文男担当)、スイス(関根照彦担当)。

(4)小林直樹・前掲書五七三頁。憲法変遷の一般的説明として、佐藤幸治『日本国憲法論』(成文堂、二〇一一年)四一頁以下。

(5)橋本公亘『日本国憲法』(有斐閣、一九八八年)四三九頁。

(6)小林直樹『平和憲法と共生』(慈学社、二〇〇六年)一八一―一八二頁、石村修『憲法国家の実現』(尚学社、二〇〇六年)、岩間昭道『憲法破棄の概念』(尚学社、二〇〇二年)、山内敏弘『改憲問題と立憲平和主義』(敬文堂、二〇一一年)。

(7)樋口陽一『憲法(第三版)』(創文社、二〇〇七年)八六頁。佐藤幸治『日本国憲法論』(成文堂、二〇一一年)四一頁。

(8)高橋和之『現代立憲主義の制度構想』(有斐閣、二〇〇七年)二二六頁。

(9)坂田雅裕「内閣法制局と憲法解釈」全国憲法研究会編『憲法問題二二』(三省堂、二〇一一年)、内野正幸『政府の憲法解釈と個別的自衛権』(樋口陽一、森英樹、高見勝利、辻村みよ子編『国家と自由』日本評論社、二〇〇四年)二四一頁以下。

(10)自衛権に対する考え方も多様である。渡辺治、山形英郎、浦田一郎、君島東彦、小沢隆一「集団的自衛権容認を批判する」(別冊法学セミナー二〇一四年、日本評論社)。

(11)芦部信喜『憲法』(岩波書店、二〇〇〇年)六〇頁。佐藤功『日本国憲法概説(全訂第三版)』八〇頁。

(12)小林直樹「憲法講義(上)」(東京大学出版会)、芦部信喜(高橋和之補訂)『憲法(第五版)』(岩波書店、二〇一一年)三九頁。

(13)「近代立憲主義の観点からすれば、「固有の」自明性を主張できるのは、人権主体としての個人だけであって、集合体としての国民は、憲法によって明示的に与えられた権利・権能を持つにすぎないはずである。少なくとも、自衛権が「国家」に「固有」のものだとする主張は論証を要しないほど自明なものではない(樋口陽一『憲法(第三版)』創文社、二〇〇七年一四一頁)」と。この見解にたつ学者も多い。山内敏弘『平和憲法の理論』(日本評論社、一九九二年)一二二頁、同『改憲問題と立憲平和主義』(敬文堂、二〇〇二年)五二頁、浦田一郎『自衛力論の論理と歴史』(日本評論社、二〇一二年)、杉原泰雄『憲法Ⅱ』(有斐閣、一九八九年)一五九頁以下、吉田善明・前掲書四九五頁。

(14)阪田雅弘「内閣法制局と憲法解釈」(憲法問題二二号所収、三省堂、二〇一一年)。

(15)浦田一郎編『政府の憲法九条解釈』(信山社、二〇一三年)および『自衛力論の論理と歴史』(日本評論社、二〇一二年)

一二〇頁以下。

(16) 自民党は、すでに、二〇〇七年七月に国家安全保障法案の内容を発表している。この法案は、集団的自衛権の行使を法律によって認めることを内容とする。政府解釈として憲法上認められないとされていた「集団的自衛権」を政府解釈として確定されれば、この法律の骨格となる。秘密保護法制、武器禁止三原則も規定されている。この法律が制定されれば、第九条はますます形骸化される、といった批判が出されている（山内敏弘「憲法第九条と集団的自衛権」独協法学、第九一号五四頁）。

(17) 第一次安倍内閣で設置された『安保法制懇』（正式名は、安全保障の法的基盤再構築懇談会）が、第一次安倍内閣に提出した報告書には、①公海上で米戦艦が攻撃を受けた場合の応戦、②米国に向かう弾道ミサイルの迎撃、③国際平和活動での武器の使用を国際基準に、④国際平和活動や周辺事態での後方支援の拡大の四つの対応を集団的自衛権の行使として可能である、といった説明がされている（二〇一三・八・五朝日）。

(18) 関連する国内法の改正として、自衛隊法をはじめ周辺事態法、武力攻撃事態対処法、船舶検査活動法、国民保護法など一〇数本に及ぶとされている。

(19) 山内敏弘「憲法九条と集団的自衛権」（独協法学、第九一号）三六頁以下。

(20) 朝日新聞の世論調査（二〇一四・四・一九）によれば、憲法解釈の変更による集団的自衛権の行使容認について質問したところ「容認反対」は五六％、賛成は二七％であった。賛成の二倍以上が「容認反対」をしている。また賛成者二七％のなかで、一四年の国会で憲法解釈を変える必要があると考えているものが四七％、変える必要がないが四七％であった、と報じている（朝日・一四・四・二〇）。

＊本章の日本国憲法の改正の限界、憲法の変遷の部分は、私の体系書『日本国憲法論（三版）』（三省堂、二〇〇七年）に収めた部分に、現在の憲法状況を踏まえて加筆修正した内容の収録である。本書第一部で取り上げた憲法改正部分の理論的支柱の書である。（二〇一四年五月二〇日補訂）。

第二部　現行憲法下の問題状況

第一章　国家構造の変革――改憲のもたらすもの

一　問題の所在――変わる国家構造

日本国憲法が描いている国家像は多様である。平和国家、立憲制国家、人権国家、福祉国家（社会法治国家）、司法国家、分権国家など国家構造の特徴を見いだし、また、近代国家の立憲制の展開過程の中で、政治システムの視点から、絶対君主制、立憲君主制、象徴君主制、共和制の展開を、さらには社会構成体の視点から、社会主義型国家、資本主義型国家を類型化し、日本国の性格を位置付けて、その特徴を説明している。

日本国憲法の特徴とされる平和国家は、二〇一四年七月一日の政府解釈による集団的自衛権の行使容認によって大きく変革をする。この道は、今まで培われてきた平和国家が、「戦争が可能となる国家」、すなわち、小稿で展開する『国防』国家への転換が図られ、それを目ざすための必要な法整備が、政府によって進められている。

「国防」という概念は、いままでのような外国からの侵略に対応して、国の領土、国民の生命、財産を護るたんなる防衛行動だけでとらえるのではなく、クラウゼヴィッツのいわれるように、現代戦争の時代では、軍事行動を進めるための軍事力の強化はもとより、それを支える国民の教育、治安、政治体制、政治、経済などを有機的に結合させた総力戦的なものとして理解されなければならない。

小稿では、こうした問題意識のもとで、現在の憲法状況と自民党が現在提示している「憲法改正草案」

を踏まえ、自民党政府が現在描こうとしている国家像を取り出し、その方向が平和主義を掲げた現在の国家像といかに異なったものとなっているかについて考えてみたい。

二　第九条を骨抜きにして変わる国家

（一）非軍事国家の成立

日本国憲法第九条（戦争の放棄、軍備及び交戦権の否認）の制定は、不戦の誓い、非武装国家の誓いを意図したものであった。非武装国家・非軍事国家の成立であった。

それは、また第二次世界大戦によって生誕した軍事国家の否定であった。日本国憲法は、当時の明治憲法と比較してみるとより明確である。

現行憲法は、諸外国憲法あるいは明治憲法にみられるような「兵役の義務」規定の排除をはじめ、軍への協力義務はもとより非常事態宣言、戒厳令体制についての規定もない。明治憲法では、「天皇ハ陸海軍ヲ統帥ス」（一一条）、「天皇ハ戦ヲ宣戦シ和ヲ講シ及諸般ノ条約ヲ締結ス」（一三条）、「天皇ハ戒厳ヲ宣戦ス」（一四条一項）と定めている。現行憲法にはこのような規定は全くない。まさに戦争の放棄そのものである。

現行憲法は国民の基本的人権を国政の上で最大限尊重し明治憲法のもとでみられた反戦的な出版物の検閲を禁止（二一条）し、徴兵制のような奴隷的な拘束からの自由（一八条）を保障し、さらには軍事法廷である特別裁判所を廃止した。また、より積極的に、第六六条二項に政治を担う大臣に対して「内閣総理大臣その他の国務大臣は、文民でなければならない」と規定した。この規定は、文民統制条項といわれ、元軍人及び関係者は、内閣のメンバーになることができないことを意味した。

非武装国家を意図した現行憲法は、国家の固有の権利と解されていた自衛権を排除し個人権としての「平和に生きる権利」を保障し、国民の思想、信条、言論、出版の自由についても何等の制約も受けないとした（一九条―二一条、二三条）。以上の内容が示すように、現行憲法は、世界に比類のない非武装国家の宣言であり、その実質化にあった。

（二）軍事・「国防」国家への転換

ところが、一九五〇（昭和二五）年六月に朝鮮戦争が起き、翌五一年九月には、講和条約の締結で、日本はアメリカとの間で、日米安全保障条約を締結し、さらに七〇年日米安保条約の改定を通して、自由主義陣営の一員としての行動を開始する。この条約の締結は、自衛隊の増強、基地の提供、戦争への協力体制を作り上げる。

二一世紀にはいって、アメリカが進めるイラク戦争への自衛隊の海外への派遣を人道復興主義及び安全確保支援と称してすすめる。自衛隊の活動領域を広げるものであった。

第二次安倍内閣は、すでに、第一次安倍内閣で防衛庁から防衛省への格上げを図ったが、自民党の「憲法改正草案」では、自衛隊の名称を国防軍と改名し、それを憲法改正の一つにしている。また、政府解釈として、今まで認めていなかった集団的自衛権の行使を容認する解釈を進める。堂々とした「国防」国家ないし軍事・武装国家の確立である。集団的自衛権については、すでに本書第一部〈補〉三において説明しているので、安倍政権の主張のみを掲げておきたい。

安倍首相は、政府解釈による集団的自衛権の行使容認をしなければならない理由として、まず、わが国を取り巻く安全保障体制が根本的に変容し、アジア太平洋地域が緊張関係にある。そのため、「積極的平和主義」のもと切れ目のない法整備が必要であるとして、①武力攻撃に至らない侵害への対処、②国際社会の平和と安定への一層の貢献、③第九条の下で許容される自衛の措置、④今後の国内法整備の進め方が必要となる。とくに、問題とされたのは、③自衛措置にかかわる集団的自衛権行使の容認をめぐる解釈の変更の必要性についてである。これを認めることは、「武力の行使の範囲の広がり」を意味する。この批判を避けるための安倍内閣は新三要件を設定する。（ⅰ）我が国に対する武力攻撃が発生したこと、または我が国と密接な関係にある他国に対する武力攻撃が発生し、これにより我が国の存立が脅かされ、国民の生命、自由及び幸福追求の権利が根底から覆されることが明白にして危険な状態にあること、（ⅱ）これを排除し、我が国の存立を全うし、国民を守るために他に適当な手段がないこと、（ⅲ）必要最小限度の実力行使にとどまるといった条件を設定する。そしてさらに、国民の批判に応える形で、これは自衛権行使の量の拡大であって質の変化ではない。集団的自衛権の容認は、積極的平和主義の実現であって、決して憲法の変更ではないと述べ、国民の支持を得るべき説明を繰り返している。「戦争しない国から戦争を可能とする国」への変革ではないとする。

安倍首相には、なぜ、第九条の制定の趣旨を無視し、自衛権それ自体が問われていることを棚上げにして集団的自衛権の行使容認を図ったのか。過去において、なぜ、東北アジア、東南アジアで戦争が行われ、多くの犠牲者を出し、また、広島、長崎で起こった第二次大戦下の原爆による人類殺戮の悲劇の重さを顧みずに、尖閣諸島、竹島などにみられる中国、韓国の行動に対し防衛力の強化で解決を図ろうとしているのか。ゆくゆくは改憲によって防衛力を拡大、強化し、自衛隊を国防軍化すれば、すべて事が解決されると考えているように思われてならない。まさに、それは平和国家、日本にとっての危機である。

三　「国防」を支える法の整備、有事法制の確立

政府は、集団的自衛権の行使を容認したことで、その行使に伴う有事法制の見直しを始めている。すでに、一九九九年に周辺事態法を制定し、二〇〇三年に有事法制として、政府は（i）武力攻撃事態法、（ii）安全保障会議設置法の改正、（iii）自衛隊法の改正の有事関連三法を、二〇〇四年には国民保護法を制定した。とくに、武力攻撃事態法は、政府が我が国に対する武力攻撃（武力攻撃の恐れのある場合をふくむ）が発生し、事態が緊迫し、武力攻撃が予測されるにいたった事態を「武力攻撃事態」とし、その事態への対処に関する基本方針を定める。首相が武力攻撃と認定するにあたって関連行政機関のメンバーを動員し、さらに地方公共団体、指定公共機関に対して、「対処措置」に関する「総合調整」を行うとともに、地方公共団体の長に対してその実施を指示する。もし、地方公共団体が指示に従わない場合、特に、必要があり緊急を要するとされる場合は、代執行や直接執行の措置をとることができるとする内容である。このように有事となれば、首相はすべての権力を掌握することを明確にしている。運輸、医療、土木、通信、被害の復旧、報道など戦争に関連するすべての業種、企業そして民間人も、戦争への協力を求められる。翌〇四年に成立した国民保護法は、さきの「武力攻撃事態対処法」と相まって、「国全体としての万全の態勢を整備し」、「国民の保護のための措置を的確かつ迅速に実施する」（一条）ことを目的とした法律である。国民の保護を名目にして、国民を糾合することにある。これらの法律が発動されれば、立憲制の機能は失われ、国民の自由は厳しく制限されることは言うまでもない。政府解釈による集団的自衛権の容認は、周辺有事ないしグローバル有事としての機能を拡大することになる。まさに戦争動員法体制の確立なのである。いまその有事の法整備が始まっている。それればかりでは

ない。自民党の「憲法改正草案」に「緊急事態」なる章を設ける。外部からの武力攻撃に対処するためであるとしている。憲法改正草案第九九条に国会の事後承認、人権の尊重といった条件を付けているとはいえ、立憲制それ自体を滅ぼす規定をおいている。現行憲法の制定の際、不適切なものとして否定してきた緊急事態の復活である。「国防」と結びつくと戒厳令としての機能を果たすことにもなる。

四　「国防」国家に不可欠な教育、治安の整備

自民党の「憲法改正草案」Q＆Aによると、「自衛隊」を「国防軍」に名称を変更する。その理由は、独立国家が軍隊を保持することは、世界の常識であるとし、また、それにふさわしい名称として自衛隊を「国防軍」に変えたと説明する。しかし、これは名称の変更だけではすまされない重要な内容を包含している。前述したように、近代・現代の戦争下で「国防」は防衛（軍事）の行動だけを対象にして検討するのではなく、国際社会における自国の地位、その権威を高める総力戦的手法の下で防衛行動を考えていかなければならない。我が国の戦前にみられる「国防」国家の理論にみられたように、「国防」は民族主義（ナショナリズム）、治安、愛国心教育と直接むすびつけた総力戦的手法で検討されなければならない。つまり、「国防」の対応は、教育・治安を抜きにして考えることはできないということである。「国防」の要である軍事力強化は、教育、治安と有機的一体関係にあり、さらに我が国の場合には、それを権威づけるためとしての国防軍の維持、推進に、「元首」としての天皇の活用が当然のこととして浮上してこよう。この体制づくりは、第二次世界大戦の下で用いられた「国防」国家体制に類似する。

以下、教育、治安、天皇の元首化を中心にその内容を検討してみたい。

（二）「国防」を擁護、推進するための教育

「国防」は、国家に脅威を与える侵略者に対しての防衛である。その防衛はナショナリズム・愛国心教育に支えられ、有機的、一体的なものとして展開される。二〇〇七年の第一次安倍内閣のもとにで、「教育の憲法」といわれている教育基本法がすでに改正されている。その改正内容は第一に、個人主義の重要性を主張しながらも、これを抑制する公共の精神（「徳育」を含めた）、責任論、国家主義、愛国主義イデオロギーを強く表面に出してきたことである。第二に、教育（行政）の国家支配の確立である。改正教育基本法では、「教育は不当な支配に服することなく」としながら、教育は、「国と地方公共団体」との適切な役割分担及び相互の協力の下、公正かつ適正に行わなければならない」（一六条）と規定する。とくに、国に対しては、「教育振興基本計画」の推進を図るため基本的な計画を定め、これを国会に報告及び公表義務を課している（一七条）。これによって国の教育レベルの管理と支配が確立した。また、二〇一四年には、「地方教育行政の組織及び運営に関する法律」を改正して、長の教育への関与を認め、教育委員会の独立性を弱め、長が設ける「総合教育会議」を設置して教育行政の一翼を担うことになった（一四条の四）。文科省は学校教育の教育内容（教材）をコントロールする教科書検定を教化している。国家主義教育、特に国家の子供たちに対するイデオロギーの教化である。「国防」の強化を促進するためにはナショナルな教育はもっとも重要な役割を果たすことになる。平和で民主主義教育、人間尊重の教育から「国防」国家主義教育への転換が図られているといえる。

ナショナリズムの教育は、わが国の場合、アジア・ナショナリズムの動向に背をむける運命にあることを忘れてはならない。

（二）政治的秩序維持としての治安

教育が国民のナショナリズム、愛国心教育を養成するためであるとすれば、治安は、国家、社会の秩序や安全の維持を目的とする警察活動であり、とくに反体制的な思想や活動を強制的に取り締まるために機能する。国が「国防」国家として維持、充実するために、「国防」政策に反対する行動に出る団体及び個人は、厳しい規制のもとにおかれることになる。すでに、日常生活にみられる市民のイラク戦争に反対する街頭での反戦ビラ配り事件をはじめ政党のビラ配りにマンションに立ち入り、あるいはポストに投函しただけで、起訴された葛飾事件、堀越事件などにみられるケースは、「国防」政策に反対する者に対する治安の取り締まり措置と無関係ではない。

ＩＣＴスキルの発達によって、「国防」に関連する情報収集が重視され、政府の国民に向けた監視と管理が、「公益、公の秩序」の名において厳しく行われる。先に制定された「特定秘密保護法」は、「防衛」「外交」「安全脅威活動」「テロ活動」とその範囲は広く、「国防」国家となれば、特に威力を発揮することになる。「防衛」「外交」等の機密の漏洩者を厳しく罰することになれば職員はもとよりマス・メディア、民間関係者の活動を萎縮させることになる。戦前みられた軍事上の秘密を保護する目的で制定され、猛威をふるった「軍機保護法」が想起されると批判があるのはこの辺にある。情報公開法は、国防等の優先の前には効果を発揮することはできない。

五　天皇の元首化を期待する「国防」国家の体制

君主制は、その歴史が示すように、専制君主制、立憲君主制、議会君主制、象徴君主をもつ共和制へと国王の権力を抑制しながら展開している。世界の君主制の趨勢である。日本国憲法では、戦争放棄を掲げ、天皇制は存置したが、その地位を象徴とし、政治的権限を否定し国事行為のみとした。象徴としての天皇を戴く国家である。天皇の「元首」化の否定であった。

ところが、再び天皇の「元首」化があらわれ、憲法改正の柱の一つになっている。自民党の「憲法改正草案」にみられる前文一項では、「日本国は、長い歴史と固有の文化を持ち、国民統合の象徴である天皇を戴く国家であ（る）」と定め、また第一条には「天皇は、日本国の元首であり、日本国及び日本国民統合の象徴で」あるとする。現行憲法の象徴規定に「元首」を被せている。天皇は、元首であり象徴であると位置づけることによって、天皇の地位は大きく変わることは言うまでもない。「元首」とは、法律上の地位を意味し、一般的に統治権を握り、国内的には最高の権力者であり、国外的には国を代表するものと解されている。「元首」の権限については、各国の憲法にみられるように、それぞれ政治的権限の強弱について違いがみられるがその本質は変わっていない。現行憲法の下では、「元首」としての規定がないことから、どの機関がその地位にあるかについて早くから問われていた。多くの研究者は、天皇は元首ではない。しかし、あらたに「元首」を設ける必要はない。もし、国の代表が必要ならば、その都度状況に応じて考えればよいとされていた。ところが、自民党は「憲法改正草案」に、天皇の元首化（一条）を明記した。明治憲法には「元首」規定が存在していたことを理由としている。天皇の元首化が認められることになると、「国防」と結びついた天皇として、再び「元首」としての権威が政治に利用されることになる。さらに「憲法改正草案」にみられる国旗、国歌は愛国心教育、国家主義イデオロギを醸成し、「国防」を支える重要な役割をはたすことになる。日本の場合は、フランス、イタリア共和国にみられる国旗、フランスの国歌と異なり、国旗は残酷な歴史を刻んだシンボルとして、また、国歌は『万世一系の天皇の礼賛歌』として反民主的であり、国民主権の国家にふさわしくないものとして理解しているものが多い。したがって、それらが「国防」の枠内に組み入れられ、国防軍と結びつくと再び「天皇の軍隊」たるイメージを与えかねない。

今後、論議されなければならないのは徴兵制である。現行憲法の下では、一九八〇年八月一五日の鈴木内閣の閣議で「徴兵制は違憲」と判断している。このような徴兵制は兵役といわれる役務の提供を義務として課するという点にその本質がある。自衛隊が自民党の「憲法改正草案」にみられる「国防軍」となると、徴兵制は遠い将来の問題ではないことは確かである。

六　首相政治と権限の集権化

自民党政府は、一方で、憲法改正を念頭に置きながら、他方で、論議を呼んだ集団的自衛権の行使容認をはかり、「戦うことが可能となる国家」体制への転換を意図していることが明らかである。また、憲法政治の側面から見れば、この国家は国土防衛の拡大、維持が目的であり、必然的に伴うナショナリズムの高揚、愛国主義イデオロギーを育成する教育と、その体制批判を行う者を取り締まる治安維持に支えられた「国防」国家の確立といえよう。小稿では、「国防」の概念の中核部分にこだわり教育、治安、天皇制を対象としたが、これだけではない。統治機構の改革、経済、社会、文化の変革にまで及んでいる。とりわけ、統治機構に関して言えば、首相への権限の集権化である。自民党の「憲法改正草案」では、首相の権限強化として、閣議決定に依らなくても首相自ら決定できる専権事項として①行政各部の指揮監督・総合調整権　②国防軍の最高指揮権　③衆議院の解散権におよんでいる。とくに②の国防軍の最高指揮権については、首相は、「最高指揮官として、国防軍を統括する」（七二条三項）と定めている。「国防」国家体制をより明確にした規定と解される。「国防」国家の首相の権限強化は、国会の地位の形骸化をもたらし、有事にあっては、地方自治体の県知事、市町村長を通して住民の生活に関与することを可能にしたことである。

七　形骸化する福祉国家

福祉国家とは、一般的に言えば、高度資本主義体制（私的所有、自由競争）を維持しながら、社会政策立法（社会保障、社会福祉など）を通して国民の福祉を高めることを目標とする国家を意味する、と解されている。福祉国家の語は、歴史的には、第二次世界大戦中のイギリスにおいて、民主主義の下での国民生活を保障する自国の体制を、ナチスの強権的な「戦争国家」に対比して用いていたことに始まる。日本国憲法に即して言えば、自由主義国家の基盤たる財産権に対する公共的規制を加えながら社会権体系を重視しようとする考え方を福祉国家と呼んでいる。この福祉国家なる文言は、支配体制の政策実現をめざすシンボルとして利用される。しかし、国防国家の前では、労働者、国民大衆にむけた社会権保障は二次的なものとなる。

現行憲法第二五条・第二六条は、福祉国家の特質を示すものとして憲法の制定以来評価されてきた。今後もその充実が期待された。一九七〇年代に入り、「福祉元年」と呼ばれる時期を迎える。それは欧米型の福祉国家とは異なった「福祉社会論」と呼ばれた。それは国の福祉政策に対する責任を解除し、個人、家庭、地域社会、企業の役割を期待した「福祉社会論」であった。この考え方は、こんにちにおいても変っていない。自民党の「憲法改正草案」では、「家族は、互いに助け合わなければならない」（二四条一項）と定める。親子の扶養義務が念頭におかれている。しかし高齢者、少子化の増加に伴って社会保障費の増額はさけられない。

近年、社会保障と税の一体化が叫ばれている。その中心は消費税を二〇一五年一〇月までに五％から一〇％を目指すことにある（現在は八％）。

これによって、社会保障の充実を図ろうとするのであるが、防衛関係（国防）費の増額は、その充実を抑制することになる。

八　アジアから孤立した強権「国防」国家

国防、強権国家を意図した自民党の「憲法改正草案」は、近代憲法の普遍化、グローバル化の方向とは逆の方向に舵を取りだしている。改憲論者安倍首相の戦後レジュウムからの脱却とは、国家主義、伝統主義への回帰、あるいは先祖帰りではないかといった批判がなされている。近年、尖閣諸島、竹島の領有権の帰属をめぐって、中国、韓国と日本の間で世上を賑わしている。日本の政府は、自衛力の拡大をすすめ、ゆくゆくは国防軍の強化、拡充によって威圧的解決を図ることを意図している。それは改憲の道でもある。

今や、領土問題は、武力による解決の道であってはならないし、またそのような時代であってはならない。時間をかけた話し合いによる外交努力で、あるいは第三者機関の力を借りて解決されていくべき以外道はない。外交は相手国との信頼関係を確立し、話し合いによる解決以外にはない。翻って言えば、日本も日米安全保障条約を見直し、日米友好条約に等に切り替え、不戦国家として、軍事同盟を排し、平和国家の方向に向けた施策を展開することである。日本はアジア諸国から決して孤立してはならない。

九　一応のまとめ——認めてはならない「国防」国家への道

安倍内閣が進める集団的自衛権の行使容認は、「力の論理」を前面に押し出した「国防」国家の確立を意図したものである。これは平和国家を基本原理とした現行憲法の危機である。軍事力を否定する平和国家の道とは異質の道である。グローバル化した今日において、自民党が準備している「憲法改正草案」では「日本にとってふさわしい憲法改正草案」を意図したことを理由にあげているが、今まで考察してきたように、その狙いは「国防」国家の道といわざるを得ない。モノ、ヒト、カネ、そしてICTが国境を越えてすさまじい展開をしている今日、領土という動かないものだけに固執している「国防」国家の狙いは世界諸国家の潮流にさからったものとなろう。いままで培われてきた平和国家・立憲平和主義の道を排し、同盟国等の支援のために、あるいは近隣諸国の動きを理由に、敵国の侵略を想定し、それに対処するために軍事力を拡大し、それを推し進めるための教育、治安体制の統一化をはかり「国防」国家に変えることにどれだけ意味があるのであろうか。

また、国家、政治機構の視点から、自民党の「憲法改正草案」を軸にして、国家構造はどのような変革をもたらすかについて検討してきた。総体的にみれば、それは「国防」国家体制の確立であり、この確立によって、立憲制が抑制され、地方自治体は国に従属し、福祉国家の実現は一層困難なものとなる。

第二次世界大戦後、七〇年を経た今日、政府は国家主義、ナショナリズムにこだわり、いままで培ってきた平和政策を捨て、日米安保条約の強化を盾に、国家の対等性、独立性を強調し、同盟国等への武力攻撃に協力する集団的自衛権の行使を是認し、仮想敵国を想定した「国防」国家の実現をめざしている。国家組織としてみれば、それは象徴天皇から元首・象徴天皇に、議院内閣制から「首相政治」に、地方分権が国家のコントロールのもとに、福祉国家が市場経済主義国家に転換される。

さらにまた、自民党の「憲法改正草案」をみると、前文一項に、「長い歴史と固有の文化を持ち」といった文言を導入しているが、何を期待しているのか明白ではない。日本の明治以降の軍国主義の、或いは戦後のアメリカ支配の現状を想定しているのか、これだけでは不明である。これらを「長い歴史と固有の文化」から育まれたイデオロギーとしてもつ「国防」国家づくりのためであるとすればそれこそ今日の時代にそぐわない危険なものとなる。成熟してきた日本国憲法が求めてきた平和国家、非軍事国家の道は、重大な岐路に立たされていたといわなければならない。

改憲による国家の変革の方向は、「国防」国家体制である。アジアから孤立しないためにも二一世紀の歩むべき道を誤ってはならない。憲法研究者の責任は重い。


【参考文献】

深瀬忠一、杉原泰雄、樋口陽一、浦田賢治『恒久世界平和のために』（勁草書房、一九九八年）。

深瀬忠一、上田勝美、稲正樹、水島朝穂『平和憲法の確保と新生』（北海道大学出版会、二〇〇八年）。

奥平康弘、樋口陽一編『危機の憲法学』（弘文堂、二〇一三年）。

山内敏弘『改憲問題と立憲平和主義』（敬文堂、二〇一三年）。

小林直樹『平和憲法と共生六〇年』（慈学社、二〇〇六年）。

杉原泰雄編『新版憲法事典』（青林書院、二〇〇八年）。

長谷部恭男『憲法の理性』（東京大学出版会、二〇〇六年）。

笹川紀勝編『憲法の国際協調主義の展開』（敬文堂、二〇一二年）。

吉田善明『変動期の憲法諸相』（敬文堂、二〇〇一年）。

第二章　有事法制と民主主義

一　はじめに

有事法制の準備は仮想敵国をつくる。国はそのために自由、人権を抑制し、有事に備えた緊急体制を準備する。

戦時ないし非常事態を「有事」という言葉におきかえ、その対処を法律形式によって立法化する——このことを有事法制と呼んでいる。小泉内閣は、二〇〇二年四月一六日、通常国会に有事法制関連三法案（以下「有事法制」という）を提出した。①武力攻撃事態法案、②安全保障会議設置法改正案、③自衛隊法改正法案であった。政府は通常国会にこの法律案を提出し、一括審議・採決を求めた。①は、武力攻撃事態における我が国の平和と独立を確保するに際して戦争体制を構築するための法律案であり、②は、武力攻撃に対処するための安全保障会議の再編・強化を図る改正案であり、そして③は、一九七八年以降防衛庁（現防衛省）が推進してきた有事立法に関する事項の実現を内容としている改正案である。率直に言って、これらの有事法制の制定は、日本国憲法が保障した戦争放棄条項をかなぐり捨てたものである。政府は国の最高法規である日本国憲法前文、第九条に関する規定を無視して有事法制の立法化をはかる。とくに、小泉首相（当時）は有事法制を必要とする理由として、「備えあれば憂いなし」と称し、その立法化に情熱を燃やしている。しかも、有事法制の内容を国民に十分知らせることなく一気に成立を図ろうとした。民主主義の道を破壊する者として許されてはならない。小稿では、改めて日本国憲法の制定に際し、いわゆる「制憲会議」で有事法制についてどのように考えているのか、それがなぜ、現行憲法の諸規定を無視してまで、有事法制を必要としていたのか、有事法制の立法化は、何をもたらすことになるかについて民主主義の観点から考えてみたい。

二　有事法制（緊急権）を排除した日本国憲法

小泉内閣が国会に提出した有事法制を成立させようとする意図は、二〇〇一年九月一一日に起こったアメリカでの同時多発テロやその後の日本周辺に出没する不審船事件が契機になっていたことが指摘されている。しかし、有事法制の制定の目的は同時多発テロや不審船への対応ばかりではなく、我が国への「武力攻撃事態」に備えるものであった。果たして、政府が主張するように、我が国が外国からの武力攻撃を受ける可能性が現状において起こりうるであろうか。小泉首相は、「備えあれば憂いなし」として、これらの法案の成立を図っているが、有事法制の内容をみる限り、それは日本国憲法が定める立憲体制への挑戦であり、平和政策の転換の道であるだけに事は重大であった。

（一）有事法制（緊急権）を排除した理由

日本国憲法には、有事法制の存在を根拠づける明文規定はない。したがって、有事法制の根拠を日本国憲法の原理に解釈上の根拠として求めることができるかということである。諸外国の憲法をみると、それぞれ特徴ある形で国家の危機に対応する方法を取っている。K・レーベンシュタインは、この形態を類型化している。すなわち、①憲法に明示した授権規定はないが超憲法的なものとして緊急権を行使し、事後に議会に対して免責を請う場合（一八一四年フランス憲法、プロイセン憲法等）、②緊急事態を予想して制定された憲法ないし法律に基づいて、政府が非常事態権限を行使する場合（一九四八年の西ドイツ基本法、一九五八年のフランス憲法[1]）そして③議会が政府に随時委任する全権に基づいて、危機政府が樹立される場合（イギリス）等に整理されている。[2]ヨーロッパ諸国の憲法では②のケースが多い。日本国憲法では②の範疇に属するように思われるが、憲法制定過程での論議、日本国憲法の内容から見て、国家の緊急事態を予測し対処しようとする憲法上の規定はない。それどころか、むしろ緊急事態に陥ることを避ける方策をとり緊急事態に対処する法律（有事法制）の制定を排除している。現に、第九〇回帝国議会において、緊急事態制度について、自由党の一議員が政府に質したのに対し、金森徳次郎国務大臣は次のように応えている。「…民主政治を徹底させて国民の権利を十分擁護致しますためには、…政府一存において行いまする措置は、極力これを防止しなければならぬのであります」。「どんなに精緻なる憲法を定めましても、口実をそこに入れて又破滅せられる虞れ絶無とは断言し難いと思います」。「随ってこの憲法はさような非常なる特例を以って――謂わば、行政権の自由判断の余地をできるだけ少なくするよう考えたわけであります[3]」と。

このような民主政治及び国民の権利を保障する立場から日本国憲法には緊急事態制度を設けていない。いうまでもなく、このような緊急事態制度を排除しようした理由は、明治憲法の下での緊急制度の反省及び日本国憲法の本質的性格（特質）に基づくものである。これらを具体的に整理してみると、

先ず、第一に、日本国憲法は、諸外国憲法（仏、独、伊）及び明治憲法に見られた国防の義務規定を排除したのをはじめ軍への協力義務はもとより宣戦布告（明憲一三条）、常備軍の規模、決定権（同一二条）、戒厳令（同一四条一項）等のような非常事態を生み出す規定を設けていない。第二に、日本国憲法は、国民の基本的人権を国政の上で最大限尊重し、明治憲法下で見られた反戦的出版物等の検閲

を禁止し（同二一条二項）、徴兵制のような奴隷的な拘束を禁止（同一八条）し、さらに軍事法廷である特別裁判所の設置を廃止している（同七六条二項）。第三に、日本国憲法では何よりも「平和に生きる権利」を保障し、国民の思想、信条、言論の自由が何等の制約をともなわないものとして保障した（同一九条―二一条）。そして、これらの規定とともに、戦争の放棄、武力の不保持、国の交戦権の否認を規定し、非武装国家、非軍事国家への道を歩み出したのである。(4) 武力の行使に伴う緊急事態を否定したことが明らかである。(5) したがって、国防に関する緊急事態の否定は、有事法制そのものの排除をつらなるものであった。

（二）現実化した有事法制とその特徴

ところで、政府は、一九五一年に日米安保条約を締結し、在日米軍事基地の設置を認め、また、五〇年に警察予備隊を発足させ、その後保安隊に改組し、五四年には自衛隊に変わり防衛力の規模を拡大する。平和憲法にしばられた戦争のできない自衛隊の存在であった。したがって、政府は、有事を予想しそれに対処する有事立法の制定を機会あるごとにねらっていた。現に、こんにちに至るまで防衛庁内部資料や政府の発言ないし行動にしばしば見られた。ここでは、二つの代表的な事例を述べておこう。その第一は、三矢作戦計画である。この計画は、「一九六三（昭和三八）年度総合防衛図上研究」として立案され、六五年国会でその内容が暴露され論議を呼んだ。それは、一九六X年X月、第二次朝鮮戦争の勃発を想定し、その勃発に際して、国民生活の全面にわたる統制と動員を前提とした国家総動員対策の確立、政府機関の臨戦化体制の確立、自衛隊の行動の施策等戦時立法として必要となる法令が八七件に及び、その案件を緊急に召集した臨時国会において二週間以内に可決、成立させることであった。この計画は航空幕僚部総務課の内部資料にすぎないとの説明がなされていたが、有事法制の全貌をみることができる。[6] その第二は、一九七八年七月、わが国が奇襲攻撃を受けた場合、第一線総指揮官の判断で超法規的行動をとることもありうる（ソ連の軍艦、軍用機の日本領海、領空侵犯事件が起こっている）との発言や、福田首相（当時）が国防議員懇談会の席上で「有事立法研究」の促進を指示したとの発言、さらにまた、同年一一月には「日米防衛協力のための指針」（ガイドライン）を策定し、日米両軍の共同行動の確認など実質上の安保条約の改定を図っていた。[7] この事例から明らかなように、政府は、有事立法の研究促進を必然的なものにした。しかし、政府はこれらの研究は防衛庁・自衛隊内の内部資料にとどまるものであるとの説明で国会を始め世論の批判を交わしていた。

ところが、一九九〇年の湾岸戦争を機に、自衛隊の海外出動、PKO協力法の制定、さらには日米新ガイドラインを策定する（九七年九月、防衛庁指針）。[8] それを受けて周辺事態法（一九九九年）が制定された。周辺事態法の内容は、我が国の周辺事態に際し、アメリカ軍に物品や役務の提供等を行う後方支援活動や戦闘行為で遭難した者への後方地域救済活動を定め、また、関係行政機関の長が自衛隊や民間機関等に対し必要な協力を要請することができると定める（九条）。必要な協力を要請することであり法的義務ではないが、有事の際の対応の一例と解されていた。こうした状況のもとで提案されてきたのが国民にまで協力を義務付けた軍機保護法といわれる有事法制関連三法案（武力攻撃事態法、安全保障会議設置法の改正、自衛隊法改正）である。有事法制の内容には、次のような特徴と問題点がみられる。

第一に、政府は我が国に対する武力攻撃（武力攻撃のおそれのある場合を含む）が発生し、事態が緊迫し、武力攻撃が予想されるにいたった事態を「武力攻撃事態」とし、その事態への対処に関する基本方針（以下「対処基本方針」という）を定める。そしてその「対処基本方針」のもとで武力攻撃事態の認定を行い、強化された安全保障会議（議長内閣総理大臣）の諮問を経て閣議決定し、国会の承認を得なければならない。国会の承認は事後承認である。[9] 有事法制は、立憲民主制ないし民主主義の本質を根本的に変質させるおそれが大きいだけに、国会の事後承認という手段でよいのかが問われた。たしかに、有事とは臨戦態勢である。したがって、国会の事後承認の道も事情によってはやむをえない場合もある。しかし、政府は武力攻撃と認定することによって行政機関のメンバーを動員し、さらに地方自治体、指定公共機関に対して、「対処措置」に関する「総合調整」を指示し、それに従わない諸機関は代執行に及ぶことになる。このような重要な事態に国会の事前承認ではなく事後承認の措置をとることは国権の最高機関である国会の意思決定を無視したものとなる。[10]

第二に、「指定公共機関」の範囲については完全に政令に委ねている。もし、この「指定公共機関」に公共媒体機関（ＮＨＫ、民放、新聞など）も含まれることになれば、当然言論統制を生むことになる。政府は有事法制の研究において言論統制はしないとのべている。しかし、今までの先例が示すように政府の統制下におかれることになる。

第三に、内閣総理大臣の地方公共団体に対する統制・強化である。武力攻撃事態法第一五条一項に、内閣総理大臣は「国民の生命、身体若しくは財産の保護、又は武力攻撃の排除に支障があり、特に必要があると認める場合」であって、地方公共団体または指定公共機関が実施する「対処措置」に関し、総合調整ができないときは、「関係する地方公共団体の長等に対し、当該対処措置を実施することを指示することができる」と定める。内閣総理大臣が地方公共団体の長に「対処措置」の実施を指示することは、国が地方公共団体を直轄下に置くことになり、国と地方公共団体の役割分担を否定するものとなり、有事であるとはいえ、地方自治（住民自治）の本旨に反することになる。[11]

第四に、有事法制は基本的人権および国民生活に対する制限を求めることになる。基本的人権は日本国憲法の中核をなすものであるが、有事法制の前に完全に抑制され、民主的憲法秩序を破壊に導くことになる。このことはすでにわが国の例をあげることもなく承認済みである。武力攻撃事態法によれば「日本国憲法の保障する国民の自由と権利が尊重されなければならず、これに制限が加えられる場合は、その制限は武力攻撃事態等に対処するため必要最小限のものに限られ、かつ、公正かつ適正な手続のもとで行わなければならない。」（三条四項）。そしてさらに、これを受けて、第八条に「国民の協力」条項を設けて国民に対し「必要な協力をするように努めるもの」と定める。一見、国民の人権に配慮した規定のように見えるが、国民に不服を申し立てる仕組みが確立していないかぎり、国民の人権を尊重したことにならないことが危惧される。

そして第五に、自衛隊法改正による罰則の拡大・強化である。従来自衛隊法でも自衛隊員に対し罰則規定はあったが、今度の改正では第一二三条、第一二四条に自衛隊員ほか国民に及んだ罰則を設ける。自衛隊法第一二三条では、都道府県知事は自衛隊の行動にかかわる地域、それ以外の地域の施設管理、土地等の使用、取扱物資の保管を命じ、また、物資の収容のため必要があるときは立ち入り検査を命じ、これらを拒んだ場合には二〇万円以下の罰金を、第一二四条では、同じく物資保管命令に違反して当該物資の隠匿、毀棄等し、搬出等をした場合は六月以下の懲役または三〇万円以下の罰金に処すると定める。これによって、罰則規定の適用が自衛隊員から国民にまで広げられている。

こうしてみてくると、一九七〇年代に見られた有事立法は、日本が攻撃を受けたときを想定した「日本の有事の法制」というべきものであった。ところが、現在論議されている有事法制は、アメリカが仮想敵国である北朝鮮、イラクに対して進めている軍事行動を我が国が支持し、後方支援にのり出すことではなく、有事となれば自衛隊職員や民間を動員することを可能とする「グローバル有事」あるいは「周辺有事」のことであり、本格的な戦争を準備するための法律の制定であるといえる。(12)

三　有事法制の制定による法の構造の変化と抑制機能の脆弱性

有事法制の制定によって我が国の法構造はどのように変化するであろうか

第一に、有事法制の制定によって立憲主義体制が根本的に変質する危険性を考えなければならない。前述した「三矢作戦計画」（一九六三年）、福田内閣のもとでの「有事立法の研究」、そして今日の有事法制の内容が示しているように、有事ともなれば、「国防」体制が表舞台に出て、国民生活の全面的な軍事支配を可能にする。たしかに、政府のいうように、有事法制は国会のコントロールのもとにあり、また、国民の自由と権利の制限が必要最小限になされ、しかも公正かつ適正な手続きの下で行われるとする文言があるのでその点が配慮される、と説明される。しかし、有事法制が制定され、一度発動されれば、憲法体制のすべてが抑制され、立憲制の根源である民主主義の現状回復は一層困難なものとなる。これは緊急事態の発動がもたらす本質的特徴である。日本国憲法の制定過程で緊急権の明記を否定し、それに伴う有事法制の制定を否定したのはそのためでもある。

第二に、有事に際しての「国防」体制が確立すれば、国民の日常生活は絶えず現実的脅威の下に置かれる。第一にのべたこととも関連するが、我が国の憲法体制は、すでに述べているように、人権を中心に組み立てられた例外のない立憲体制である。この体制を無視して緊急事態の権限の行使、有事法制を立法し具体化すれば、政府による施設、物資の没収の下命に脅かされ、ときには軍事目的のための民間私有地の強制的な使用に脅かされる。そしてさらには、軍事目的のための人的資源（徴兵制など）の確保も政治日程に挙げられ検討されることになる。

第三に、有事立法の制定は、日本国憲法の最大の眼目である平和主義を決定的に空洞化し、軍事化への道が強められることになる。有事法制が確立し動き出すと、有事の名の下で自衛隊の増強が図られ、日米安保条約の強化・再編がなされ、さらにはアメリカの軍事政策に対する肩代わりがますます促進されることになる。まさしく、「平和国家」からいわゆる軍機保護法をもつ「国防」国家への転換であり、それによって我が国の法構造に大きな変化を伴うことになる。これに対して、有事法制が運用されても、それを監視かつ抑制する仕組みが機能するのでその点については問題がないとする見解もある。これは理論的というよりも、我が国の政治社会の風土と条件の下で考えてみる必要があろう。まず、抑制機能としてあげられる第一は、国会の果たす役割である。現実に、有事法制が制定され、国会が政府に大幅な裁量権を授権したとしても、有事法制を抑制する機能を国会それ自体が留保していればよいとする考え方である。果たしてこのようなことが可能であろうか。かりに非常事態に陥り有事法制の運用が政府の下でなされているといっても、実際は「制服組」が強大な圧力や要求を国会に、あるいは国民に突き付けてくる。それを現実の問題として抑制することは不可能ではないのか[13]。たしかに、我が国の場合、国会が内閣を通して自衛隊を抑制し、責任追及など監督的機能を果たす仕組みのあることを主張するであろう。イギリス議会では、I・ジェニングス（w・Ivor jennings）によれば、法律的抑制はないにしても政治的抑制は議会の下でなされると確信をもってのべているが[14]、その様なことがはたして有事において可能であろうか。我が国の場合、有事法制は立憲独裁と称しているように、国会が閉塞状態の下に置かれることは必至である。そうなれば、議会制民主主義は機能しなくなることは言うまでもない。

第四に、有事法制のもとでは地方自治体および民間の果たす役割が明記されている。前述したように、有事法制の下では地方自治体の土地、施設、海岸、公園等の管理権に基づく許可手続きが棚上げされ、政府は、軍事優先の下で地方自治体の知事、市町村長の許可を得ずして諸施設の利用および建設工事の実施を可能としている。それればかりではない。有事法制の下では、地方自治体の財産の利用や職員の動員も政府の指揮の下に置かれる。こうなると自治体行政はもとより、住民そのものが軍事優先の名の下で国の行政の指揮下に入り、これによって日常生活が破綻に追い込まれることになる。有事法制のもとでも、政府と自治体の間での「総合調整」（武力攻撃事態法一四条）を可能であるとしているが、多くの住民はどれだけ国の行為に賛同し、あるいは異議を述べることができるかは疑問である。住民の権利意識から見て、有事法制の前に自治体住民は完全に沈黙せざるを得ないであろう。

第五に、有事法制の行き過ぎに対し裁判所が抑制機能を果たすことになるとする主張である。もとより、有事法制は緊急事態を前提にしたものであるから、抑制を求めることは司法の特性から見て困難であるとしても、政府による過度の裁量権の濫用に対し抑制する権限が行使されることは法的には可能である。しかし、最高裁はいままでの政治にかかわる判決（統治行為、憲法判断の回避、行政裁量など）の傾向、また人事を中心とした司法行政の仕組み及び現実をみる限り、有事法制の前に沈黙する可能性が高いといわなければならない。その点で、事後的救済機関である裁判所の役割に期待することはできないであろう。

そして第六に、各機関の有事法制に対する抑制、監督作用が困難であるとすれば、主権者国民にそれらの作用（行為）の抑制を期待せざるを得ない。しかし、国民がそれに応える役割を果たすことが可能かとなるとそう簡単ではない。

四　おわりに

国会において審議されていた有事法制は、二〇〇三年六月の臨時国会で立法化された。小稿では、現行憲法で排除された非常事態および法律レベルで導入した有事法制を取り上げ問題点を検討してきた。本文で述べたように、憲法体制下の非常事態における非常事態措置の発動は、有事法制それ自体に一定の条件が付けられたとしても日本国憲法に即して言えば廃止すべきものである。本稿で取り上げてきた有事法制は、繰り返し述べるまでもなく、立憲民主制、人権を抑制する威力も持つ、いわゆる戦争動員法なのである。より具体的にいえば、それは日本国憲法が定める「民主、平和、人権」に違反し、立憲主義秩序全体を揺るがす立法である。現行憲法制定の制定過程において緊急事態条項の導入を否定した理由を今いちど想起すべきである。

現在、衆・参議院に「憲法審査会」が設置され、憲法を改正すべき論議に入っている。したがって、その内容が十分に整理されているわけではないが、有事、危機管理体制に対応するためとして非常事態の文言導入が検討されている。もし、非常（緊急）事態として、この例外規定が導入されることになれば、緊急事態を根拠に有事立法の諸措置は堂々と罷り通ることになろう。

二一世紀の日本は、このような有事立法の準備をして「国防」国家の道を歩むべきではない。有事法制の立法化は、立憲民主主義を否定し、人権制約をすべて可能とする。もとより、現行憲法第九条に反するものとして決して許されてはならない。(15)

【註】

(1)水島朝穂「緊急事態法ドイツモデルの再検討」、栗城寿夫「立憲主義と国家緊急権」、右崎正博「アメリカにおける緊急事態(有事)法制」、石村修「ドイツにおける国家緊急権と有事法制」、村田尚紀「フランス第五共和制憲法における国家緊急権」を収録した全国憲法研究会編、法律時報増刊『憲法と有事法制』(二〇〇二年)参照。

(2)たとえば、大田肇「イギリスの有事法制」全国憲法研究会編・前掲書一七四頁。

(3)小林直樹は、「人権および議会尊重の立場から、旧体制型の非常規定を積極的に排除しようとする意思がうかがわれる」。しかし、のちの改憲推進論者の主張を見ると、「自由保障の安全を期し」緊急制度を置かないとする立法者意思を無視もしくは忘却しているとしか思われない、と厳しくのべている(『国家緊急権』(学陽書房、一九七九年)一八二頁。吉田善明『日本国憲法(三版)』(三省堂、二〇〇七年)、五二三頁参照)。

(4)吉田善明・前掲書四八〇頁以下。

(5)日本国憲法の下では、非常時における緊急権は、存在しないとする学説として、小林直樹・前掲書一八一頁、岩間正道『憲法破棄の概念』(尚学社、二〇〇二年)三三七頁など。なかには、緊急権の目的、発動の条件、効果及び責任方法を明白にして肯定すべきとする見解もある。大西芳雄「緊急権について」公法研究一七号。

(6)三矢作戦計画について検討した文献は多い。代表的なものとして、小林直樹・前掲書二〇七頁および古川純「有事法制の歴史的展開——「三矢研究」から日米新ガイドライン関連法まで」山内敏弘編『有事法制を検証する』(法律文化社、二〇〇二年)八五頁以下。

(7)山内敏弘「有事における『米軍支援』法制」同編・前掲書五一頁以下、森英樹「『安保体制の展開』と有事法制」法律時報七四巻八号九二頁。

(8)その内容は、在日駐留米軍が、アジア太平洋地域の平和と安全のためには　自衛隊との協力関係は不可欠である。自衛隊がアメリカ軍に協力するとなると、日米安保条約にみられる「極東」の範囲が問題となる。日本政府は、自衛隊の協力の『範囲』をアジア太平洋地域まで拡大し、さらに、日米物品、役務相互協定の締結、日本施設のアメリカ軍の使用を認めることであった。アメリカの世界戦略のパートナーとして、より強化された軍事協力体制の我が国の組み入れである。このことは日本国憲法第九条下で堅持してきた不戦の原則をかなぐり捨て、対外協力のもと自衛隊の海外派兵を是認する法体制の整備を示したものといえる。

（9）一九八六年に設置された国防会議を改組・拡充して「国防」以外の重大な緊急事態に対処することができるようにすることであった（小沢隆一「国会統制の後退と内閣総理大臣の権限集中」法律時報七四巻八号一〇五頁）。
（10）山内敏弘「有事関連法案の何が問題か」法律時報七四巻八号九八頁。
（11）白藤博行「『武力攻撃事態』と地方自治」法律時報七四巻八号一〇七頁。
（12）渡辺治「有事法制のねらい」法律時報七四巻八号八八頁。
（13）小林直樹・前掲書一八八頁。
（14）吉田善明「イギリス──国防軍の憲法的統制」法律時報臨時増刊五一巻六号五二頁。
（15）この有事立法の制定の一年後（二〇〇四年九月一七日）には、国民保護法（正式名は、「武力攻撃事態等における国民保護のための措置に関する法律」）が制定、施行されている。これは武力攻撃事態等に備えて、国民保護のための措置に関する基本的な方針を定めるとともに、中央政府、自治体、「指定公共機関」（独立行政法人、日本銀行、日本赤十字社、日本放送協会など）、「指定地方公共機関」を定め、「国民の保護に関する計画」および「国民の保護に関する業務計画」の基準を明示したものである。本章の課題として取り組んできた有事立法と並ぶいわゆる「戦争準備法」の一環であるといわなければならない。

【参考文献】


水島朝雄『現代軍事法制の研究』（日本評論社、一九九五年）。

山内敏弘『立憲平和主義と有事法制の展開』（信山社、二〇〇二年）、同編『有事法制を検証する』（法律文化社、二〇〇二年）。

全国憲法研究会編『恒久平和のために』（日本評論社、二〇〇二年）。

浦田一郎『自衛力論の論理と歴史』（日本評論社、二〇一二年）。

奥平康弘、樋口陽一編『危機の憲法学』（弘文堂、二〇一三年）。

岩間昭道『憲法破棄の概念』（尚学社、二〇〇二年）。

石村修『憲法国家の実現』（尚学社、二〇〇六年）。

森英樹編『現代憲法における安全──比較憲法学的研究をふまえて』（日本評論社、二〇〇九年）。

＊　この有事立法は、国会で大きな修正を加えることなく二〇〇三年六月に通常国会で制定された。本稿は二〇〇二年に執筆したものであるが、若干の修正を加え本書に収録した（原題は「憲法の民主主義と有事法制」）ものである。（法律時報増刊、二〇一二年一二月号）。

第三章　イラク戦争と平和への課題

一　はじめに

二〇〇三年三月二〇日、イラク戦争の勃発である。イラクは国際連合の創設時からの加盟国メンバーである。この国に対して、アメリカのリードのもと多国籍軍は、国連安全保障理事会（以下『安保理』という）の決議を得ずに自衛権行使の要件を充足することもなしに、一方的に武力行使を行った。軍事介入の理由とした、「大量破壊兵器」（生物・化学兵器など）の発見、「人道的介入」を正当化することもないままにイラク国家は崩壊した。結果的には、アメリカのリードのもとで進められた「体制転換」（レジーム・チエンジ）でしかなかった。日本も「イラク特措法」（正式名「イラクにおける人道復興活動及び安全確保支援活動の実施に関する特別措置法」という）に基づいて支援活動に加わった。小泉首相（当時）は、開戦直後（二〇〇三年三月二七日）「イラクが自ら保有する大量破壊兵器、生物兵器、化学兵器を破棄しようとしないこと、国連の査察に無条件、無制限に協力しないことにあります」と支援する理由をのべている。しかし、その後になって、イラクには、大量破壊兵器、化学兵器などは発見されなかった、と報告された。このイラク戦争によって『フセイン独裁体制から二，四〇〇万人を解放したからよしとすべきだ』という。こんなばかげた説明で国民は納得するはずはない。当時の日本では自衛隊をどのような準備をして派遣をしたのか、また、日本は平和憲法を持ちながら、なぜ、自衛隊を派遣したのか。日本は今後、これらの反省を踏まえてどうあるべきかなどについて、国際法、憲法の視点から考えてみたい。

二　イラク戦争はなぜ起こったのか（アメリカの主張）

二〇〇一年九月一一日、ニューヨークでおきたテロ行為は、世界中を震撼させた。また同時刻ワシントン国防省も標的にされた。アメリカ国民は、ブッシュ大統領のもとでテロ撃滅宣言がなされ、報復を誓った。これを受けて、多くの諸国民がアメリカでおこったテロ行為は決して許されるべきものではない、として同情を寄せたことは事実である。アメリカは、また、早速に国際テロを庇っているアフガニスタンに対する武力攻撃を行った。北大西洋機構（ＮＡＴＯ）もアメリカが要請するなら集団的自衛権を行使すると宣言した。

アメリカおよびＮＡＴＯは、タリバンの根拠地の破壊・制圧及び空爆によるアフガン領土の破壊、それらに伴うアフガン住民に多数の殺傷者が出ることを承知しながら、アメリカ側の「犠牲者０《ゼロ》」の状態でタリバンを追い詰め、タリバンに代わるカルザイ政府を樹立させた。その法的根拠を国連憲章（五一条）においた。

このアフガン戦争を進める過程でイラク問題が提起された。タリバン政権が崩壊した二〇〇二年一月二九日、アメリカ・ブッシュ大統領は、一般教書演説で、イラク等を「悪の枢軸」と名指しで批判し、同年九月一二日には、ブッシュ大統領は国連演説で、アメリカのイラク武力攻撃を示唆した。その間、国連「安保理」が中心となりイラクに対して、「安保理」の決議に基づく武装解除の義務を遵守することなどの通告をしていた。

二〇〇三年一月二八日にいたり、ブッシュ大統領は一般教書演説で、イラクがアルカイダを含むテロ組織を支援し強化していると非難し武力行使を示唆した。フランス、ロシア、中国は早期のアメリカの武力行使には反対であった。しかし、三月一七日アメリカ・イギリス・スペインの三か国による首脳会談が行われ「安保理」決議案の協議打ち切りに合意し、武力行使する最後通告を出した。

三月一七日ブッシュ大統領は、全米のテレビ演説で次のような最後通告を行っている。イラクは「引き続き危険な兵器を隠しており、フセインが政権にある限り武装解除はできないし、フセイン大統領と息子たち(二人)が四八時間以内に亡命しなければ攻撃を開始する」。また「イラクの脅威は明確だとし、アメリカは自国の安全保障のために武力を行使する主権を有する」と主張した。それは、先制自衛権の行使を根拠としていた。[1] 同じく、イギリスでも一七日、ブレア首相（当時）は、一七日に緊急閣議を行い、あらたな「安保理」決議が出されることはないと判断し、アメリカと共に武力行使に加わることを決定した（集団的自衛権の行使）。一九日に期限切れとなり、二〇日午前五時（アメリカ一九日午後八時、イギリス二〇日〇時）にイラク攻撃を開始した。

アメリカ、イギリス軍は、首都バクダット空爆に続いて、クエートから地上部隊を北上させ、四月五日に首都バクダットに進攻し、数日で制圧し、五月一日ブッシュ大統領は戦闘の終結を宣言した。[2]

三　イギリスの参戦とブレア首相の姿勢

アメリカ、イギリス、スペイン三国は、国連の承認を得ることもなく、多国籍軍としてイラクへの進行を開始する。わけても、イギリスが多国籍軍としてテロ掃討作戦の参加することについて国民の多くは冷ややかであった。しかし、当時イギリスのブレア首相は、民主主義、人権擁護に積極的であった。この実現のためには、軍事力の介入についても厭わないというのが基本姿勢であった。ブレア首相は言う。「私は、今夜（二〇〇四年三月二〇日）英国軍に対してイラクにおける軍事行動に参加する命令を下しました。英国軍の男女隊員たちは、陸海軍の行動に従事します。彼らの任務は、サダム・フセインを排除し、イラクに大量破壊兵器を廃棄させることにあります」。続けて、「フセインを排除することは、イラクの人々に対する祝福となるでしょう。四〇〇万人のイラク人が亡命しています。人口の六〇%が食料援助に依存しています。毎年数千人の子どもたちが栄養失調や疾病により亡くなっています。数十万人が家を追われたり殺されたりしました。」「サダム後の人道活動への我々の関与は全面的なものとなります。われわれはイラクが民主主義国家へと移行する手助けをします。そして、イラクの石油からの資金は国連の信託基金に充当し、それは他の誰でもないイラクの利益となるのです[3]」と。

二〇〇四年三月二〇日にはじまったイラク戦争は、賢明さ、正当性を欠いたものであった。にもかかわらず、ブレア首相は、さきの理由を挙げて、イラクに対し先制攻撃を開始した[4]。

その一方で、イギリス政府はイラクに対する乏しい真相を調査するため、独立機関として、『ハットン委員会』（二〇〇九年）を設置した。さらには、より厳しい広い観点に立って、イラク開戦に至る政府の情報提供全体を調査するためとして『バトラー委員会』を設置した。同委員会はイラク開戦について、機密扱いにされてきた政府文章を公開し、当事者に対して聞き取り調査を行うなどして「政府が世論に戦争を売り込むために様々な誇張があった」ことを報じた[5]。ブレア首相のイラク攻撃の姿勢が問われたことは言うまでもない。

その後、政権は、キャメロン保守党政権に代わるが、二〇一三年にシリアの内戦で同じことがおこる。アサド政府が反体制側に対し、国際人道法上許されないとしている『化学兵器使用疑惑』が持ち上がり、イギリス首相は、アメリカと連携して中東情勢を流動化させないため、武力介入に踏み切ることで議会の承認を取り付けるべくその判断を求めたが、議会はそれを否決している。その理由は、シリアの武力攻撃は、さまざまな宗派や他民族が暮らしており、かえって内戦の激化を招き、近隣諸国へ飛び火することへの懸念、反体制派内にイスラム過激派が暗躍していることへの不安等があげられ、与党内から造反議員が出たことで武力介入が否決された（朝日新聞二〇一三、九、一）。イギリス議会、国民の姿勢を読みとることができることを付け加えておきたい。

四　イラク戦争開始の国際法上の法的根拠

アメリカのブッシュ大統領（当時）は、第一に、二〇〇三年にステート・オブ・ユニオンの演説で「サダム・フセイン体制がその軍備と彼の国際テロリズムを支持しているために、アメリカにとって脅威を構成しうる」と主張した。これを受けて、当時副司法次官であったジョン・ヨー（John Yoo）は、国連憲章五一条を援用し、「適切に理解された国際慣習法の基本的観念のもとで、アメリカは安保理の決議なくしてもイラク攻撃をできる」と主張した。ジョン・ヨーはその説明を一九三七年の「カロライン号事件」で確立された二つの要件（差し迫った脅威、均衡性）に求められると説明し、イラクに対しなされた武力の行使といった行為は「脅威と均衡性」を破るものであった、と。この解釈に対し、「第二次世界大戦以前（国連憲章起草前）の国際慣習法及び国連憲章五一条に定めた自衛権行使を根拠にして、いわゆる「テロとの戦い」を今日の国際社会においてヨーのいう予防的自衛権の概念に取り込むとは困難かつ危険であり、まして、それをイラク戦争に適用することはできないといわざるをえない。(6)」（藤田久一）と批判的見解が述べられている。この戦争は、今日の国際法の視点からみて予防的自衛権として認められる『差し迫った脅威と均衡』の侵害に該当するとは言えないので武力の行使にあたらない、と多くの専門家も反論している。わけても、目立つのは、日本の国際法研究者の声明である。その声明によると、国連憲章が認める武力行使禁止原則の例外は二つある。第一は、「武力攻撃が発生した場合、安保理が必要な措置をとるまでの間、国家に認められる個別的または集団的自衛権の行使であり、」もう一つは、「平和に対する脅威、平和の破壊または侵略行為に対する集団的措置として、安保理が決定する行動である。」

第一の自衛権の発動の要件である武力攻撃の発生については否定する。「このような要件をかわすために、将来発生するかも知れない武力攻撃に備えて、今、先制的に自衛しておくという論理が主張されている」が、「このような論理を認める法原則は存在しない。」もし、「例外として認めることになれば、自衛権を抑制する規則は、際限なく歯止めを失っていくだろう」と。

第二の「国連安保理」決議による武力行使についても承認を得ていないと主張する。アメリカ、イギリスのイラクに向けた武力行使は、「安保理」決議一九九〇年の六七八号（イラク部隊のクェートからの撤退要求決議）、一九九一年の六八七号（停戦に関する決議）および二〇〇二年一一月の一四四一号（軍縮についての査察制度に関する決議）に、イラク進攻について武力に訴える権利を明確にしていない限り承認したことにはならない。したがって、「安保理」の同意が必要となる。「安保理」の同意を得ない武力の行使は違法となる。実際、フランスが当該決議に対しての追加会合がある場合には、拒否権を投ずる意思表示をすることを明らかにした。このような状況であっては、「安保理」はまとまらず決議はできないとみて、アメリカとイギリスは「安保理」決議に依拠することなく武力を行使する態度をとっている。(7)

アメリカ、イギリスがイラク攻撃を理由としていたのは、①『大量破壊兵器の生産・保持』であり、②テロ勢力の根絶であり、③『専制権力からの民衆の解放』にあった。①の『大量破壊兵器の生産・保持』

があるかについては発見できずに終わっている。誤報・誤認であることが確認された。②のテロ勢力の撲滅についてはイラクをテロ支援国とみなす根拠は見い出せない。③の『専制権力からの民衆の解放』は、フセインの独裁体制の打倒であるが、独裁体制の民主化は、理念としては理解できても、一国内の体制改革問題であり、外部からの戦争手段によって体制改革を行うことは許されるべきではなく、むしろその国の国民の手によってなされるべきものである。

こうしてみてくると、イラク戦争は大義を欠いた不正、不当の戦争であり、国連憲章上の自衛権の行使規定に反し、又国連憲章第七章五一条の安保理事決議に反する、違法な武力行使であったと解せざるを得ない。

五　日本の自衛隊の支援活動（自衛隊の行動範囲）と憲法上の問題

アメリカが、列強国家として戦争に入ることになれば、イラクの侵攻に多くの疑問を持ちながらも、日本は日米安保体制のもとにある限り協力を要請される。安保条約は、日米同盟のもとでますます深化してきている。同盟国として深化していくことになれば、アメリカが進めるアジア政策に、とりわけ中東政策に協力せざるを得ないことになる。しかし、それが自衛隊の支援活動となると、そう簡単ではない。とりわけ、自衛隊のイラク派遣は、防衛の範囲をこえたものとして、とくに安保条約第六条で言う「極東」の範囲内のものか否かを巡って問題となりうるはずである。すなわち、日米安保条約第六条には、「日本国の安全に寄与し並びに極東における国際平和及び安全の維持に寄与するため」、米軍が日本国内での基地の使用を認めている。ここでいう「極東」の範囲について、従来の政府見解では、「大体において、フィリピン以北並びに日本及びその周辺海域であって、韓国及び中華民国の支配下にある地域もこれにふくまれる」としている。自衛隊の行動の範囲は、この点を推測しても、この領域を超えることは許されない、と解されている。したがって、小泉首相（当時）は、問題の多い論議を起こしかねない日米安保条約の適用を避けて、国際人道上及び復興等に貢献することを意図した「イラク特措法」を時限立法として制定して自衛隊の海外派遣の道を開いた。

小泉首相（当時）は、「イラク特措法」を三年間の時限立法として制定し、しかも派遣先はイラク内の非戦闘地域におけるイラク復興のための支援である、と説明している。つまり、日本国憲法に根拠を求める拡大した個別的自衛権の発動ではなく国連「安保理」の決議（一四八三号）に依拠した支援活動であった。国会では、この「イラク特措法」によるイラクへの派遣は陸上自衛隊のイラクへの人道復興支援活動であると説明をしている。これに対して、派遣反対派は自衛隊を『国際貢献という任務を突口にして、自衛隊の海外派兵を本格化』させることになるといった批判をしている。自衛隊の海外派遣は違憲であるとし反対する国民も多い。政府は、民間人の支援活動も当然考えられたが、結果として民間人の危険に対応する能力をもちあわせていないことから危険に対応する能力をもつ軍事組織を利用した自衛隊の海外派遣となったのである、と説明する。(8)

六　派遣された自衛隊の活動

こうして自衛隊の海外派遣が行われた。その際の行動及び活動範囲等は、つぎのものであった。

（一）自衛隊の武器使用（「イラク特措法」第二条二項）

たとえ、自衛隊の活動が期間限定の任務とはいえ、その任務を達成すべき能力が必要であるし、派遣するにしても自衛隊員を危機にさらすことは許されず、そのためには必要最小限の防御用武器が必要となる。

イラク特措法第一七条二項で、武器の使用について述べる。その「対応措置の実施は武力による威嚇又は武力の行使に当たるものであってはならない」。また、これを受けて第一七条一項では、①武器の使用について「対応措置の実施を命じられた自衛隊の部隊等の自衛官は、自己又は自己と共に現場に所在する他の自衛隊員、イラク復興支援職員若しくはその職務を行うに伴い自己の管理の下に入った者の生命又は身体を防衛するためやむを得ない必要があると認める相当の理由がある場合には、その事態に応じ合理的に必要と判断される限度で、第四条二項二号二の規定により基本計画に定める装備である武器を使用することができる。②前項の規定による武器の使用は、当該現場に上官がいるときは、その命令によらなければならない。ただし、生命又は身体に対する侵害又は危機が切迫し、その命令を受けるいとまがないときは、この限りではない」と定める。ここでいう武器の使用は、閣議決定を得た第四条二項二号の二の規定に基づく基本計画による、いわゆる正当防衛権の行使としての武器の使用である。二〇〇三年一二月九日に閣議決定された「基本計画」によれば、「装輪装甲車、軽装甲軌道車」および「部隊の規模に応じ安全確保に必要な数の拳銃、小銃、機関銃、無反動砲及び個人携帯対戦車弾及び活動の実施に必要なその他の装備」を定める。自衛隊の装備は、正当防衛権の行使としてみる限り、その域を超えた装備ではないか、と私には思われる。(9)

（二）人道復興支援活動（「イラク特措法」第三条一項一号）

人道復興支援活動とは「イラクの国民に対して医療その他の人道上の支援を行い若しくはイラクの復

興を支援することを国連加盟国に対して要請する「安保理」決議一四八三号又はこれに関連する政令で定める国連総会若しくは「安保理」決議に基づき、人道的精神に基づいてイラク特別事態によって被害を受け、若しくは受けるおそれがあるイラク住民その他の者を救援し若しくはイラク特別事態によって生じた被害を復旧するため、又はイラクの復興を支援するために我が国が実施する措置」（イラク特措法三条一項一号）をいう。つまり、自衛隊員によるイラク国民の人道復興支援活動である。「複合的緊急事態における国連の人道的活動を支援するための軍事及び民防の要員資材の活用に関するガイドライン」（国連事務局、二〇〇三年三月発行）によれば、イラクのような場合、緊急事態における人道的支援については、（i）人道性、中立性、公平性の原則に則して行われるべきこと、（ii）戦闘に積極的に参加している戦闘部隊の軍事及び民防の要員資材は、人道的活動の支援のために原則として用いられてはならないこと、（iii）直接的な人道支援を行う軍事要員は武装してはならないとのべている。この観点からみても、自衛隊のイラクにおける人道支援活動は、武装集団である限り、好ましくないことになる[10]。たとえ、自衛隊がイラク特措法による人道復興支援として、結果的には多大な任務を遂行してきたとはいえ、やはり武装集団である自衛隊の活動は、その範囲を超えたものとなる。

（三）安全確保支援活動（「イラク特措法」第三条一項二号）

安全確保支援活動とは、「イラクの国内における安全及び安定を回復するために貢献することを国連加盟国に対して要請する安保理決議一四八三号又はこれに関連する政令で認める国連総会若しくは「安保理」決議に基づき、国連加盟国が行うイラクの国内における安全及び安定を回復する活動を支援するために我が国が実施する措置」をいう。イラクに派遣された自衛隊員の安全確保支援活動はサマワで、医療、給水、道路補修、学校の修理などを行うほか、[11] 日本人に対しては、（ⅰ）大量破壊兵器の開発に使用される畏れのある装置の日本企業による不正輸出の摘発　（ⅱ）武器などの密輸――港湾施設の監視などにあたっている。また、外国人に対しては、（ⅰ）テロリストに関する防諜活動や情報共有面での国際協力、ＩＣＴを駆使した管理の強化の実施など（ⅱ）出入国管理法の改正や情報共有面での国際協力――、（ⅲ）銀行預金管理への協力等をおこなっている。

自衛隊は、二〇〇九年七月にこれらの支援活動の任務を終了して帰国し、「イラク特措法」は失効した（二〇〇九年八月一日）。自衛隊がイラクでの人道支援とはいえ海外派兵を進めた事実は、自衛隊の行動範囲の拡大であり、専守防衛に反し、第九条に反することはすでに述べたとおりである。しかし、これらの活動は先例となったことは明らかである。

七　イラク攻撃の理由とされた大量破壊兵器の不存在

アメリカがイラク侵攻に掲げた最大の理由に、「大量破壊兵器の廃棄」を掲げていたが、その大量破壊兵器は発見されず「九月一一日への関与」について十分な説明ができずに戦争は僅か一ヶ月半で終結し、アメリカが勝利した。しかし、実際は、これで終結したといっても、武装集団は連日、テロを繰り返しており、ブッシュ大統領はこれらの問題を解決できずに政権を去った。アメリカ軍の完全撤退は二〇一一年末であった。

後に明らかになったとはいえ、アメリカの間違った情報の下で、フランス、ドイツ国等が反対していたにもかかわらず、戦争を始めたことに対し懲罰を科することもできない。それればかりか、アメリカに代わってイラク情勢を打開するような国もない。アメリカの、いわゆる外交の過信のみが目立ったイラク攻撃であった。大国の法の無視が改めて問われよう。

日本の場合、アメリカ一辺倒の情報に依拠して、正確な情報を得ることができないまま、自衛隊の海外派遣を進めたが、それはあくまで人道復興支援および安全確保支援活動にあった。しかし、建前はどうであれ、前述したような任務を自衛隊が行ったことは、自衛隊のイラク戦争への参加にほかならない。このイラク戦争について、市民が提起した自衛隊のイラク派遣についての違憲確認と差止め請求事件で、名古屋高裁は、「現在イラクで行われている航空自衛隊の空輸活動は、他国による武力の行使と一体化した行動であるので、武力行使を禁止した「イラク特措法」第二条二項、活動地域を非戦闘地域に限定した同条三項に違反し、かつ第九条一項に違反する活動を含んでいる」（名古屋高裁判決、平成二〇年四月一七日、判時二〇五六―七四）と判示した。

たしかに、イラク・フセイン大統領が、国連調査団による大量兵器査察を拒否したことに問題があり、それが制裁戦争に向かわせたという理由も成り立つ。しかし、この戦争でどれだけの市民の命が奪われたか。先の名古屋高裁判決において六五万人の市民が犠牲になっている、と述べている。[12] アメリカも正式な兵士に絞っても約四、四〇〇人が犠牲になっているといわれている。平和憲法を持っている日本だけに、どのような理由であれ、自衛隊の海外派遣は違憲につらなる問題として強く問われるところである。

八　まとめ――自衛隊の海外派遣

アメリカ、イギリスによるイラクへの宣戦布告は正当であったのか。国連「安保理」決議が出ないまま、これらの国がイラク攻撃に踏みきる。アメリカのイラク攻撃開始から約一ヶ月半で終了し、終了宣言を行っている。しかし、これで戦争は終了したわけではない。

小泉首相（当時）は、イラク戦争がはじまるや、アメリカの行動をいち早く支持し、自衛権の行使としての対応を考えていた。そこで、イラクへの自衛隊の海外派遣が、合・違憲論議になることを避け、別途、「イラク特措法」を制定して、人道復興支援、安全確保支援活動という名目で自衛隊の行動を法的に正当化した。自衛隊による行動は、いかなる理由があれ自衛隊が行う限り、自衛権の行使の限界を超えたものであり違憲であることには変りがない。なかには、自衛隊ではなく、自衛隊のＰＫＯ活動として派遣すればとの意見もあったが、自衛隊としての行動である限り違憲性は免れない。

「イラク特措法」に基づいて派遣された自衛隊員は任務を終えて全員無事帰還したが、その戦争は大義を欠いた不正、不当の戦争であったことを思う時、後味の悪い戦争参加であった。しかも、前述したように、当事国の軍人、戦争被害者数は、六五万人にも及んでいた。このような悲惨な戦争は、参加した人数だけでも相当なものであるが、いったん戦争が起るとその戦争によって、正当化された敵対的殺人を繰り返し、戦う人間弾丸として機能する。まさしく非人間的な行動であった。

ところで、日本はこのようなイラク戦争への参加によってどのようなことが確認され、先例となったのであろうか。

第一に、自衛隊の活動範囲が拡大したことである。イラクへの自衛隊派遣は、自衛隊法を根拠にしたものではなく、「イラク特措法」による人道支援といった活動を根拠にしたものであろうと、自衛隊の海外派遣には変わりがない。このような展開は、自衛隊の任務の拡大であり、それは国防軍として改憲準備をすすめる土台づくりになった。現在の改憲論議にみられる国防軍の移行への始動と解することができよう。

第二に、小泉内閣は、イラク戦争のかかわりを持つなかで、歴代内閣が行うことができなかった「有事立法」をまとめ、軍事中心の『危機管理』体系を確立したことである。「備えあれば憂いなし」の文言を用い、また、外国からの侵略に備えるためとして、国民に危機感をあおって国民の動員を可能にしたことは、国際協調主義に反し、また戦争を「永久に」放棄した日本国憲法を否定する行為に出たものといわなければならない。小林直樹は、「イラク派兵や米軍支援を可能にするために、自衛隊法の改正や「イラク特措法」の制定を行い、着々と違憲の既成事実を積み重ね、憲法九条は今や外堀・内堀を埋められ〝裸の城〟にされた観がある」と述べているが、この主張を専門家であれば疑う者はいないであろう(13)。

そして第三に、政府はこれらの集大成としての憲法改正の道を歩み出したことである。当時、小泉首相の官房長官であった安倍晋三（現首相）は、その後、小泉内閣が残した防衛庁から防衛省の昇格、教育改革の基本となる教育基本法の改正に手をつけ、軍事大国化を進めるための憲法改正に向けた布石を引きだしたと解せざるを得ない。

【註】

(1) C・G・ウィーラマントリー（浦田賢治編訳）『国際法からみたイラク戦争』（勁草書房、二〇〇五年）、藤田久一「武力支配に」かわる「法の支配」（深瀬、上田、稲、水島編『平和憲法の確保と新生』北海道大学出版会、二〇〇八年）一四二頁。ここでいう「先制自衛権」とは、武力攻撃の発生をまつまでもなく、自衛権を行使することが可能であるとする見解をさしている。しかし、この見解を否定し、武力攻撃の発生後に、はじめて自衛権の行使が可能となる、とする見解が一般的である。この見解にたつにしても、軍事活動が開始され進行中であれば、それを迎撃するために、自衛権の行使が可能である、といった見解もある（渡辺、山形、浦田、君島、小沢『集団的自衛権容認を批判する』日本評論社、二〇一四年）一三二頁。

(2) 小川和久『日本の戦争力』（アスコム、二〇〇五年）一七八頁。

(3) C・G・ウイーラマントリー（浦田賢治編訳）前掲書二〇六頁以下。
(4) 武力攻撃を正当化した理由について、イギリスでは、カートヴァルのラムゼー男爵夫人が、イラクに対する武力行使の法的根拠について、ゴールドスミス法務総裁の見解を質した。法務総裁は、二〇〇三年三月一三日、以下のような答弁をしている。「イラクに対する武力行使の権限は決議六七八号、六八七号及び一四四一号の複合的効果から導かれる。これらの決議のすべては、国際の平和と安全の回復という特定の目的のために武力行使を許可する国連憲章第七章の下で採択された」として武力行使を正当化した。この意見に対して、ウイーラマントリーは、①無条件に賛同しうる理由づけがないこと。かつて出された決議の繰り返しと、その拡大解釈が見出されるにすぎないこと、②武力行使に特別の授権が必要なことについて、普遍的な同意があったことが、この意見書では考慮されていない、③諸決議の特定の文言を適切に解釈する際に、必要な国際法の中心的諸原則および考慮すべきことに沈黙している。この意見書について、グッドハート上院議員は、「故意に曖昧な言葉を用いた疑わしい解釈に基づく非常に疑わしい結論だ」と述べている（C・G・ウィーラマントリー（浦田賢治監訳）前掲書四六頁、四七頁）。
(5) 豊下楢彦、古関彰一『集団的自衛権と安全保障』（岩波新書、二〇一四年）二三頁以下。
(6) 藤田久一「武力の支配」に代わる「法の支配」深瀬忠一・上田勝美・稲正樹・水島朝穂編『平和憲法の確保と新生』（北海道大学出版会、二〇〇八年）一四六頁及び同「平和主義と国際貢献、国際法から見た九条改正論議」（ジュリスト一二八九号二〇〇五・五・一―一五）九二頁。
(7) C・G・ウイーラマントリー（浦田賢治編訳）・前掲書四六頁。およびイラク問題に関する国際法学研究者の声明については、同書一八七頁以下参照。
(8) 小川和久・前掲書、二〇〇頁。小川は、自衛隊の派遣は、イラク復興にとってどうしても必要であるとして、治安が回復するまでの避けがたい一定の期間の任務である。できるだけ早く民間主導の復興支援にシフトしなければならない、と主張する。
(9) 山内敏弘『立憲平和主義と有事法の展開』（信山社、二〇〇八年）一三九頁。
(10) 国連事務局が二〇〇三年三月に示したガイドラインの紹介については、山内敏弘・前掲書一三四頁から引用。
(11) 山内敏弘・前掲書一三五頁、小川和久・前掲書二一九頁。
(12) 名古屋高判平成二〇年四月一七日　判時二〇五六―七四。
(13) 小林直樹『平和憲法と共生』（慈学社、二〇〇六年）四八八頁。

第四章　沖縄と憲法問題

一　問題の所在

日本の平和問題を考える場合、沖縄問題を抜きにして考えることはできない。政府は、二〇一三年四月二三日を「主権回復の日」として記念式典を実行する閣議決定をした。沖縄がアメリカの施政権下におかれたまま日本が独立を果たした日であることを忘れてならない。沖縄の人々にとってこの日は、「屈辱の日」となった。第二次世界大戦から二七年を経た一九七二年になって、沖縄は日本に復帰するが、その復帰をめぐって、いかなる方法で復帰するかが大きな論議を呼んだ。しかし、結果は、「本土並み」返還として、米軍の沖縄基地をそのままにしての本土復帰であった。したがって、基地問題の解決は、それ以来の沖縄住民の悲願である。現在論議を呼んでいる普天間基地から名護市辺野古への基地移転問題はそうした背景をぬきにして考えることはできない。

本章では、このような問題意識の下で、沖縄で生じている諸問題をやや歴史にさかのぼり、いま一度沖縄の現状を考えてみたい。

二　軍事占領下の沖縄

（一）アメリカの軍事統治と沖縄

第二次世界大戦後、日本は敗戦によりアメリカをはじめ連合国の管理下に置かれた。特に、沖縄はアメリカの軍事統治の下に置かれ、極東戦略の重要な基地として使用された。この統治は、七二年に日本に返還されるまで続き、しかも、二五年間で統治の形態は、初期の段階と後期の段階では大きく変わっている。

一九五一年に対日講和条約が締結され、その第三条に、アメリカが沖縄に対する排他的支配権を取得することを明記する。(1) すでに四五年四月からアメリカ軍は沖縄に上陸し、軍事的支配を始めていた。沖縄侵攻の指揮を執った米太平洋艦隊司令官兼太平洋区域司令官ニミッツ元帥は、沖縄に上陸をするや『米国軍占領下ノ南西諸島及ビ其近海居住民ニ告グ』の布告第一号を発し、統治及び管轄権は占領軍最高司令部にありとして、日本の行政権の行使を停止する宣言をした。続いて同年四月四日、読谷村字比謝に米国海軍軍政府を設置し、同時に「ニミッツ布告」を公布して、南西諸島とその周辺地域を占領地域と定め、日本帝国政府の司法権、行政権の行使を停止し、軍政を施行することを宣言した。このような状態で終戦を迎える。米軍は、まず、戦前の沖縄県会議員や中学校長等の有識者を集めて、沖縄諮詢委員会（委員長志喜屋孝信）を発足させた。この委員会は戦後の沖縄における中央統治機構であるが、あくまで米軍の諮問機関にすぎなかった。翌四六年一月二九日連合国司令官マッカーサー元帥は日本政府に覚書を手渡し、奄美大島、沖縄、宮古、八重垣諸群島を日本政府の統治下から分離した。そして日本政府に対し、①政治上、行政上の権力を行使することおよび行使しようと企てることはすべて停止する。②認可のない限り、役人すべての者との間に、目的の如何を問わず通信をすることはできないという書簡を発した。四月になってアメリカ軍政府は、「沖縄民政府創設に関する件」を発し、沖縄民政府を創設した。この政治システムは沖縄の民主化を主眼としたものではなく、必要に迫られての措置であった。そのねらいは沖縄を基地化し、日本国から切り離すことにあった。(2)

四九年の後半にはいり、アジアの情勢は、中国革命による共産党側の勝利とソ連の原発実験の成功、中・ソ間の友好同盟相互援助条約の成立、さらに五〇年の朝鮮戦争の勃発で、アメリカのアジア戦略は大きく変わり沖縄は戦略基地としての性格を強め拡大をはかっていった。

(二) アメリカの極東政策の転換と対日平和条約による沖縄の位置

一九五一年九月、対日講和条約が締結されるが、それは沖縄を排除した日本本土の独立であり、その沖縄はアメリカの軍政下に組み入れられることを明確にした。それ以来、対日講和条約第三条によりアメリカの軍政下支配は一九七二年までつづく。その間、沖縄住民の根強い本土復帰運動が続く。沖縄にとっては、統治の仕組みを民主的な方向に変えようとする運動でもあった。現実にスキャップ指令による民政府の設置(五〇年一二月)をはじめ「琉球民事裁判」の設置(五一年一月)、任命主席を長とする「琉球政府の設立」(五二年二月)「琉球政府章典」(五二年二月) の布令が出された。それは基地の長期保有方針を明確に打ち出すことでもあった。

アメリカでは、一九五三年に共和党が二〇年ぶりに政権に復帰する。アイゼンハワーが大統領に、ダレスが国務長官に就任した。国務長官となったダレスは、トルーマン・ドクトリン以来のアメリカ民主党の外国政策は消極的すぎるとし、より積極的な反共政策を展開した。これは沖縄をアメリカの極東戦略の拠点としての役割を持たせられることにある。まず、沖縄で行ったのは、沖縄住民を統治する布令を変更することであった。その内容は、米極東司令官が兼任していた琉球民政府を廃止し、代って高等弁務官をおき、そのもとに行政主席を設け、行政主席は立法院に諮り、高等弁務官によって任命される改革であった。この体制は、沖縄復帰までの整備された政治組織体として続いた。しかし、その制度は、アメリカにとっては、沖縄住民の人権を守るためではなく、あくまで戦略上の拠点として沖縄に組織法を作る必要性から生まれたものであった、といわれている(3)。

一九六〇年に日米安保条約が制定されると、アメリカは沖縄を長期にわたった統治が可能になるとみて、六〇年七月には、琉球経済援助法（プライス法）を制定し、同年一二月には、沖縄をドル防衛地域から除外することを発表し、六二年一一月には沖縄（経済）援助に関する声明を発し、日米協議委員会、日米琉球協議会を設置し、六三年二月には農産物を売却する米琉球長期協定など一連の施策を進めた。一九五七年までは、軍政府の布令の多くが琉球の統治に関する組織法規、土地収用法規が中心であったのに対し、五八年以降は経済援助に関する法規の立法化が目立っている。このことをより明確にしたのは、六一年六月の池田・ケネディの共同声明であった。ケネディ大統領は、米国が琉球住民の安寧と福祉を増進するため一層の努力を払う旨を発言し、さらに日本の努力を歓迎する旨を述べている。これに対し、当時、首相は、日本がこの目的を達成するため米国の政策を引き続き協力する旨を確約している。

しかし、アメリカにとって沖縄に対する経済援助は、沖縄住民の福祉を目的としているが、実際は、基地の安定化を図ることが目的であることから、本来の施策に対しての対応は何ら変わっていない。特に、キャラウエイ高等弁務官の就任以来、所得税改正（減税）法案の拒否、金融機関の整備、外資の導入、電気料金の改定の抑制、労働争議への介入、「麻薬類及びある特定の薬品類の取り締まり」布令、「物品税税法」布令を出すなどしている。これによって沖縄住民の生活は改善されたわけではなかった。

一九六三年一一月に、アメリカ、ケネディ大統領の死によってジョンソン副大統領が昇格する。六四年には、ジョンソン大統領が再任される。ジョンソン外交の狙いは、「中国型共産主義」の世界的波及を阻止することであった。いわゆる「中国封じ込め」政策である。これによりアメリカの軍事戦略に沖縄は組み込まれ、沖縄の基地はますます拡大、強化されていった。

三　沖縄の日本復帰と日米安保条約

一九七二年になって、沖縄は日本に復帰した。沖縄の本土復帰に際し沖縄返還の受け入れ方法として三つの方式が検討されていた。

第一に、「核基地つき返還」である。この方式は、政府、自民党、財界が主張していた。アメリカが沖縄の核基地として自由に使用することを条件に、施政権を日本に返還するというものである。しかし、この方式では沖縄の主権が回復したことにならないといった批判が集中した。第二に、「本土並み基地つき返還」である。当時、民社党、社会党の一部、ジャーナリズムの一部が主張していた。この方式は、沖縄の無条件・全面返還が直ちになされない以上、段階的にまず本土の非核基地と同じ状態での条件を付けて返還する方法である。本土自体が日米安保条約のもとで基地を有していることから、この返還によって、沖縄も安保条約の適用範囲に組み込まれることになる。しかし、このような状態のままでの施政権の返還では、主権原理に照らしても、日本国憲法に適合するものではない、といった批判がある。そして第三は、「即時・無条件全面返還論」である。この返還方法は、多くの沖縄県民、社会党、共産党によって支持された。一九六七年四月に、沖縄県祖国復帰協議会執行委員会では「四・二八行動基本要綱」にみられるように、沖縄占領撤廃後には、基地撤去、安保条約破棄を要求している。沖縄住民の主権の完全回復を意図した要求である。

これらの三つの方式について論議され、第二の「本土並み基地つき返還」の方式が決定された。その方法は、沖縄が日本の安保条約の全面的適用下に置かれることを意味するものであった。沖縄県民が考えている『本土並み』というのは、単なる本土並みとはやや異なり復帰の時点までに基地の整理縮小を前提にしている。しかも、沖縄の基地とはいえ特殊な形態の返還は容認しない。日米安保条約第六条の事前協議条項等を適用して、沖縄住民の要求に応えることでなければならない、とするものであった。沖縄県民が考えている返還は、平和憲法である日本国憲法の下に戻ることである。それは『日本本土の憲法だからというのではなく、あるべき祖国の、いな人類に普遍性をもちうる憲法だからである』といった主張が『本土並み』返還の考え方の前提にあったことが理解される。[4] ところが、後になって明らかにされたのは、沖縄が日本に復帰して日本国憲法が適用されることになると、アメリカにとって、「核兵器の持ち込みや基地の自由使用ができなくなる虞がある」との心配から、日本政府とアメリカ政府との間で密約が交わされ、「日本に復帰しても沖縄の基地の自由使用と核兵器はいつでも沖縄に持ち込める」といった密約のあることが後になって暴露された。[5] この密約は日本国民、とりわけ沖縄住民の心を裏切るものであった。

四　日米安保体制下の沖縄

(一) アメリカが進めるアジア政策の前進基地

一九九〇年代にはいって、沖縄はアメリカのアジア・中東戦略の変化に応じ、安保条約のもとで大きく変容している。すなわち、一九八九年から九一年にかけて、東欧・ソ連の社会主義体制の崩壊によって東西冷戦は終焉した。ところが、九一年にはいって湾岸戦争が生起した。この戦争は、国際社会のありようを大きく変え、これに対応して、日米安保体制そして沖縄をめぐる状況も変っていく。本来、日米安保条約は、冷戦が終われば解消されるものと考えていた。しかし、それどころか局地戦争が拡大し、グローバル化していった。自衛隊もアメリカが進める九一年の湾岸戦争には掃海艇の派遣といった方法で参加する。とくに、湾岸戦争への派遣は日米安保条約に基づくアメリカの協力要請であった(6)。そればかりか、アメリカのアフガン侵攻が続く間、沖縄はアメリカにとってアジア戦略の基地として最大の効果を発揮している。

二〇〇一年にアメリカで起きた九・一一テロ事件で、日米安保体制下の日本はアメリカのすすめるイラク戦争に積極的に加担する。自衛隊の人道復興支援を理由とした海外派遣である。

ところで、こうした安保体制の下、特に沖縄はアメリカが進めるイラク戦争はもとよりアジア諸国で生ずる紛争に対処する前進基地として機能するが、それによって沖縄の住民の生活が米軍機の騒音、米兵の犯罪など様々な事件によって脅かされている。わけても、基地問題で目立ったのは、二〇〇四年に普天間基地近くの沖縄国際大学でおこったヘリコプター墜落事件であった。沖縄住民は、この墜落事件を機に普天間の基地撤収を求めて立ち上がった。日本政府もこの住民の意向を無視できなくなり、普天間基地の代替施設として辺野古基地への移転を考えざるを得なくなった。もとより、辺野古への基地移転については、沖縄住民は認めることはできないとして反対しているものも多い。沖縄住民の狙いは沖縄の基地撤廃にある。

(二) 沖縄の現状

日米安保条約が変質し、沖縄はアメリカのアジア戦略の一環をになう米軍基地の拠点になっている。二〇一二年一二月に、民主党政権から変わった第二次安倍内閣は、日米安保体制の強化策として、普天間から辺野古への基地の移転推進を確認した。そのねらいは日米安保体制の強化である。相手国アメリ力が、今後も世界で最強国家としてのリーダーシップを持ち続けていこうとする限り、日本はアメリカのアジア戦略の組み込まれた防衛体制の役割を担うことになる。沖縄は、第二次大戦以来の悲劇をそのまま持ち続けることを意味する。沖縄の基地の軽減負担を政府に求めても受け入れられず、また本土の自治体に基地などの分担協力を求めても、各自治体は消極的である。

二〇一〇（平成二二）年度『日本の防衛』（防衛白書、防衛省発行）によると、沖縄における米軍再編の経緯と現状について次のように整理されている。「二〇一〇年一月現在、在日米軍施設・区域（専用施設）の面積の約七四％が沖縄県に集中し、県面積の約一〇％、沖縄本島の約一八％を占めている」。このことが示しているように、在日米軍施設・区域（基地）は、沖縄住民にとって大変な負担となっている。それがまた犯罪の温床にもなっている。とくに、一九九五年に起きた米兵の少女暴行事件がきっかけで、県知事の駐留軍用地特措法に基づく署名・押印拒否事件を契機に、世論が沖縄について再び関心を持ちだした。政府は、沖縄県民の負担を軽減し、全国民が分かち合うといった考え方に立って在日米軍施設・区域（基地）に係る諸課題を協議する目的で、国と沖縄県との間で「沖縄米軍基地問題協議会」を、また日米間に「沖縄に関する特別行動委員会」（ＳＡＣＯ）を設置し、それぞれ活動を始めた。とりわけ、ＳＡＣＯは、一年間にわたって基地等を中心に討議し、九六年に報告書をまとめた。その内容は土地の返還（普天間飛行場など計六施設の全部返還、北部訓練場など五施設の一部返還）、訓練や運用の方法の調整（県道一〇四号線越え実弾射撃訓練の本土演習場での分散実施など）、騒音軽減、地位協定の運用改善を図ることを目的としている。(7)

仲井真沖縄知事（当時）は、安倍首相がアメリカ政府との間で合意した普天間基地（五年以内の運用停止）の辺野古への移転推進をうけて二〇一三年の暮れに住民の反対にもかかわらず普天間基地から辺野古基地への移転を承認した。[8] ところが、二〇一四年一月に入って、辺野古を有する名護市の市長選挙が行われ、基地反対派の市長（稲嶺進）が当選した。つづいて、二〇一四年十二月の知事選挙では、辺野古基地移転反対派翁長雄志新知事が当選した。

おもうに、国側はこのような状況変化の中にあって『地元の民意に背いた移転を強行するのか。もし強行すれば、日米同盟は足元から揺らぎ、日米同盟はかえって不信を増すことになりかねない。』米国もそれを望んでいないであろう。政府は、改めて沖縄の基地軽減策を、さらには日米同盟の在り様を原点に戻って考えることが必要に迫られることになる。

しかし、政府は、普天間基地を五年以内に閉鎖することを理由に辺野古基地移転の準備を着実に進めている。沖縄県議会では、調査特別委員会（地方自治法一〇〇条、いわゆる「一〇〇条委員会」と呼ぶ）を設置して、元知事が承認した基地として使用される辺野古の埋め立地の検証に入っている（朝日、一四年二月二一日）。辺野古基地移転反対運動は激しさを増している。

二〇一三（平成二三）年度の防衛省・自衛隊『防衛白書』によると、SACOの最終報告書の内容にしたがって、土地の返還、訓練や運用の方法の調整、騒音軽減、地位協定の運用改善が徐々に軽減に向かっている。また、ロードマップ上の米軍再編に関する取り組みにおいても、政府は沖縄に集中した基地負担の軽減を図るべく、その実現に向けて取り組んでいることを報じている。[9]

五　まとめ――若干の問題提起

こうした沖縄の現状を通して、今いちど平和と安全保障の観点から沖縄の憲法問題について考えてみたい。

第一に、沖縄の戦時史、戦後史を抜きにして沖縄問題を考えることはできない。沖縄は日本における最後の戦場として、多くの犠牲者を出し、戦争終了前からアメリカ軍に占拠され、一時は軍政の下におかれた。一九五一年の対日平和条約による日本の独立は、すでにのべたように、沖縄を日本本土から引き離し、アメリカの施政権下においての日本の独立であった。沖縄にとっては『屈辱の日』であった。一九七二年に沖縄が返還となるが、すでに『密約』で明らかにされていたように、沖縄住民にとっては許し難い「核の持ち込み」、「基地の自由使用」を認めての沖縄の日本復帰であった。真に、沖縄の住民が望んだ本土への復帰は、非武装化した日本国憲法のもとへの復帰であり、早期実現を期待しての復帰であった。ところが、日米安保体制下の日本では、沖縄をそのまま固定化し、アメリカのアジアの戦略基地として使用し拡大していった。「沖縄にとっては、日本復帰とは一体何であったのか」。安保条約を盾に、沖縄住民を犠牲にした沖縄の日本復帰であったと解せざるをえない。もはや、こうした事態を解決するには、安保条約の再検討を通して苦悩する沖縄の基地問題を解放するための、新たな日米関係のありようを検討せざるをえないであろう。いまや、この段階にある。

第二に、沖縄は日本の平和の抑止力になっているという点についてである。民主党の鳩山由紀夫は首相当時、普天間基地から辺野古への移設反対の発言をしていたが、自らその発言を撤回し、沖縄のアジア戦略基地として米軍が利用し、また日本の平和と安全をまもる『抑止力』の機能を果たす基地としてその重要さを増してきている。特に、中国との尖閣諸島の領有権をめぐる問題で沖縄基地の重要性が益々高められてきている、と発言した。

たしかに、抑止力は安全保障のジレンマである。なぜなら、抑止力として軍事力を増強すれば、相手国はそれを脅威として拡大し、それに対応する措置をとる。そうなると、また相手国はそれに脅威を感じ軍事力を強化する。お互いにエスカレートするといったジレンマに陥る。抑止力としての軍事力の難しさである。したがって、このジレンマの解決には、相手国との間に信頼性を高め、垣根を低くして話し合うことが要求される。[10] そうしなければ、平和への道は遠のいていくばかりである。平和への道は、日本国憲法の道であることを想起し、真の平和とは何かの原点にたって対処していくべきである。決して軍拡の方向に動いてはならない。

第三に、安倍内閣のもとで進めようとしている自民党『憲法改正草案』との関係でいえば、自衛隊を国防軍に変え、一旦緩急があれば、首相が最高指揮官としてその任にあたり、その活動の幅を広げて防衛力強化で対処することになる。それればかりではない。沖縄の基地は、日米安保体制の強化のなかでアジア戦略の基地として固定化し、活用されていくことになりかねない。日米安保条約の見直しがなされていかない限り、沖縄住民は基地に悩まされ、沖縄住民の生活は一層厳しいものとなる。憲法の改正は、沖縄にとってこうした問題を孕んでいるといわなければならない。

最後に一言したい。日本国民が願うのは、世界諸国民との平和である。その実現のためには、何よりも日米安全保障体制から国連中心主義体制への政策転換が望まれる。現行憲法は平和に生きる権利の保障を国民に要請している。前述してきたように、決して基地問題に苦しむ沖縄住民の生活をこれ以上に犠牲にした平和づくりであってならない。

いまから四一年前の一九七一年に、私は影山日出弥、大須賀明両氏と『憲法と沖縄』（敬文堂）となる書物を著わした。今日、この書物をあらためて読み直してみた。沖縄が日本復帰によって、日本国憲法の適用を受けることにより、住民はより豊かな「平和な県」になることを予想し、かつ期待した。しかし、その期待は裏切られ、当時投げかけられた課題は今日においても何ら解決されず、むしろ沖縄住民を犠牲にし、アジア戦略の基地拠点としての構築とその拡大であった。[11] 現在進められている自民党の憲法改正草案は、ふたたび沖縄住民の生活を犠牲にすることになりかねない。改憲問題は、沖縄の基地問題の在り様と直結する重大な憲法問題がその底流あることをのべておきたい。

【註】

(1) 日本国憲法が施行される前の一九四七年の四月に、戦後初の衆議院議員選挙がおこなわれたが、沖縄県民の選挙権が停止され沖縄の代表者は選出されていない。沖縄を基地化し、アメリカの施政権下に置く意図が初めから準備されていたといわれている。

(2) 影山日出弥、大須賀明、吉田善明『憲法と沖縄』（敬文堂、一九六四年）六頁。

(3) 影山日出弥、大須賀明、吉田善明・前掲書一〇頁以下。

(4) 大田昌秀「沖縄と日本国憲法」（世界、一九六六年六月号）。

(5) 二〇〇九年に民主党政権のもと、岡田外務大臣（当時）によって「日米密約」が公表された。①核兵器の米軍艦・軍機の一時寄港・飛来は日米事前協議の対象外、②朝鮮有事の際は事前協議なしで米軍が自由使用可能、③有事の際に沖縄への核の持ち込み可能、④沖縄返還時の現状返還保障費の日本の肩代わりなどが明らかにされた（古関彰一『「平和国家」日本の再検討』岩波現代文庫、二〇一三年）三三〇頁。西山太吉『沖縄密約』（岩波新書、二〇一二年）。

(6) 湾岸戦争における自衛隊の海外派遣は、核武装、徴兵制と並んで超えてはならない一線としてとして守られてきた原則であった。それが法律の根拠なく掃海艇の派遣という形ですすめられた。政府は『武力の行使を目的として武装部隊を送る海外派兵ではない』ので違憲とはいえないといった解釈をとる。自衛隊の任務を超えることはもちろん、憲法第九条に反することになる（小林直樹『平和憲法と共生六〇年』慈学社、二〇〇六年）四一五頁。

(7) ＳＡＣＯとは、Special Action Committee on Okinawa（沖縄に関する特別行動委員会）の略称である。沖縄県に所在する在日米軍施設・区域に係る諸課題を協議する目的でつくられた委員会である。防衛省『平成二二年度　日本の防衛』二四五頁以下。及び防衛省・自衛隊『防衛白書、平成二五年度版』一五六頁参照。

（8）朝日新聞二〇一三年一二月。
（9）防衛省・自衛隊、前掲書一五六―一六二頁。
（10）仲地博「沖縄米軍基地の平和的転換」（深瀬、杉原、樋口、浦田編『恒久世界平和のために』勁草書房、一九九八年）六一八頁以下。
（11）安里英子「米軍基地問題・植民地の意識はまだ消えず」塩川喜信編集『沖縄と日米安保』所収一〇六頁、前泊博盛『日米地位協定入門』（創元社、二〇一三年）。

第五章　世界平和の実現にむけて――世界平和と平和的生存権の確立

一　日本は平和国家である

平和国家日本は非武装、非軍事国家の確立の方向でなければならない。日本国憲法が求める基本原理でもある。

第九条は、世界にむけて日本国民が平和を維持するために定めた「不戦規定」である。われわれはこの第九条を護り、各国に拡げていかなければならない。もし、この状態を妨げるものがあるならば、不戦の重要性を説きそれを阻止していかなければならない。

二一世紀に入り、世界各国はグローバル時代と位置づけ、法律、政治・経済・文化等の各分野で国家を超えた施策を展開している。しかし、現実には各国の諸状況によりそれらの政策、評価は一様ではない。近年、国家を超えた社会的グループが、NPO、NGOなどを組織し、国際的に連携を図りながら平和を求める運動を展開し、各国の平和活動を支援している。教育、研究機関である大学も世界を視野に入れたグローバル人材を養成し、各大学との連携を図るなど平和を目ざした教育、研究がはじまっている。それらは平和交流の一翼を担っている。

現在、各国経済は不況に陥り、一層深刻さを増し、その対応に苦慮しているが、英知ある国際人によって解決されるはずである。その様なときに、問われるのは危機的な国を排除することではなく積極的に手を貸すことである。そのためには、日本にとっては国家の自立が重要であり、その下での近隣諸国との経済、環境、文化を含めた協力体制の確立をはかることにある。ＥＵ体制の確立とその方向は大いに参照されるべきである。目ざすは真の平和国家の確立にある。

二　積極的平和国家の道をめざして

政府は、現在、アメリカとの信頼回復を模索し、軍事力の強化、仮想敵国を前提にして沖縄基地の拡大を図り、アメリカの世界戦略の中に組み込まれることが、平和であると考えているようであるが、大きな誤解である。この状況は、かえって近隣諸国を敵視し、平和が遠のくだけである。アメリカとの軍事同盟関係の強化ではなく、アジアを視野にいれて日米友好関係を図り、同時に国際連合の一員であることを自覚し、その軸を国際連合に移しつつ、近隣諸国、特にアジア諸国との間で平和政策を展開していくべきではないのか。今日の世界における戦争の状況を見ても軍事力のみで平和を樹立することはもはやできない。第二次世界大戦の日本のアジア侵略の実態であきらかにされたように、アジア諸国の国民の日本に対する眼がいかに厳しいものであるかが明らかにされるであろう。現在、アジアでおきているアフガン戦争を見ても、又イラク戦争をみても軍事力で敵の組織を破壊することはできても、国内における反抗勢力を抑制することはできない。「軍事力のみによる解決は、多数の死傷者、難民を生み出すばかりで平和の樹立はほど遠い」ものにしていることは明らかである。イラク戦争、シリアの内戦、イスラム国家の問題然りである。今や、武力によらない解決が求められている。そう思うと、第九条の意味は、ますますその重要度をまし高められていくことになる。法的にいえば、平和的生存権の確立の方向であり、その具体的実現こそ積極的平和主義の道ではないのかと思う。★

★ここでいう積極的平和主義とは、安全保障戦略の課題として、安倍首相が、集団的自衛権の行使容認で強調されていた「軍事力の充実・拡大」「武力行使」に向け積極的に参加する意味でのフレーズではなく、ヨハン・カルトゥングのいう、単に戦争のない状態だけではなく、貧国、差別などの社会構造から発生する暴力のない状態を目ざすフレーズとして用いている。

三　平和的生存権、平和的に共存する権利の確立

平和的生存権は、生命・自由に生きる権利と平和に生きる権利の複合的権利と解されている。[1] この権利については日本では憲法上の具体的権利として法的効力を是認すべく、裁判のレベルで争われてきた。その権利は裁判所の判決でも、徐々に承認されてきている。自衛隊のイラク派遣差止請求事件で名古屋高裁は、平和的生存権の複合的権利性を是認し、第九条に違反する国の行為、戦争遂行、武力の行使等や戦争の準備行為等によって、個人の生命、自由が侵害され、または侵害の危機にさらされ、あるいは現実的な戦争等による被害や恐怖にさらされるような場合、また、九条に違反する戦争の遂行への加担・協力を強制されるような場合には、平和的生存権の主として自由権的な態様の表れとして、裁判所に対し当該違憲行為の差止請求や損害賠償請求等の方法により救済を求める場合があると解することができ、その限りで平和的生存権に具体的権利性がある（名古屋高判平二〇・四・一七判時二〇五六—七四）と述べている。

憲法学者の間でも、今日の憲法学の重要な課題の一つとして取り組まれ、権利として要求するには自覚的運動及び緻密な概念構成が必要であるとする見解もあるが、「目的においても手段においても平和に徹し、国際的・国内的次元にまたがり、客観的制度・主観的権利の両側面の保障があり、外延に政治的規範を持ち、中核に法（裁判）規範を含む、日本国憲法の平和に徹した基本的人権の総体である」（深

瀬忠一『戦争放棄と平和的生存権』（二三九―二四〇頁）と積極的な権利を説かれ、多くの研究者から支持を得てきている。(2) この説による基本的人権の総体とは、その内容に自由権的なもの、参政権的なもの、社会権的なものを包括している複合的な権利であると解されている。(3)

平和的生存権の具体的権利性の主張がこの判決や学説の中にみることができる。日本国憲法の下で生活する国民は、この権利を承認し、さらにより具体的な展開が必要となる。すでに多くの研究者がこのような見解に立ち、あるいは支持している。(4)

二〇世紀の終わりから二一世紀にはいって、国連は、子ども、環境、人口、社会開発、女性、人間居住、人種差別、教育などグローバルな課題等をテーマに毎年、国際会議が行われ加盟国すべての合意を得た行動計画が実施されている。これらは、まさしく「平和的生存権」を柱にした諸行動と解することができる。(5) それは平和運動の基底として用いられてきていることを意味する。いまや、この権利は、複合的な権利として諸国民の間に高められ、さらに個人を超えた国家間の国民との間で共に生きる平和的共存の権利として拡大されてきているといえる。

四　日本からの世界平和の構築

平和憲法の基本的権利である「平和的生存権」の具体化といった視点から世界平和の構築を考えてみる必要がある。前述したように「平和的生存権」の複合的権利の具体的展開の視点である。ところが、日本国憲法の平和条項が政府によって歪められた解釈がなされ、専守防衛の枠組みの中で維持されている。政府解釈によれば、自衛力は「必要最小限度内のものである限り戦力に該当しない」とされ、その解釈を前提にして自衛力の拡大がはかられている。予算規模でみると世界第五位（二〇一一年度）に位

置する防衛力予算である。(6)

しかも、平和国家としての対面を保っているが、現実は、日米安保条約の下でアメリカが進めるアフガニスタンに向けた対テロ戦争に参加し、またイラクにむけたアメリカ等の参戦に自衛隊が人道復興支援活動として協力した。すでにのべたように、それは自衛権行使の限界を超えた自衛隊の海外派遣であり、現行憲法第九条に反するのではないかが再び問われた。人道支援とはいえ、自衛隊の限界を超えた活動は、世界平和の構築をめざし確立してきた現行憲法が保障した「平和的生存権」の侵害であり、決して許されるべきではない。

こうした現実の状況を踏まえ、平和的生存権の具体化の道を歩むことによって、いまでも遅くはない世界平和の構築をめざすことである。若干の問題を提起しておこう。それは第九条の原点復帰への道である。

まず、日米安保条約は、日米軍事同盟条約であることを認識することであり、したがって、この条約を見直し軍事力による協力を排除し、友好関係を重視した条約に変えていくことである。日米が強い絆のもとで経済文化社会の促進、協力関係を充実していくことが重要である。またそれと平行して国連を重視した政策にも配慮し、東アジア諸国（中国、韓国などを含めた）との友好関係を促進していくことである。

アジア近隣諸国との友好関係を重視し、自衛隊の規模の漸次縮小の方向をとり、ＰＫＯ(7)を充実させ、国際災害救助隊、消防隊(8)等に移行、変更していくことである。真の「平和的生存権」の具体的実現を目指し、時間をかけてもその方向に進むべく努力をしていくことである。予算の増額による自衛隊員の増強、装備の拡大は決して勧めるべきではない。むしろ反対にアメリカからの巨額な武器輸入を抑え、

アジア諸国との友好関係に充てながら自衛隊の縮小を進めていくべきことこそ重要である。(9)

とくに、二一世紀にはいって準備されてきた有事法制は廃止されるべきである。「備えあれば憂いなし」といった小泉首相（当時）のもとで多くの有事立法を制定した。戦時における国家総動員体制を意図したものに類似する。これは日本国憲法の保障した民主主義に反し、また平和的生存権を害することになりはしないか。日本国憲法は有事立法を想定していない（第二部第二章参照）。

今までは、「平和的生存権」の確立とその具体的作業について、国を中心にして見てきたが、その役割は、諸外国の地方自治体、企業、大学、マス・メディア、ＮＰＯ、ＮＧＯ、その他国民の積極的活動が重要となる。とくに、諸外国の自治体間交流は重要である。自治体間の交流は、文化、教育、経済、農業、科学等におよび多様な平和的活動が可能となる。それぞれの自治体の特性に応じた国際交流活動の促進が要求される。国はその協力を惜しんではならない。二〇世紀後半に入り、自治体が平和交流ないし平和外交を目指して活発に動き出し、「外国諸都市との姉妹都市提携」や「外国諸都市との非核都市共同宣言」等はその例であるし、二一世紀に向けた国際的事業として改めて検討する必要がある。

二一世紀にはいって、最も目立って動き出しているのは大学であり、大学が勧める国際化事業である。国は大学が行う事業を支援し、また、最近では、政策として積極的に拠点大学を選定し、資金援助を行うなどして留学生の受け入れ派遣に協力している。このような事業を行う大学に対する政府の選別は公正に、かつ誰もが納得する方法で行われなければならない。この事業の推進は、究極的には、平和に生きる諸国民の権利に応えることになる。政府は国策に適合する大学を時流に沿ったものとして掲げ、特定の大学を支援しているが、自主的方針に基づいて国際化を進める計画を持つ大学に対してこそ、国は支援すべきである。Support but no control の原則は維持されるべきである。

国連では、今世紀に入って、こども、環境、人口、飢餓、貧困、社会開発、女性、人間居住、人種差別、教育、難民等、グローバルな課題をテーマに、毎年国際会議が行われ、合意形成がなされ行動計画の取り組みがなされている。これらも「平和的に共存する権利」の確立の一端を目指すものとしての重要な課題である。諸外国の関係者は、積極的に立ち上がるべきである。国家もその支援を惜しんではならない。平和の問題は、もはや国の防衛といった観点から軍事力の強化で平和を維持する時代ではない。国境をこえて国民が世界市民として自覚し、他国民との交流を図ることこそ平和への道が開かれると確信している。

五　まとめ——日本国憲法の完全実施の実現を

現行憲法は、国民の権利、自由を保障し、権力を抑制し、監視するシステムを保障する。それは近代、現代の先駆的憲法にたどり着いた日本国民の成果でもある。立憲平和主義憲法と呼ぶことができよう。ところで、現行憲法は、すでにのべてきたように、制定後六八年を得ている。この間に、国際情勢、国内情勢は大きな変化を遂げてきている。国際関係の動きはＩＴの展開もあってすさまじい勢いで進んでいる。その中にあって、ＩＴスキルの重要性が大きく変っている。現行憲法の基本原理である民主、人権、平和の原則も、これらの影響を受けながらも、国民に深く浸透してきている。ところが、機会があることに、自民党は「憲法改正案」を政治日程にのせて、護憲派から鋭い批判を受けている。まとめにあたり、今まで本章で述べてきたことと重複するが護憲、改憲の対立する争点をまとめておこう。

改憲、護憲の対立は、第九条の改正にある。すなわち、自民党は、政府解釈（内閣法制局）を通して、必要最小限度の自衛力をもつことは戦力に該当しないとした自衛隊合憲論のもとで、あるいは日米安保条約をうけて、自衛力（隊）強化を図ってきた。そしてその拡大を通して、自衛隊の集団的自衛権の行使の正当化を図り、自衛隊のアジア中東地域の派遣が第九条に違反すると問題視されているにもかかわらず、派遣を可能とする道を開いた。また、安倍首相は一方で防衛庁の省への昇格、さらには有事法制の整備を進めながら、自民党「憲法改正草案」を提示している。その内容は自衛隊の国防軍化であり、首相の最高指揮官としての権限強化、軍事審判所の設置である。このような改憲内容は、現行憲法（立憲平和）原理に即応しない。公明党は、改憲には慎重な対応を示しているものの、『自衛権の発動』に加憲を主張し、改正案に明記にせよと主張している。しかし、第九条の解釈を制定当初に遡って鑑みると、このような憲法解釈は第九条の制定趣旨からみてできないはずである。むしろ、日本国憲法第九条の原点に戻って、平和政策を問い直してみるべきである。第九条の原点は、平和国家建設であり非武装・非軍事化の道である。日本は戦争をしないことを定めている。仮想敵国を作り出すような準備を否定しているのである。そのためのよりどころが第九条なのである。

憲法改正による天皇の元首化、国防軍化、内閣総理大臣の権限強化、人権統制を強めるため漠然とした「公共の福祉」の概念を「公益及び公の秩序」概念に変更し、また、緊急事態を設けて、一旦緩急あれば、公益＝国益の名において人権諸規定を制約する概念（文言）として用いることを意図しているように思われる。これらの変更は、第九条の改正を意図しない限り出てこない筈である。したがって、第九条が維持されている限り、これらの改正は必要がない。また、緊急事態条項の憲法レベルでの加憲は、立憲制の抑制、人権条項といった憲法それ自体の構造を否定するものとして許されるべきではない。

すでにのべたように、制憲時において、民主主義の徹底化、国民の権利擁護の保障のためには、政府が一存で行うことが可能となる緊急装置を憲法レベルで定めることは認めるべきではないとして緊急事態の設置を避けてきたことを想起すべきである。自民党の「憲法改正草案」にみられる緊急事態規定は立憲制そのものの否定であり、現行憲法になじまない性質ものである。

人権保障の制限強化と例外の原則化が図られている。いうまでもなく、人権保障は憲法の骨格をなすものであり、現行憲法に人権は人間にとっては固有なものであり、「生来的権利」「奪うことのできない、他人に譲る渡すことの出来ない不可侵な権利」として保障した。とりわけ、精神的自由の範疇として扱われている信教の自由、表現の自由は重視されなければならない。ところが、自民党「憲法改正草案」では、これらの規定に制約規定を追加して、信教の自由、表現の自由の制限を当然視している。そればかりか、現行憲法に見られる「公共の福祉」なる文言を「公益及び公の秩序」に文言を変えることによって、表現の自由を一層厳しく制限し、また、信教の自由には「社会的儀礼」「習俗的行為」なる文言を加えて、政教分離の趣旨を曖昧なものにしている。例外規定の原則化である。公務員が全体の奉仕者であるが故に労働基本権の制限を当然といった規定も同じ論理にたっている。人権尊重が憲法の骨格として位置づけている現行憲法から見ると、このような文言の改正は認められてはならない改正といえる。

新しい権利について、自民党「憲法改正草案」では「新しい権利」として、（i）個人情報の不当取得の禁止（一九条二）、（ii）国政上の行為に関する国による国民への説明の責務（二一条の二）（iii）環境保全の責務（二五条の二）、（iv）犯罪被害者への配慮（二五条の四）規定を加えた。自民党の『憲法改正草案』Q&Aによれば、（ii）から（iv）までは、個人の憲法上の権利として主張するには、まだ熟していないと考えているようだが、すでに多くの研究者が、憲法上の権利の問題として取り上げているように、国（政府）がそれを怠り熟していないレベルのものとし国の努力義務として掲げていることには疑問がある。たしかに、現行憲法には、環境権は認められていないとする見解もあるが、判例の積み上げを通して積極的に構成すべきであると主張している者も多い。なかには、環境権規定を設けるために憲法を改正すべきであるとする主張も多い。今必要なことは環境権を法律レベルで権利として確定することである。単なる国の努力義務規定を設けるだけでは、国民の期待に応えることにはならない。

六　おわりに――私が想うこと

「戦争は、人の生きる自由を否定し、人を殺し、人の住む環境を破壊し、地球を破滅させる。単純明快の言葉であるが、このような戦争を否定し、平和な人類社会を作り上げ、法システムを創りあげることは容易なことではない」。憲法の研究の原点にあったのはこの認識であり、ここから出発している。基本的人権の考察の出発点もここにある。日本国憲法の内容は、私の思想に整合するものであった。研究者としての生活に入り、人類の平和を求めての古典となっている国内外の名著、先人の哲学、思想、政治、歴史、経済、文学など人文科学、社会科学書、そして自然科学教養書を乱読し、いまだに大きな刺激を受けている。憲法改正についても研究生活に入って以来、数々の名著に接し、学びながら改憲論議に関する論文を執筆してきたが、時期的状況の課題、改憲論議の争点が異なっていることがあっても、平和、人権、立憲民主制を重視の姿勢は変わっていない。私の体系書『日本国憲法論』（三省堂）において、その時代を生きた証として平和への取り組んだ拙い成果を収めている。今日、また、憲法改正問題が政治日程の舞台にのり、改正の論議がはじまっている。改憲論者は、本書でのべてきたように、憲法改正の手続きの要件緩和の論議から始まり憲法の内容の改憲論議に及んでいく筈である。その中心はやはり第九条である。非武装国家から軍事中心の「国防」国家に国家構造を変えようとしている。法的にみれば、それは、憲法の改正の限界を超えた憲法の破壊であり、一種のクーデターと解せざるを得ない。

フランス革命後の一七九五年に、ドイツの学者エマニエル・カントが書きつづった『永遠平和のために』（岩波書店）なる名著はこう言う。「平和は、私たちが創るもの」「人間の間の平和の状態は、何等自然の状態ではない。自然の状態は、むしろ戦争の状態である」。したがって、私たちは、「平和の状態を創設しなければならない」。つづけて、カントは、そのために常備軍を時とともに廃止しなければならない。なぜなら、「常備軍が、存在する以上、武装して出撃する準備が整えられる。それが他国を絶えず戦争の脅威にさらしている。」「常備軍が刺激になって、無制限な軍備拡大を競う」「軍事費の拡大を生む」。「常備軍そのものが先制攻撃の原因となる。」「軍隊の役割は、国防という名において、人を殺したり、殺されたりもする。そのために雇われる。」「人間は、国家の名で機械や道具として利用されることは我々自身の人格における人間性の権利と調和しないであろう。[10]」（宇都宮芳明訳）。

エマニエル・カントの名著が世に出されて以来、二〇〇〇年を超える歴史を刻み、その間に、二度にわたる世界戦争があり、国家の名で人を殺す原子爆弾、核兵器が登場した。今後、もし大戦争が起れば一瞬にして人の生命が奪われ、人類が滅亡してしまう時代である。戦争は道徳的にみて罪悪であるといった考え方は、今日においても変わっていない。私たちは、この核地球時代に生き残るためにはカントが「確定条項」としてのべている『共和制（立憲制＝筆者加筆）』、『自由な国家としての連合』、他国との『普遍的友好権（訪問権）』を確立して真の平和を創りあげていかなければならない。

現行憲法第九条の規定こそ、私たち日本人が長い歴史の中で、多くの先人を犠牲にして勝ち取ってきた英知として、主権、人権と並んで平和的生存権は憲法の骨格をなすものとして、将来の子孫はもとより地球市民に譲り渡していかなければならない[11]。現在の状況に即して言えば、自衛力の拡大は許されず徐々に縮小に向かわせなければならない。

現行憲法第九条が、こうした平和構築の原点そして目標であるといった考え方にたって憲法の講義、憲法ゼミで、あるいは大学の外で講演、社会教育等での憲法活動を行ってきた者にとっては、現在改正を見ようとして論議を呼んでいる自民党の「憲法改正草案」は、世界的流れに反するものであり決して認められるものではない。そればかりか、すでに述べてきたように、近隣諸国からも新軍国主義国家の再来として決して歓迎されることはないであろう。いまや核時代である。日本国憲法が求める立憲平和主義国家の方向は決して捨ててはならない。

【註】

(1) 吉田善明『日本国憲法論（第三版）』（三省堂、二〇〇七年）四八〇頁以下。

(2) 平和的生存権の法的性格、範囲、裁判の規範性など論議もみられるが、大筋として、この見解に立つ者は多い。深瀬忠一を中心に共同研究が行われ、その成果が発表されている。深瀬忠一、杉原泰雄、樋口陽一、浦田賢治『恒久世界平和のために』（勁草書房、一九九八年）、杉原泰雄、樋口陽一、浦田賢治、中村睦男、笹川紀勝編『平和と国際協力の憲法学―深瀬忠一教授退官記念』（勁草書房、一九九〇年）及び深瀬忠一、上田勝美、稲正樹、水島朝穂編著『平和憲法の確保と新生』（北海道大学出版会、二〇〇八年）、個人的な刊行本として、山内敏弘『平和憲法の理論』（日本評論社、一九九二年）、小林武『平和的生存権の弁証』（日本評論社、二〇〇六年）浦田一郎『自衛力論の論理と歴史』（日本評論社、二〇一二年）等を参照。

(3) 「複合的権利」としての性格を有するといった説明は、近年多くの研究者によって支持されている。たとえば、教育権は、教育の自由の面と社会権の面をもつ権利と解されている。

(4) 小林武『平和的生存権の弁証』（日本評論社、二〇〇六年）、上田勝美『立憲平和主義と人権』（法律文化社、二〇〇五年）等。

(5) 憲法再生フォーラム編『改憲は必要か』（北沢洋子執筆）（岩波新書、二〇〇四年）一二二頁以下。

(6) 第二次安倍内閣の下での二〇一三年度予算は、四兆六，八〇四億円組まれ、一二年度より四，五一億円増となっている。なお、SACOおよび米軍再編経費を含めている（防衛省・自衛隊『防衛白書』平成二五年度版）一一八―一一九頁。

（7）ＰＫＯ（国際平和維持活動）として、自衛隊がその任にあたっているが独立した組織として存在されるべきである。現状の下では違憲の状態にあるとする見解も多い。
（8）水島朝穂『武器なき平和——日本国憲法の構想力』（岩波書店、一九九七年）二四三頁以下。
（9）毎日新聞二〇一四年二月一八日の報道によれば、中国人民解放軍総合勤部政治委員・劉源上将（大将）は、日中関係について問われる中で、「戦争とは何なのか。それはとても残酷なもので代価も大きい。別の方法で解決できるならば極端な暴力的手段で解決する必要はない」と非戦の考えを明らかにしていた。これこそ中国の本音でないかと、小沢凡司（元在中国日本大使館防衛駐在官）は、「中国の尖閣諸島に対する戦略的な関心はむしろ薄く、日本側に中国を意識すぎる面がある。自衛隊と中国軍の対話のチャンネルはほぼ閉ざされており、信頼醸成こそが急務ではないでしょうか」「尖閣を戦場にしてはならない。」と述べているが、そのとおりである。
（10）本書は、一七九五年四月、フランス革命後のフランスとプロイセンとの間で交わされたバーゼル平和条約に対する不信がきっかけで執筆された、といわれている。
　エマヌエル・カントは、永遠平和を実現するための具体的条件（確定事項）として、①国内体制に関しては共和制の確立、②国際体制に関しては、自由な諸国家の連合制度の確立、③世界市民法に関しては普遍的な友好をもたらす訪問権の確立が重要となるとのべている（カント『永遠平和のために』解説、宇都宮芳明）。
（11）憲法学界でも第九条の非武装規定、前文の平和的生存権は、今日においても、最も優れた平和への指針を示しているとして、その有効性について述べている学者も多い。小林直樹は、『平和憲法と共生六〇年』（慈学社、二〇〇六年）において、憲法第九条の理念が極めて現実的であるとしてその有効性を再確認する。①「無軍備の方針は、『核の時代』の要請する軍縮の課題に最も適合した方法である。」②「軍備に用いられる大量の非生産的な財力や人力の浪費は、環境の破壊や財政の悪化を促進するのに対し、その費用と人力を環境保全・回復あるいは福祉に回せるから、二重の意味で先の世界課題に貢献できる」。③「戦争はもちろん、軍備競争は、減少しつつある資源・エネルギーを大量消費することによって、未来の子孫の生存権をも奪う愚行である。」そのためにも第九条は不可欠である。④「人権及び民主主義にとって、軍は危険な暴力装置に陥り易い。」「その様な悲劇なくし、人権と民主主義の保障に大きく資することにな（る）」。また、深瀬忠一は、『平和憲法の確保と新生』（北海道大学出版会）において、二一世紀に選択する三つの道の基本路線の選択が問われている。①は、戦争と大軍拡に従って、『日米同盟』を強化し、わが国の「明文改憲」により軍隊を創設し、世界中どこにでも行き、軍事的協力のできる、新軍国主義への道。②は、日米を進める「実質的改憲」により、破綻に瀕した「経済大国」の権益を軍事力を背景に保全し伸長しようという道。③は、平和憲法を最高法規として確保し、自主・独立の核廃絶・軍縮の非軍事的国際協力により、国民の「平和のたたかい」により成長させてきたソフトパワー（経済、技術、平和文化、勤勉等）の全力を挙げて、核地球時代の人類が生き残るため、正義に基づく恒久平和の建設に寄与する道があり、第③の道こそ、日本国民の寄与すべき道であると、主張する。

その他多数の平和研究者によって平和に向けた指針が提示されているが、ここでは、憲法研究者による共同研究の成果として、（註2）を参照されたい。

〈補一〉世界諸国の憲法典に見る平和条項の世界的傾向

一　はじめに

日本国憲法は、国民主権、基本的人権、平和主義を基本的原理として定める。わけても、平和主義は、世界史的に重大な意義をもった極めて特色ある規定である。第二次世界大戦の惨禍を受けた国民が「政府の行為によって再び戦争の惨禍が起ることのないように決意し」（前文）、恒久平和を念願し、進んで戦争の放棄を誓ったのである。

戦争の惨禍をいくたびか体験した世界の人類は、いままでにも、いろいろな形での戦争を反省し、平和の実現を求め、かつ企ててきた。その実現への努力が、近代にいたって実定法上に戦争の制限規定や国際紛争の平和的解決に関する規定を定めるにいたった。これらは戦争と戦力の全面的放棄にはいまだ程遠いが、第二次世界大戦による勝利国であれ、敗者国であれ、戦争は自分たちの生命と自由を奪い、国民の生活を不幸なみじめなものにするといった認識に立って、国の青写真とも言うべき憲法に、それぞれの国の戦争に対応する姿勢を描き出している。

小稿では、世界諸国で戦争を排除する方向で平和への模索を始めているが、これらの諸国が、戦争をどのように受け止め、平和への模索をしているかについて、特徴ある諸国家の憲法を取り出し、武力に関する規定を紹介していきたい。

二　たどり着いた諸外国憲法に見られる侵略戦争放棄規定

第一次世界大戦を経て、各国が悲惨な戦争の惨禍を反省し、戦争の防止を求めて立ち上がり組織されたのが、一九二二年の国際連盟の設立である。この国際連盟規約によると、三つの場合の戦争を制限し、禁止している。すなわち、①連盟加盟国の間に国交断絶にいたる虞のある紛争が生じたときは、国際裁判所の判定後または連盟理事会（もしくは総会）の報告後三カ月間を経過するまでは、いかなる場合にも戦争に訴えてならない（同法一二条一項）。②判決に服する当事者に対し、他の当事国は戦争に訴えることは許されない（同法一三条四項）。③理事会や総会の一定の勧告を受託する紛争の当事国に対し、他の当事国は戦争に訴えることは許されない（同一五条六項）。これらの禁止条項に違反して戦争を行った場合は、他のすべての連盟国はただちに経済的な国交を断絶することとし、場合によっては武力制裁の措置をとることを予定している（同一六条一項・二項）。

この国際連盟規約（一九一九年）は、一九二八年のジュネーブ協定（正式には「国際紛争の平和的処理に関する一般議定書」）、一九二八年の不戦条約（正式名「戦争抛棄ニ関スル条約」）へと発展する。とくに、不戦条約は、世界のほとんどの国が参加し、しかも広い範囲で直接的に戦争を禁止した最も重要な条約である。同条約一条に締約国は、「国際紛争解決ノ為戦争ニ訴フルコトヲ非トシ且其ノ相互関係ニ於テ国家ノ政策ノ手段トシテ戦争ヲ抛棄スルコトヲ其ノ各自ノ人民ノ名ニ於テ厳粛ニ宣言ス」とする注目すべき規定をおいた。しかも、この規定は国内法としての憲法にまで影響を及ぼしている。たとえば、一九三一年のスペイン憲法第六条によれば、「スペインは、国家の政策の手段としての戦争を放棄する」と規定する。しかし、ここでは放棄された戦争は侵略戦争に限られ、自衛戦争は承認されている。

三　国際連合憲章と諸外国憲法に見られる戦争放棄規定等の態様

第二次世界大戦後には、先の不戦条約をうけて国際連合憲章（一九四五年）の成立をみる。この憲章の内容をみると戦争の禁止を定めてはいるが、自衛戦争については否定しているわけではない。すなわち、国連憲章は、「すべての加盟国は、その国際紛争を平和的手段によって国際の平和及び安全並びに正義を危うくしないように解決しなければならない」（二条三項）とし、また続けて「すべての加盟国は、その国際関係において、武力による威嚇又は武力の行使を、いかなる国の領土保全又は政治的独立に対するものも、また、国際連合の目的と両立しない他のいかなる方法によるものも慎まなければならない」（二条四項）と定め、さらにこの規定を受けて、「国際連合加盟国に対して、武力攻撃が発生した場合には、安全保障理事会が国際の平和及び安全の維持に必要な措置をとるまでの間、個別的または集団的自衛の固有の権利を害するものではない」（五一条）として制限を付しながら、自衛権及び集団的自衛権の行使としての自衛戦争を肯定している。

第二次世界大戦の反省から、憲法を制定した諸国家では、憲法に戦争の禁止に関する特色ある規定を置いている。しかし、戦争放棄の対応する諸規定は多様である。

侵略戦争（征服戦争）の放棄を想定し、常設軍はもたないと定めている国の憲法。一九四九年のコスタリカ憲法、パナマ共和国憲法である。コスタリカは一九四九年に憲法を制定し、第一二条で「（a）、常設制度としての軍隊は禁止される。（b）、警備及び公共の秩序の維持のためには、必要な警察隊を置く。（c）、大陸協議（米州機構、米州相互援助条約＝筆者加筆）によるか、もしくは国の防衛にのみ軍隊を組織できる。いずれの場合も、軍隊は文民の権力に服する。軍隊は、個別的であると集団的であるとを問わず、評議・示威行動をし、あるいは宣言を発してはならない、と定める。防衛上の必要があるときは、軍隊の保持を可能としているが、憲法制定以来、軍隊は設置されていない。パナマ憲法では、「パナマ共和国は、軍隊を保有しない」とした規定をおくが、他方で、「すべてのパナマ人は、国の独立と領土保全のために武器をとることが求められる」（三〇五条）と定める。

侵略戦争又は征服戦争の放棄を定めている国の憲法。一九四八年のフランス第四共和制憲法、四七年のイタリア共和国憲法、四九年のドイツ基本法、八七年、九八年の大韓民国憲法など。フランス第四共和制憲法前文に「フランス共和国は、征服を目的とするいかなる戦争も企図せず、かつ、いかなる人民の自由に対しても、決して武力を行使しない」と定め、現行の一九五八年憲法前文で、一九四八年憲法の前文を尊重すると定める。」ドイツ基本法第二六条一項で「諸国民の平和的共同生活を妨げ、とくに侵略戦争の遂行を準備するのに役立ち、かつ、そのような意図をもってなされる行為は違憲である。このような行為は処罰されなければならない」と定める。また、イタリア憲法第一一条では、「イタリア国は他の人民の自由を侵害する手段および国際紛争を解決する方法としての戦争を放棄する。イタリアは、他国と等しい条件の下で、各国の間に平和と正義を確保する機関に必要な主権の制限に同意し、この目的のための国際組織を促進し、かつ助成する」と定める。アジアでは、一九八七年のフィリピン憲法が、「フィリピンは、国策遂行の手段としての戦争を放棄し、一般に受託された国際法の諸原則を国内法の一部として採用し、平和、平等、正義、自由、協調および全ての国民と親善の政策を遵守する」（二条二項）と定める。また、一九九八年の大韓民国憲法においても「大韓民国は、国際平和維持に努め、侵略戦争を否認する」（五条一項）と定める。

仲裁裁判による紛争解決を定めている国の憲法。一九三一年のスペイン憲法、一九四六年施行のエクワドル憲法、一九六七年施行のブラジル憲法、一九五〇年施行のインド憲法等などが該当する。一九五〇年施行のインド憲法五一条には、「国際平和及び安全の促進」とした規定をおき、(c)「国際関係の処理にあたって、国際法及び条約上の義務を尊重する精神をもつこと」、(d)「国際間の紛争を仲裁により解決するように努めること」と定める。一九六七年のブラジル憲法では、「国際紛争は、ブラジルが加盟している国際組織の協力のもとに、直接交渉、仲裁及びその他平和的手段によってこれを解決する。征服戦争は禁止される」と定める。

核兵器等の禁止を明示した国の憲法。フィリピン憲法、イラク憲法、カンボジア憲法、オーストリア憲法等がある。一九八七年制定のフィリピン憲法第二条二項『国家政策としての戦争放棄し、一般的に確立された国際法規を国法の一部として認め、すべての国ぐにとの平和・平等・公正・自由・協調および友好を政治原理とする』とのべたうえ、八項に「国益として、領土内における核兵器からの自由を政策として採択し、その政策を追求するものとする」と定める。この規定を根拠にフィリピンでは、アメリカと間で結ばれていた軍事基地協定が終了し、一九九二年に米軍基地は撤収された。しかし、二〇一三年には、その基地は再び復活している。一九九九年のカンボジア王国憲法では、「王国は、独立、主権、平和、永世中立の非同盟国家」(一条)であると定めたうえ、第五四条に「カンボジア王国は核兵器、化学兵器及び生物兵器の製造、使用および貯蔵は、絶対的に禁止される」と定める。憲法においては、より明確に、具体的に定めているのがオーストリア憲法(正式名は、オーストリアの中立に関する一九五五年一〇月二六日の連邦憲法的法律)である。オーストリア憲法において、「オーストリアは、対外的に常に其の独立性を主張するために、また、その領域を侵害されないために自由な立場から永世中立を宣言、この中立をあらゆる手段を持って維持し、擁護するものとする」(一条一項)と定め、さらに「この目的を将来にわたって確保するため、オーストリアはいかなる軍事的同盟にも参加せず、またその領土内に外国の軍事基地を設けることを認めない。」（一条二項）と定める。また、一九九九年には、「原子力のないオーストリア」と名づけられた憲法的法律を制定し、「核兵器の製造、貯蔵、運搬の禁止のみならず」、「原発等の施設の禁止および既施設の稼動の禁止」（一条・二条）規定まで付け加えている。この規定はまさにオーストリア憲法そのものに永世中立の根拠、さらにより具体的に核兵器、原発の製造、稼働の禁止までも定めている点など注目すべき規定である。

このように第一次大戦後は国際連盟規約を、第二次大戦後は国際連合憲章を受けて、独・仏・伊では侵略戦争放棄を宣言し、侵略される状態に陥った場合は、その対応を国連組織に委ねる（主権制限の承認）ことを定める。また、国によっては、侵略の前に仲裁裁判による解決を求め（インド憲法五一条（d））、侵略を防ぐために中立国として宣言し、いかなる軍事同盟にも加盟せず、そのために領土内に外国の軍事基地をおかない（オーストリア）など多様な対応が示されてきている。

四　日本国憲法の世界的波及

日本国の場合はどうであろうか。日本国憲法の成り立ちをみると、第九条で「国権の発動たる戦争」と「武力による威嚇又は武力の行使」を放棄すると定め、諸外国で見られるような「条件付き平和主義」以上のものである。すなわち、わが国では、ポッダム宣言に従って「無責任なる軍国主義」の駆逐を主張し、平和的傾向を持つ政府を樹立し、その「政府の行為によって再び戦争の惨禍が起こることのないようにすることを決意し」、そのために、国民みずから進んで戦争を放棄し、恒久の平和が実現することを念願しかつ宣言した。そして、これを受けて憲法九条一項で「日本国民は、正義と秩序を基調とする国際平和を誠実に希求し、国権の発たる戦争と、武力による威嚇又は武力の行使は、国際紛争を解決する手段としては、永久にこれを放棄する」とし、さらに二項で「前項の目的を達するため、陸海空その他の戦力これを保持しない。国の交戦権は、これを認めない」と定めた。このことは、当時において世界に比類のない徹底した平和主義の道を求めている。その後、一九四九年のコスタリカ憲法一二条にも「常設制度としての軍は禁止される」との規定がみられる。コスタリカの場合は、憲法上は軍隊を組織できるとしている（同一二条三項）が、世界平和に向けた方向を目指していることは言うまでもない。今後も、さらにこのような傾向が高められ、各国の諸憲法においても行く行くは日本国憲法の様な戦争の放棄規定が憲法に定められることになる。そのためには、戦争の放棄条項を前提にしたうえで、オーストリア憲法に見られるごとく、中立国としての宣言、軍事同盟に加盟しない等の準備を整えるなどが考えられる。また、国連もそのための協力を惜しんではならない。もちろん、その方策は国によって異なってよいであろう。こうした平和の確立を目指した努力が各国において図られていけば、各国の諸憲法に戦争放棄条項の実現をみることはそう遠くない。

五　まとめ

世界諸国憲法の傾向という視点に立って、平和に関する規定が各国憲法においてどのような定めをしているかについてみてきた。これからの各国憲法は、制定当時の政治状況をふまえ、それぞれの国の伝統、文化を遺産として継承し、これから平和に生きようとする方向を見定めながら、平和憲法の制定を目標に一歩一歩と進めていることを読み取ることができる。平和への歩みにはその国の憲法の規定にみられるように遅いところもあれば、早いところもある。しかし、その方向は同じである。その際、日本国憲法は、平和を求める諸国家の憲法制定のモデルとなるであろう。ここまで成熟してきた日本の平和憲法の仕組みを変えることは認められるべきではない。

〈補二〉世界諸国の憲法規定の比較法的考察

一　はじめに――比較憲法的研究という視点にたって

各国憲法の特質を示す「主権」「基本的人権」「立憲制」「裁判」「憲法の改正」内容の今日的傾向について検討していきたい。対象とした国は決して多くはない。しかし、諸外国憲法の中から憲法の特質を示す内容の共通性ないし諸傾向を引き出すにしても、次のことがまず確認されていなければならない。第一に、憲法がいかなる政治体制の下で制定されたものであるのか、ということである。資本主義国家ないし自由主義国家の憲法と社会主義国家の憲法とは理念が本質的に異なっている。かつてソ連邦憲法は、マルクス・レーニン主義に基づいて築きあげた代表的な社会主義国家であったが一九八九年に崩壊し、現在は毛沢東主義の下に成立した中華人民共和国が代表的国家となっている。社会主義国家の憲法は、資本主義体制を否定する形で生まれたという歴史的認識に基づいている。したがって、かかる理論に基づいて登場してきた旧ソ連憲法ないし中国憲法を自由主義国家の諸憲法と並立して条文に力点をおいて比較をしてもそれらの憲法の本質的な内容を理解することはできない。しかし、それぞれの体制の理念は、互いに影響しあいながら、体制を異にする諸国の憲法典に反映されていることは指摘されてよい。その点で、自由主義国家の憲法を研究するに際しても、社会主義国家の憲法は大いに参考となる。ただし、社会主義国家体制内にあって、階級制が否定されたとはいえ、人民化にみられる不平等な施策、それによる人権侵害は許されるべきことではない(1)。

第二は、対象とすべき憲法とその研究方法についてである。憲法の研究は、憲法典の研究に限定すべきでないことは、すでに多くの文献でも示されているが拙著『現代比較憲法論（改訂版）』（敬文堂、一九九〇年）においてものべている。やや敷衍してみよう。すなわち、憲法を憲法典ないし成文憲法をさすことに限定すると、イギリスは憲法を持っていない国になる。しかし、王政の権力を抑制し立憲制の仕組みが近代的意味の憲法であるとすれば、イギリスはいち早く市民革命を通して立憲体制を確立し、近代憲法を持った国であるといえる。その内容は、コモンロー、制定法及び習律のうちに存する国家の構造及び国家との諸関係を規律する基本的諸規範をもち、それらの体系化が憲法研究の対象とされる。

また、憲法典を有する国家の憲法を研究する場合でも、憲法典と憲法現実との間のギャップに注意を向けなければならない。憲法典の研究だけでは憲法の本質を理解することができない場合が出てくる。したがって、憲法の比較研究は、比較の対象となる国の憲法典を理解したうえで、憲法の機能的かつ歴史的方法による検討が重要な意味を持つことになる。ここではこれらの点を考慮しながら主な国の憲法の特徴を示している条文を取り出し検討してみたい。

二　立憲君主制・共和制・主権

近代国家の憲法を類型化する一つの方法として、憲法の制定手続を基準とした分類がある。いわゆる欽定憲法、民定憲法、協約憲法といった憲法の峻別である。欽定憲法は、君主の一方的意思のみで制定される憲法を意味すると解されている(一八四八年のプロイセン憲法、一八八九年の大日本帝国憲法等)。また、憲法制定過程からみて、この範疇に入るものにイギリス憲法がある。しかし、イギリス憲法の場合、法的には国王は議会主権の一部を構成しているが、すでに一九世紀にはいって、W・バジョット（W・

Bagehot）がのべていたように、国王は『相談を受け、勧告し、警告を発する』だけのものになってしまい、二〇世紀の今日では、さらに進んで国王は、元首であるが、名目的、儀礼的な権限しか行使することができないものとなっている。(2) したがって、イギリス憲法は欽定憲法の範疇にはいり立憲君主制（議会主権）型である。このことを確認しておかなければならない。日本国憲法は、天皇を象徴とし、政治的機能を否定している点では類似性を有するが、主権者は国民であると明文化している点ではイギリスの憲法（議会主権）と異なっている。そのほか、現在、国王を有する国家でも、政治の担い手が君主（王）から国民に移り、主権は国民に存するとしているのが一般的である（スエーデン統治法典、オランダ憲法、デンマーク憲法など）。これらの国では国王を元首としているのが特徴である。スエーデン統治法典（憲法）第五条、スペイン憲法第五六条、タイ王国憲法第二条、カンボジア王国憲法第七条二項で明らかにしている。これらの国家の政治形態はいずれも立憲君主制型に属する。

また、主権が国民に帰属しているのが近代憲法（自由主義国家）の特徴である。主権とは、一般的に「国の政治のあり方を最終的に決定する力」と解され、国民にその主権があるということである。しかし、主権が国民に帰属するといっても、日本国憲法においては、解釈論のレベルではあるが、その「国民」の意味が問われ、総体としての国民（nation）を意味するのか、政治に直接参加する国民各人（people）を指すのかが問われる。国民と代表との関係については、自由委任か、命令的委任を定めたものなのか否かで解釈論レベルで争われていることも、ここでは述べておこう。

三　主権の相対化（国家主権の制限）

二一世紀を前にして、東西ドイツの統一、ソ連邦の崩壊そしてグローバリゼション化（ヨーロッパ連合など）の進行は、諸国の憲法に著しい憲法変動をもたらしている。それは国家主権の相対化であり、国家主権の制限といった方向に進んでいる。

とくに、ヨーロッパ諸国では、ヨーロッパ連合条約（マーストリヒト条約）、アムステルダム条約、ニース条約によってヨーロッパ連合（ＥＵ）への権限の移譲が行われた。この状況に対し、国によっては、主権を制限し移譲するマーストリスト条約を承認することは、主権侵害になるのではないかといった批判が出される。たとえば、フランスでは「主権行使の本質的要件」を侵害しない限り主権移譲が承認されると判示され、裁判による承認を得ている（一九九二年フランス憲法院判決[3]）。ドイツ、ベルギー、オランダなどでも、フランスと同様、憲法の改正を図り、主権制限の承認、権限の移譲が承認されている。また、ヨーロッパ連合では、ヨーロッパ連合の中ではあるが、ヨーロッパ連合市民として、地方参政権、庇護権などが認められている。

四　基本的人権の拡大

近代国家の諸憲法が定めた人権保障は、個人の自由（思想、言論等の精神的自由、契約の自由　財産権など）と平等の権利を中心に描かれ、これらの諸権利は国家権力によって干渉されてはならない。これらの権利、自由は、現代憲法においてもそのまま継承され、それらを体系的に規定した憲法として、アメリカ憲法、イタリア憲法、ドイツ基本法、大韓民国憲法、日本国憲法等が、体系だった憲法ではないが、法律、判例その他人権規約等を根拠として人権が保障されていると解される国の憲法として、イギリス憲法等があげられる。イギリスでは、一九九八年には人権法、二〇〇六年、二〇一〇年には平等法が制定された。もとより、体系化されている憲法でも判例、慣習法等が人権保障の根拠とされていることは言うまでもない。しかし、いずれの国の憲法も、その国に適合するためには、長い歴史を経なければならなかった。とりわけ、近年では、性別による差別（ジエンダー）は今日においても各国における重要な憲法問題となっている(4)。

近代国家の憲法を持つ自由主義国家では、資本主義の発展が一定の段階に達すると、経済的繁栄によって富を得るものが現れる一方、経済的被圧迫者、弱者を生活難に陥れることになり、資本主義の危機が叫ばれるようになる。こうした現実への対応は、各人の生存としてではなく、国家の責任として考えなければ、資本主義の存立自体が不可能であると考えるようになる。ここに「人に値する生存」（ein menschenwürdiges Dasein）を保護しようする社会権思想が出現する。この思想に基づく社会権を実定憲法の上に登場させたのが、一九一九年のワイマール憲法であった。このワイマール憲法の規定は、その後、第二次世界大戦後の諸外国憲法に影響を及ぼし、各国憲法典に社会権諸規定として導入される。西ドイツ基本法（現ドイツ基本法）、スイス憲法、イタリア憲法、大韓民国憲法、日本国憲法においても保障される。もとより、このような生存権規定が憲法に明記されていなくとも、憲法を根拠にあるいは法律によって具体的に保障している国が多く存していることはいうまでもない。イギリスにおける『揺り籠から墓場まで』のスローガンは、その保障の具体的実現をはかると同時に各国の憲法の生存権的規定の保障に大きな影響を与えている。また、自由権の保障に関して現代国家の憲法状況をみるとき、「国家からの自由」といった伝統的、古典的な個人権としてみるだけでは不十分であり、新しい観点からの検討が必要となる。わけても、驚異的に発展してきたマス・メディアは、意見発表の前提となる『自由な意見を享受する権利』の保障なくして、真の言論の自由の保障とはならないという状況を生み出した。つまり、「知る権利」の保障である。この権利は、公的機関が管理する公文書に対する開示請求権を生み、個人情報保護法を制定し、自由権の実質的保障として重要視される。そのほか、環境権、健康権の保障を明文をもって定めている国の憲法として、スイス憲法、大韓民国憲法、ロシア連邦憲法がある。

憲法における人権保障は、国家権力から個人の権利、自由を擁護することにあった。ところが、今世紀に入り社会経済の発展は、公権力のほかに政治、経済、地域団体などの巨大な社会組織を生み、そのなかで弱小な個人の自由は圧迫され、実質上の個人の自由、権利が奪われるとき、それまで国家に対して向けられてきた基本的人権は、私的団体や個人に対しても向けなければならなくなってきた。したがって、憲法の保障した基本的人権は国家活動を制限し、国民の権利を確保しようとするためのものであるが、今日では私人間における人権保障を目的とした積極的な立法による保障のほか、すでに実定化されている憲法上の人権規定を私法関係にも照射せしめるための理論づけが必要となってきた。

アメリカでは、私的行為に国家が「きわめて重要な程度にかかわり合いになった場合」、逆に、私的団体が「高度に公的な機能にかかわった場合」など国家による侵害と同じように憲法問題（state action）として取り上げ、またドイツにおいても、人権についての私人間における効力——第三者効力（Drittwirkung）としての問題として扱われる。我が国も、これらの影響を受けて、私人間に適用する際の適用のしかた（間接適用説、直接適用説、無効説）について論議があるものの、私人間の憲法適用は当然のことと考えられている。

五　立憲制の法構造

自由主義国家における立憲制の構造は、絶対君主制を排除し、権力分立制を採用している。しかし、それぞれの国の歴史的発展の仕方に対応して、その構造は一様ではない。わけても、議会と政府との権限関係をみるとき、(ⅰ) 大統領制 (ⅱ) 議院内閣制 (ⅲ) スイス型会議制 (ⅳ) 議院内閣制と大統領制との混合型に分けることができる。(ⅰ) 大統領制とは、政府と議会との間に厳格な分立、独立が原則として存在している型を言う。しかし、両者は、必ずしも没交渉に分離独立しているわけではない。アメリカ憲法がこれに属する。この型の憲法は中、南米諸国に多くみられる。メキシコ、コスタリカ、ブラジル、アルゼンチン、チリなどみなそうである。アジア諸国では、フィリピン、インドネシア等があげられる。(ⅱ) 議院内閣制とは、一般に内閣存立の基盤が議会にあるが、両者との権限関係については、イギリス型議院内閣制と第四共和制時代のフランス型議院内閣制 (第四共和制) に分かれる。前者は立法府と行政府の対等性を重視し、立法府と行政府との間に抑制と均衡の設けられていること、具体的には、行政府の立法府への無条件な従属を避けるため、行政府が立法府議員を解散する権限を有している、という理解である。この範疇の中で、前者には、イギリス憲法、カナダ憲法、ドイツ基本法、北欧三国 (スエーデン憲法、ノルウエイ憲法、デンマーク憲法など) がはいる。これに対し、後者は「議会と内閣との関係において議会に内閣の存立を左右するほどの優位性が認められ、内閣の成立と存続とが議会の意思に依存せしめられている制度」と解されている。日本国憲法は前者の範疇として扱っているのが通説であるが、近年、後者ではないかとする有力説も登場している。また、首相の地位を強化すべきとする首相公選論、国民内閣制論も浮上してきている。(ⅲ) スイス型議会制 (執政府制) とは、「行政府のメンバーが議会によって任命され、あるいは少なくとも厳重に従属し、実際的には、イニシアティブも取れず、その結果、真の権力機関ではなくて、単なる『委員会』にすぎない」と解されている。このスイス型は、首相の意思決定を明確にし、首相のリーダーシップを期待することにあったが、現実にはそれに応える体制になっている。(ⅳ) 最後は、大統領制と議院内閣制の混合型である。この制度は、行政権とりわけ大統領の権限強化と議会関係を抑制する型として特徴づけられている。フランス第五共和制憲法、大韓民国憲法がこの型に入る。

六　選挙システム

諸外国の政治形態を類型化し、その制度の特徴を述べてきた。しかし、諸国の政治制度に参加する選挙システムは多様である。

一般に、選挙システムは、大きくわけて、①小選挙区制と②比例代表制に峻別される。①一区一人の小選挙区制（一人一区）でも当選者の選出方法は異なる。イギリス、アメリカでは、選挙区内で一候補者が他の候補者よりも一票でも多く票を獲得すれば当選者となる。フランスでは、選挙区内で第一回目の投票で投票の過半数の獲得できない場合は二回目投票で当選者を決める方法を採用している。

②比例代表制方式である。この方式は、国会に有権者の意思が少しでも反映させようとする代表選出システムである。比例代表には、政党政治を前提にして政党が提出する名簿に票を投じる場合（List system）と、政党の立候補者に票を投ずる場合がある。前者は北欧（スエーデン、ノルウエイ、デンマーク、フインランドなど）で採用されている。後者はSTV方式（Single transferable vote system）と呼ばれ、アイルランド、オーストラリア（上院）で採用されている。

③ほかに選挙区と比例区とを併せ持つ小選挙区比例代表併用制（ドイツ）、小選挙区比例代表並立制（日本）方式がある。EU（ヨーロッパ連合）の指導もあって、国民の意思を重視した比例代表制による投票方式を採用している国が多い。

④代表民主制（選挙制）を補完する型での直接民主制を導入している国もある。国民表決（レファレ

ンダム）は、直接民主制の一形態である。国民が重要な政策決定に、経済・社会政策等に参加する手法として採用されている。主権者国民の活性化として重要である。一方で、レファレンダムの拡大は、政権担当者の政策追認として機能しかねない側面を持っているとして、憲法的導入に消極的な国も多い。この制度を掲げている国としてフランス、ドイツ、イタリア、スイス、日本等がある。詳しくは、本書第一部〈補〉（四）参照。

七　司法制度と違憲審査

自由主義国家における司法制度は、司法の一元制と二元制に類型化される。前者を英米型司法制、後者を大陸型司法制と呼んでいる。前者は、裁判はすべて司法裁判所において判断されるという制度を意味し、アメリカ憲法、カナダ憲法、インド憲法、日本国憲法において用いられている。これに対し、後者は、裁判は司法裁判所で扱うのが原則であるが、行政事件（争訟）に関して行政裁判所で扱うという制度であり、フランス憲法、ドイツ基本法、イタリア憲法、スイス憲法において採用されている。司法の一元制を採用している国の中で、アメリカは一八〇三年マーベリ対マジソン事件を契機に違憲立法審査権を確立した。日本裁判制度もアメリカの影響を受け、違憲立法審査制を導入した。カナダも一九八二年にアメリカ型の司法審査制を導入している。しかし、カナダでは、すでにカナダ的伝統として存在している州その他の関係者が連邦や州の法令合憲性の審査を求める勧告的意見（advirsory opinion）制はそのまま存続している。

一方の大陸型司法制ないし司法の二元制を採用している国では、二元的裁判機関（司法裁判所と行政裁判所）の裁判権の行使とは別個に、法令審査を行う憲法裁判所を設置している。ドイツ基本法、イタリア憲法、オーストリア憲法、スペイン憲法が代表的例である。また、フランスでは、第五共和国の憲法の下で、立法、行政の濫用を抑制する意図で憲法院が設けられたが、一九七四年一〇月の憲法改正により、憲法院は、人権保障機関としての機能を高め、二〇〇八年七月の憲法改正で違憲の抗弁による事後審査制が導入されている（六一条の一）。

二〇世紀後半にはいって、大陸型司法制度を採用している国の多くは憲法裁判所制度を設置し、司法の第三権力としての地位を高めている。

八　憲法の改正手続の類型化

憲法改正手続の難易を基準として、軟性憲法と硬性憲法に分離されるが、この分類だけでは改正基準の難易性を明確にすることができない。というのも、憲法は国の根本法であり、国民の権利・自由を守る砦であるとすれば、憲法改正条項は他の一般法令より、より慎重、厳格な手続きが要請されるからである。この観点からみると、硬性憲法であることを基本としつつも諸外国の憲法を類型化すれば、つぎのように整理される。（一）憲法改正が通常の法律手続きで改正されるケース――イギリス憲法、ニュージーランド憲法等など。さらに、通常の法律手続法に人民投票を課しているフランス第五共和国憲法（八九条）、イタリア共和国憲法（一三八条二項）がある。（二）立法機関による通常の立法手続きより慎重な手続きで改正されるケース――カナダ憲法、ドイツ基本法など。この種のケースを採用している国が多い。しかし、表決数規定をみると様々なバリエーションがみられる。たとえば、三分の二としている国では、ドイツ、スペイン、ポルトガル、オランダなどである。なお、ドイツでは、連邦議会、連邦参議院で、それぞれ有効投票の三分の二の賛成が必要とされている。スペインでは、両院の三分の二の賛成で可決されると、解散・総選挙を行い、新議員によって再度三分の二以上の賛成を得るか、あるいは国民投票にかける方法がとられている。日本は、両院において三分の二以上の可決の後、国民投票に付し、国民の過半数によって決定する方法がとれている（九六条）。又、オランダでは、議会が改正案を可決したのち、解散して総選挙をおこない、選挙後の議会が改正案を再議決する方式をとっている。ベルギー、フインランドもこの方式が取られている。（三）特別の憲法会議を設置するケース——アメリカ合衆国憲法などがあげられる。アメリカ合衆国憲法では、発議は連邦議会の両院の三分の二の賛成によって行われ、それを『全州の四分の三の州議会の賛成』によって承認するか、又は「三分の二の州議会が発議し、連邦議会が招集する憲法会議において四分の三の州の憲法会議の賛成」による承認方法で行われる（修正五条）。各国の改正手続がいかに多様であるかが明らかとなる。

九　社会主義国家の憲法

本章の「はじめに——比較憲法的研究の視点に立って」においてのべたように、社会構成体の視点からの類型化として、資本主義国家の憲法と社会主義国家の憲法に大別した。いままでとりあげてきたのは、資本主義国家下の憲法の人権、統治システムの比較である。社会主義国家については、充分に文献に当たる余裕がなかったので、ここではその体制の傾向についてのみ述べておきたい(5)。

一九九一年八月、ソ連は崩壊した。一九一七年の一〇月革命で生誕したソ連共産党政権が七四年後の「八月革命」で歴史を閉じた。それは、社会主義政権の延命を図ろうとしたクーデターによる自滅である。社会主義的独裁の崩壊である。M・デベルジェのいわれる「ソビエト的システム」であり続けることの失敗である、と解される。この政変により、ロシア連邦が誕生する。そのもとで、制定されたのが九三年のロシア連邦憲法である。第一条に、ロシアは「民主的な連邦制の法治国家である」と規定する。また、東欧諸国（ポーランド、チェコ、スロバキア、ハンガリー、ブルガリア、ルーマニア）も人民民主主義憲法（社会主義的自由）から「自由な制度」「資本主義的」枠組みへの移行が図られ、それぞれの諸国が特徴ある憲法を制定している。

他方、中華人民共和国は、一九八九年の天安門事件で政府批判を進めた民衆を、政府は弾圧し社会主義的独裁（人民民主主義独裁）を堅持している。一九八二年に中華人民共和国憲法が制定される。北朝鮮、ベトナム、キューバなどは、この社会主義国家の範疇に入り、社会主義型憲法の採用である。中華人民共和国のように政治的自由（イデオロギーの多様性）を厳しく抑制し、経済開放政策をとりながら社会主義を推進することは、「公有制を主体とする」社会主義の本質的意味を失うことになるのではないかが問われる。

十　おわりに

君主制から共和制、主権、基本的人権、立憲制の構造、選挙システム、司法制度と違憲審査、憲法の改正についての各国の憲法典から読みとれる諸事項の方向性（世界的傾向といってもよい）について述べてきた。なお、平和、戦争条項についての現代的傾向とその方向については、第二部〈補一〉において扱っているので参照にされたい。

【註】

（1）吉田善明『現代比較憲法論（改定版）』（敬文堂、一九九六年）二七頁以下。

（2）マーケシスニス（B・S・Markesisnis）は、国王大権の再検討の中で、国王自ら行使する権限の代表的ケースとして（イ）首相の任免権と（ロ）栄誉の授与を取り上げる。とくに、（イ）の首相任命権は、政党間に裂け目が生じ、首相が選べられないとき、国王は調整者としてその調整にあたるのが一般的であった。しかし、今日では、その様な場合、下院において最も多い議員を持つ政党から首相を選んでいる。これによって、国王の政治への介入はないとされている。（吉田善明『議会・選挙・天皇制の憲法論』（日本評論社、一九九〇年）二四六頁。
（3）初宿正典、辻村みよ子編『第二版新解説世界憲法集』辻村みよ子担当部分（六頁以下）。
（4）辻村みよ子『女性と人権』（日本評論社、一九九七年）。
（5）杉原泰雄『新版　体系憲法事典』（青林書院、二〇〇八年）（吉田善明執筆「比較憲法学」の部分を参照）。

【参考文献】

樋口陽一、吉田善明編『世界憲法集』（三省堂、一九八八年）。
初宿正典、辻村みよ子編『世界憲法集』（三省堂、二〇〇六年）。
高橋和之編『[新版] 世界憲法集』（岩波書店、二〇一二年）。
萩野芳夫、畑博行、畑中和夫『アジア憲法集』（明石書店、二〇〇四年）。
杉原泰雄編『新版　体系憲法事典』（青林書院、二〇〇八年）。
杉原泰雄『憲法と資本主義』（勁草書房、二〇〇八年）。

本書のあとがき

一　すでに本書で述べてきたが、憲法研究者として憲法改正においても譲れないのが平和的思想、その具体化としての平和的生存の権利と基本的人権の尊重である。憲法研究の視点にあったのは、この認識であり、憲法の諸制度の考察の出発点でもある。日本国憲法の内容は、私の憲法思想に整合するものでもある。憲法改正に中でも、とりわけ、第九条の改憲に否定的見解を述べてきたのもこの思想に立脚している。憲法学でいえば、近代立憲主義の思想に帰着し、そこに原点をおいている。もとより、近代立憲主義の現代化にともなう社会権思想、その具体化としての社会権的人権を軽視するものではない。日本国憲法は、その思想に依拠し、弱者の権利は十分に保障されなければならない。私の『日本国憲法論（三版）』において、経済的人権と社会権的人権の類型化を示しているが、それはそれぞれを別個の類型として無関係なものとして扱うのではなく、両権利を一体化し『経済的・社会的人権』して扱っているのもその趣旨である。国民（人民）主権の具体化である民主主義も重視している。現行憲法は、単なる立憲主義ではなく、立憲平和主義憲法であることの確認である。

いま、政治の舞台で憲法改正論議が活発化している。改憲論者が、すでにのべてきたように憲法改正の手続きの要件緩和策から始まり、現行憲法の中核になっている第九条を、軍事国家ないし「国防」国家に即応する規定に変革しようとしていることは明確である。第九条の規定こそ、主権、人権と並んで日本国憲法の骨格をなすものであり、日本国家の二一世紀の姿勢を示すものとして維持されていかなければならないはずのものである。わたくしの研究姿勢は、今後、政治権力がどのような方向を歩もうと間違っているとは思っていない。

二　本書は、書き降ろしの論稿が中心であるが、本テーマに関連してすでに発表した論稿も大巾に手を加えて編集収録した。私が研究生活をはじめた一九五〇年代後半の時期に、世相を賑わしていたのが改憲論議であり、政治のレベルで激しい論議が交わされていた。わたくしも、未熟ながら憲法に関する研究会で、あるいは地方自治体等が主催する憲法講演会はじめ憲法集会に講師として招かれ壇上に立った。その際の討議のなかで研究者、特に先達から、同僚から、そして聴衆参加者から多くの事を学び、教えられた。ここに感謝の意を表したい。本書の注釈において、自書文献の引用が多いのは拙い論稿ではあるが、今までの研究生活の中ですでに私見を展開してきた発言の確認でもある。

また、本書の出版を早くから予定していたが執筆に取り組んだのが遅かったこともあり、出版がやや遅れた。しかしそれにしても、政治舞台での改憲論議の動きがあまりに早い。二〇一二年の暮れの衆議院選挙、一三年の夏の参議院選挙で、そして一四年一二月には衆議院選挙と、いずれの選挙でも自民党、公明党の連立与党が圧勝したこともあって改憲論議は勢いを増している。改憲論議は、さらに活発なものとなろう。国民は主権者として日本国憲法の内容とその運用の実態を鑑み、本書において検討してきた自民党の「憲法改正草案」をはじめ、各政党、マスコミ等の改憲案の内容を十分に理解し、精査しておく必要がある。主権者としてその判断を迫られる時期が早々にくるであろう。国民投票権の発動である。本書は、その際の改憲論議の一資料になれば私にとって望外の喜びとするところである。本書において、二〇一一年三月一一日におきた「東北大震災事故」について生命、生存の保障といった視点から、高度科学技術研究の在り様を踏まえた論考を掲載する予定であったが、資料があまりに膨大であり、かつ課題も多いことから掲載を断念した。別稿において発表したく考えている。

最後に明治大学図書館勤務の梅田順一氏に、本書のまとめにあたり資料収集等で、また、敬文堂社長、竹内基雄氏に執筆、編集の過程で大変お世話になった。とくに、敬文堂には、私が研究者として一人立ちした時以来お付き合いをいただいている。拙い研究書の出版に際し、ご指導とご助言を戴いたことが想い出される。ここにあわせて感謝を申し上げる次第である。

二〇一五年一月三日

武蔵野の寓居にて

著　者

資料（「日本国憲法」と「自民党日本国憲法改正草案」対比・抜粋）

『日本国憲法』（一九四七年五月三日）

（前文）

日本国民は、正当に選挙された国会における代表者を通じて行動し、われらとわれらの子孫のために、諸国民との協和による成果と、わが国全土にわたつて自由のもたらす恵沢を確保し、政府の行為によつて再び戦争の惨禍が起ることのないやうにすることを決意し、ここに主権が国民に存することを宣言し、この憲法を確定する。そもそも国政は、国民の厳粛な信託によるものであつて、その権威は国民に由来し、その権力は国民の代表者がこれを行使し、その福利は国民がこれを享受する。これは人類普遍の原理であり、この憲法は、かかる原理に基くものである。われらは、これに反する一切の憲法、法令及び詔勅を排除する。

日本国民は、恒久の平和を念願し、人間相互の関係を支配する崇高な理想を深く自覚するのであつて、平和を愛する諸国民の公正と信義に信頼して、われらの安全と生存を保持しようと決意した。われらは、平和を維持し、専制と隷従、圧迫と偏狭を地上から永遠に除去しようと努めてゐる国際社会において、名誉ある地位を占めたいと思ふ。われらは、全世界の国民が、

自民党『日本国憲法改正草案』（二〇一二年四月二七日決定）

（前文）

日本国は、長い歴史と固有の文化を持ち、国民統合の象徴である天皇を戴く国家であって、国民主権の下、立法、行政及び司法の三権分立に基づいて統治される。

我が国は、先の大戦による荒廃や幾多の大災害を乗り越えて発展し、今や国際社会において重要な地位を占めており、平和主義の下、諸外国との友好関係を増進し、世界の平和と繁栄に貢献する。

日本国民は、国と郷土を誇りと気概を持って自ら守り、基本的人権を尊重するとともに、和を尊び、家族や社会全体が互いに助け合って国家を形成する。

我々は、自由と規律を重んじ、美しい国土と自然環境を守りつつ、教育や科学技術を振興し、活力ある経済活動を通じて国を成長させる。

日本国民は、良き伝統と我々の国家を末永く子孫に継承するため、ここに、この憲法を制定する。

ひとしく恐怖と欠乏から免かれ、平和のうちに生存する権利を有することを確認する。

われらは、いづれの国家も、自国のことのみに専念して他国を無視してはならないのであつて、政治道徳の法則は、普遍的なものであり、この法則に従ふことは、自国の主権を維持し、他国と対等関係に立たうとする各国の責務であると信ずる。

日本国民は、国家の名誉にかけ、全力をあげてこの崇高な理想と目的を達成することを誓ふ。

第一章　天皇

(天皇の地位・国民主権)

第一条　天皇は、日本国の象徴であり日本国民統合の象徴であつて、この地位は、主権の存する日本国民の総意に基く。

(皇位の世襲と継承)

第二条　皇位は、世襲のものであつて、国会の議決した皇室典範 の定めるところにより、これを継承する。

(天皇の国事行為と内閣の助言・承認および責任)

第三条　天皇の国事に関するすべての行為には、内閣の助言と承認を必要とし、内閣が、その責任を負ふ。

(天皇の権能、国事行為と国政、権能の委任)

第四条　天皇は、この憲法の定める国事に関する行為のみを行ひ、国政に関する権能を有しない。

②　天皇は、法律の定めるところにより、その国事に関する

第一章　天皇

(天皇)

第一条　天皇は、日本国の元首であり、日本国及び日本国民統合の象徴であって、その地位は、主権の存する日本国民の総意に基づく。

(皇位の継承)

第二条　皇位は、世襲のものであって、国会の議決した皇室典範の定めるところにより、これを継承する。

(国旗及び国家)

第三条　国旗は日章旗とし、国歌は君が代とする。

2　日本国民は、国旗及び国歌を尊重しなければならない。

(元号)

第四条　元号は、法律の定めるところにより、皇位の継承があったときに制定する。

行為を委任することができる。

（天皇の任命権）

第六条　天皇は、国会の指名に基いて、内閣総理大臣を任命する。

②　天皇は、内閣の指名に基いて、最高裁判所の長たる裁判官を任命する。

（天皇の行う国事行為の範囲）

第七条　天皇は、内閣の助言と承認により、国民のために、左の国事に関する行為を行ふ。

一　憲法改正、法律、政令及び条約を公布すること。

二　国会を召集すること。

三　衆議院を解散すること。

第二章　戦争の放棄

（戦争の放棄、戦力の不保持、交戦権の否認）

第九条　日本国民は、正義と秩序を基調とする国際平和を誠実に希求し、国権の発動たる戦争と、武力による威嚇又は武力の行使は、国際紛争を解決する手段としては、永久にこれを放棄する。

②　前項の目的を達するため、陸海空軍その他の戦力は、これを保持しない。国の交戦権は、これを認めない。

（天皇の権能）

（第五条　天皇は、この憲法に定める国事に関する行為を行い、国政に関する権能を有しない。

（天皇の国事行為等）

第六条　天皇は、国民のために、国会の指名に基づいて内閣総理大臣を任命し、内閣の指名に基づいて最高裁判所の長である裁判官を任命する。

4　天皇の国事に関する全ての行為には、内閣の進言を必要とし、内閣がその責任を負う。ただし、衆議院の解散については、内閣総理大臣の進言による。

5　第一項及び第二項に掲げるもののほか、天皇は、国又は地方自治体その他の公共団体が主催する式典への出席その他の公的な行為を行う。

第二章　安全保障

（平和主義）

第九条　日本国民は、正義と秩序を基調とする国際平和を誠実に希求し、国権の発動としての戦争を放棄し、武力による威嚇及び武力の行使は、国際紛争を解決する手段としては用いない。

2　前項の規定は、自衛権の発動を妨げるものではない。

（国防軍）

第九条の二　我が国の平和と独立並びに国及び国民の安全を

確保するため、内閣総理大臣を最高指揮官とする国防軍を保持する。

2　国防軍は、前項の規定による任務を遂行する際は、法律の定めるところにより、国会の承認その他の統制に服する。

3　国防軍は、第一項に規定する任務を遂行するための活動のほか、法律の定めるところにより、国際社会の平和と安全を確保するために国際的に協調して行われる活動及び公の秩序を維持し、又は国民の生命若しくは自由を守るための活動を行うことができる。

4　前二項に定めるもののほか、国防軍の組織、統制及び機密の保持に関する事項は、法律で定める。

5　国防軍に属する軍人その他の公務員がその職務の実施に伴う罪又は国防軍の機密に関する罪を犯した場合の裁判を行うため、法律の定めるところにより、国防軍に審判所を置く。この場合においては、被告人が裁判所へ上訴する権利は、保障されなければならない。

（領土等の保全等）

第九条の三　国は、主権と独立を守るため、国民と協力して、領土、領海及び領空を保全し、その資源を確保しなければならない。

第三章　国民の権利及び義務

（基本的人権の享有）

第十一条　国民は、すべての基本的人権の享有を妨げられない。この憲法が国民に保障する基本的人権は、侵すことのできない永久の権利として、現在及び将来の国民に与へられる。

（自由及び権利の保持責任・濫用禁止・利用責任）

第十二条　この憲法が国民に保障する自由及び権利は、国民の不断の努力によつて、これを保持しなければならない。又、国民は、これを濫用してはならないのであつて、常に公共の福祉のためにこれを利用する責任を負ふ。

（個人の尊重）

第十三条　すべて国民は、個人として尊重される。生命、自由及び幸福追求に対する国民の権利については、公共の福祉に反しない限り、立法その他の国政の上で、最大の尊重を必要とする。

（法の下の平等）

（思想及び良心の自由）

第十九条　思想及び良心の自由は、これを侵してはならない。

（信教の自由、国の宗教活動の禁止）

第二十条　信教の自由は、何人に対してもこれを保障する。いかなる宗教団体も、国から特権を受け、又は政治上の権力を行使してはならない。

②　何人も、宗教上の行為、祝典、儀式又は行事に参加する

第三章　国民の権利及び義務

（基本的人権の享有）

第十一条　国民は、全ての基本的人権を享有する。この憲法が国民に保障する基本的人権は、侵すことのできない永久の権利である。

（国民の責務）

第十二条　この憲法が国民に保障する自由及び権利は、国民の不断の努力により、保持されなければならない。国民は、これを濫用してはならず、自由及び権利には責任及び義務が伴うことを自覚し、常に公益及び公の秩序に反してはならない。

（人としての尊重等）

第十三条　全て国民は、人として尊重される。生命、自由及び幸福追求に対する国民の権利については、公益及び公の秩序に反しない限り、立法その他の国政の上で、最大限に尊重されなければならない。

（思想及び良心の自由）

第十九条　思想及び良心の自由は、保障する。

（個人情報の不当取得の禁止等）

第十九条の二　何人も、個人に関する情報を不当に取得し、保有し、又は利用してはならない。

（信教の自由）

第二十条　信教の自由は、保障する。国は、いかなる宗教団体に対しても、特権を与えてはならない。

ことを強制されない。

③　国及びその機関は、宗教教育その他いかなる宗教的活動もしてはならない。

（集会・結社・表現の自由、通信の秘密）

第二十一条　集会、結社及び言論、出版その他一切の表現の自由は、これを保障する。

（家庭生活における個人の尊厳、両性の平等）

第二十四条　婚姻は、両性の合意のみに基いて成立し、夫婦が同等の権利を有することを基本として、相互の協力により、維持されなければならない。

（国民の生存権、国の社会保障的義務）

第二十五条　すべて国民は、健康で文化的な最低限度の生活を営む権利を有する。

②　国は、すべての生活部面について、社会福祉、社会保障及び公衆衛生の向上及び増進に努めなければならない。

（教育を受ける権利、義務教育）

第二十六条　すべて国民は、法律の定めるところにより、その能力に応じて、ひとしく教育を受ける権利を有する。

②　すべて国民は、法律の定めるところにより、その保護する子女に普通教育を受けさせる義務を負ふ。義務教育は、これを無償とする。

（勤労者の団結権・団体交渉権その他団体行動）

第二十八条　勤労者の団結する権利及び団体交渉その他の団

3　国及び地方自治体その他の公共団体は、特定の宗教のための教育その他の宗教的活動をしてはならない。ただし、社会的儀礼又は習俗的行為の範囲を超えないものについては、この限りでない。

（表現の自由）

第二十一条　集会、結社及び言論、出版その他一切の表現の自由は、保障する。

2　前項の規定にかかわらず、公益及び公の秩序を害することを目的とした活動を行い、並びにそれを目的として結社をすることは、認められない。

（国政上の行為に関する説明の義務）

第二十一条の二　国は、国政上の行為につき国民に説明する責務を負う。

（家族、婚姻等に関する基本原則）

第二十四条　家族は、社会の自然かつ基礎的な単位として、尊重される。家族は、互いに助け合わなければならない。

（環境保全の責務）

第二十五条の二　国は、国民と協力して、国民が良好な環境を享受することができるようにその保全に努めなければならない。

（在外国民の保護）

第二十五条の三　国は、国外において緊急事態が生じたときは、在外国民の保護に努めなければならない。

体行動をする権利は、これを保障する。

（財産権の保障）

第二十九条　財産権は、これを侵してはならない。

② 財産権の内容は、公共の福祉に適合するやうに、法律でこれを定める。

（犯罪被害者等への配慮）

第二十五条の四　国は、犯罪被害者及びその家族の人権及び処遇に配慮しなければならない。

（教育に関する権利義務等）

第二十六条

3　国は、教育が国の未来を切り拓ひらく上で欠くことのできないものであることに鑑み、教育環境の整備に努めなければならない。

（勤労者の団結権等）

第二十八条　勤労者の団結する権利及び団体交渉その他の団体行動をする権利は、保障する。

2　公務員については、全体の奉仕者であることに鑑み、法律の定めるところにより、前項に規定する権利の全部又は一部を制限することができる。この場合においては、公務員の勤労条件を改善するため、必要な措置が講じられなければならない。

（財産権）

第二十九条　財産権は、保障する。

2　財産権の内容は、公益及び公の秩序に適合するように、法律で定める。この場合において、知的財産権については、国民の知的創造力の向上に資するように配慮しなければならない。

第四章　国会

（選挙に関する事項の法定）

第四十七条　選挙区、投票の方法その他両議院の議員の選挙に関する事項は、法律でこれを定める。

（衆議院の解散と総選挙）

第五十四条　衆議院が解散されたときは、解散の日から四十日以内に、衆議院議員の総選挙を行ひ、その選挙の日から三十日以内に、国会を召集しなければならない。

第五章　内閣

（内閣の組織、国務大臣の資格）

第六十六条

②　内閣総理大臣その他の国務大臣は、文民でなければならない。

（内閣の職権）

第七十二条　内閣総理大臣は、内閣を代表して議案を国会に

第四章　国会

（選挙に関する事項）

第四十七条　選挙区、投票の方法その他両議院の議員の選挙に関する事項は、法律で定める。この場合においては、各選挙区は、人口を基本とし、行政区画、地勢等を総合的に勘案して定めなければならない。

（衆議院の解散）

第五十四条　衆議院の解散は、内閣総理大臣が決定する。

（政党）

第六十四条の二　国は、政党が議会制民主主義に不可欠の存在であることに鑑み、その活動の公正の確保及びその健全な発展に努めなければならない。

2　政党の政治活動の自由は、保障する。

3　前二項に定めるもののほか、政党に関する事項は、法律で定める。

第五章　内閣

（内閣の構成）

第六十六条

2　内閣総理大臣及び全ての国務大臣は、現役の軍人であってはならない。

（内閣総理大臣の職務）

第七十二条　内閣総理大臣は、行政各部を指揮監督し、その

提出し、一般国務及び外交関係について国会に報告し、並びに行政各部を指揮監督する。

（内閣の職務）

第七三条　内閣は、他の一般行政事務の外左の事務を行ふ。

一　法律を誠実に執行し、国務を総理すること。

二　外交関係を処理すること。

三　条約を締結すること。但し、事前に、時宜によつては事後に、国会の承認を経ることを必要とする。

四　法律の定める基準に従ひ、官吏に関する事務を掌理すること。

五　予算を作成して国会に提出すること。

六　この憲法及び法律の規定を実施するために、政令を制定すること。但し、政令には、特にその法律の委任がある場合を除いては、罰則を設けることができない。

第六章　司法

第七章　財政

（財政処理と国会の議決）

第八十三条　国の財政を処理する権限は、国会の議決に基いて、これを行使しなければならない。

（予算の作成及び国会の議決）

第八十六条　内閣は、毎会計年度の予算を作成し、国会に提

総合調整を行う。

3　内閣総理大臣は、最高指揮官として、国防軍を統括する。

第六章　司法

第七章　財政

（財政の基本原則）

第八十三条

2　財政の健全性は、法律の定めるところにより、確保されなければならない。

出して、その審議を受け議決を経なければならない。

第八章　地方自治

（地方自治の基本原則）

第九十二条　地方公共団体の組織及び運営に関する事項は、地方自治の本旨に基いて、法律でこれを定める。

（予算）

第八十六条　内閣は、毎会計年度の予算案を作成し、国会に提出して、その審議を受け、議決を経なければならない。

２　内閣は、毎会計年度中において、予算を補正するための予算案を提出することができる。

４　毎会計年度の予算は、法律の定めるところにより、国会の議決を経て、翌年度以降の年度においても支出することができる。

第八章　地方自治

（地方自治の本旨）

第九十二条　地方自治は、住民の参画を基本とし、住民に身近な行政を自主的、自立的かつ総合的に実施することを旨として行う。

２　住民は、その属する地方自治体の役務の提供を等しく受ける権利を有し、その負担を公平に分担する義務を負う。

（地方自治体の種類、国及び地方自治体の協力等）

第九十三条　地方自治体は、基礎地方自治体及びこれを包括する広域地方自治体とすることを基本とし、その種類は、法律で定める。

３　国及び地方自治体は、法律の定める役割分担を踏まえ、協力しなければならない。地方自治体は、相互に協力しなければならない。

第九章　緊急事態

（緊急事態宣言）

第九十八条　内閣総理大臣は、我が国に対する外部からの武力攻撃、内乱等による社会秩序の混乱、地震等による大規模な自然災害その他の法律で定める緊急事態において、特に必要があると認めるときは、法律の定めるところにより、閣議にかけて、緊急事態の宣言を発することができる。

2　緊急事態の宣言は、法律の定めるところにより、事前又は事後に国会の承認を得なければならない。

（緊急事態の宣言効果）

第九十九条　緊急事態の宣言が発せられたときは、法律の定めるところにより、内閣は法律と同一の効力を有する政令を制定することができるほか、内閣総理大臣は財政上必要な支出その他の処分を行い、地方自治体の長に対して必要な指示をすることができる。

2　前項の政令の制定及び処分については、法律の定めるところにより、事後に国会の承認を得なければならない。

4　緊急事態の宣言が発せられた場合においては、法律の定めるところにより、その宣言が効力を有する期間、衆議院は解散されないものとし、両議院の議員の任期及びその選挙期日の特例を設けることができる。

第九章　改正

（憲法改正の手続き、その公布）

第九十六条　この憲法の改正は、各議院の総議員の三分の二以上の賛成で、国会が、これを発議し、国民に提案してその承認を経なければならない。この承認には、特別の国民投票又は国会の定める選挙の際行はれる投票において、その過半数の賛成を必要とする。

②　憲法改正について前項の承認を経たときは、天皇は、国民の名で、この憲法と一体を成すものとして、直ちにこれを公布する。

第十章　最高法規

（憲法尊重擁護義務）

第九十九条　天皇又は摂政及び国務大臣、国会議員、裁判官その他の公務員は、この憲法を尊重し擁護する義務を負ふ。

第十章　改正

（改正）

第百条　この憲法の改正は、衆議院又は参議院の議員の発議により、両議院のそれぞれの総議員の過半数の賛成で国会が議決し、国民に提案してその承認を得なければならない。この承認には、法律の定めるところにより行われる国民の投票において有効投票の過半数の賛成を必要とする。

2　憲法改正について前項の承認を経たときは、天皇は、直ちに憲法改正を公布する。

第十一章　最高法規

（憲法尊重擁護義務）

第百二条　全て国民は、この憲法を尊重しなければならない。

2　国会議員、国務大臣、裁判官その他の公務員は、この憲法を擁護する義務を負う。

（附則）

1　この憲法改正は、平成0年0月0日から施行する。

著者紹介

吉田　善明（よしだ　よしあき）

1936年生まれ

明治大学法学部教授、同法科大学院教授を経て、

現在、明治大学名誉教授（法学博士）。

主要著書

議会・選挙・天皇制の憲法論（日本評論社、1990 年）

政治改革の基本問題（岩波書店、1994 年）

現代比較憲法論［改訂版］（敬文堂、1996 年）

変動期の憲法諸相（敬文堂、2001 年）

日本国憲法論［第三版］（三省堂、2003 年）

地方自治と日本国憲法（三省堂、2004 年）

ほか多数

平和と人権の砦　日本国憲法

―自民党「憲法改正草案」批判を軸として―

2015 年 5 月 3 日　初版第 1 刷発行

著　者　吉　田　善　明

発行者　竹　内　基　雄

発行所　株式会社敬文堂

東京都新宿区早稲田鶴巻町 538

電　話 (03) 3203-6161（代）　FAX (03) 3204-0161

振替　00130-0-23737

http://www.keibundo.com

©Yoshiaki Yoshida 2015

印刷・製本／株式会社シナノ　　カバー装丁／リリーフ・システムズ

落丁・乱丁本は、お取り替えいたします。

定価はカバーに表示してあります。

ISBN978-4-7670-0209-5 C3032